図書館情報学における統計的方法

岸田 和明 [著]

樹村房

まえがき

　本書は，図書館情報学を学ぶ大学生（3〜4年生）および大学院生を対象とした，統計的方法についての中級レベルの教科書であり，以下の方針に基づいて執筆されている．

1. 図書館情報学の文献を読んで理解するのに必要な統計的方法の知識を幅広く網羅する．
2. 各方法に関しては，図書館情報学での応用を想定し，不要な部分は省略して説明をできるだけコンパクトにする．
3. ただし，他の統計学の本をなるべく参照せずに各方法を正確に理解できるよう，基本的な事柄はむしろ丹念に，数式を使って記述する．
4. 数学に関する基礎知識を前提としないよう，適宜，数学の記号やその意味を補足説明する．

　図書館情報学の文献では多種多様な統計的方法が使用されている．各文献の内容を正確に理解するには，それらの方法についての知識が必要なので，それぞれの方法ごとに統計学の教科書を参照しなければならず，したがって，何冊もの本に目を通すことになる．ところが，その本を理解するには，別の数学の教科書を読まなければならない可能性もあり，必要な読書が増えていく．その結果，肝心の図書館情報学の研究に十分に時間が割けないか，あるいはいくつかの統計的方法を理解不能なまま放って置かざるを得なくなるかもしれない．

　このような事態は，図書館情報学での応用に限定して，統計的方法に関する知識を1冊の本にまとめることができれば，ある程度回避されるのではないかと考えたのが，本書を執筆した主たる動機である．また，それに加えて，図書館の現場においても，その経営やサービスの評価のために統計的な方法が活用されており，その際に参考となる情報を盛り込むよう務めることにした．

本書で解説した統計的方法を実際に使って，卒業論文や修士論文，博士論文のための研究に取り組む際には，その方法に関する専門書やソフトウェアのマニュアルに目を通す必要がある（ただし基本的な方法については，本書で十分かもしれない）。その場合，本書を通読することにより身に付けた知識が役立つであろうし，各方法を適用するときに図書館情報学分野の学生や院生が間違えやすい部分にはその旨の説明を加えておいたので，研究時に参考になるだろう。

　本書は大きく2つの部分に分かれている。第1章から第6章までは，記述統計量，確率分布，推定や検定，2変数間の関連の分析，多変量解析法，調査の実施法などについて，基本的な事柄をひととおり解説している。その後の第7章と第8章では，図書館情報学での統計的分析の事例を紹介する形式で，第6章までで触れられなかったいくつかの方法を補足してある。図書館情報学の数多くの研究から何を事例として取り上げるかの選択は難しい。そこで，特に計量書誌学（ただし図書館経営への応用）と情報検索について筆者がかつて研究に取り組んだトピックを中心に，読者の参考になりそうなものを選ぶことにした。したがって，これらの事例が図書館情報学における統計的分析の代表とは言えないが，それでも，そこで使われている方法にはある程度の普遍性があると考え，取り上げてみた次第である。

　本書の執筆には，大学院を出た頃に経済統計学の諸先生方のゼミに参加させていただき，そこで教えていただいたことがたいへん役に立っています。ここに記して謝意を表します。本書の出版にあたっては，樹村房の大塚栄一氏にお世話になりました。感謝申し上げます。

2015年5月

岸田和明

目 次

第1章 記述統計量と確率分布 — 1
- 1.1 統計データと記述統計量 …… 1
  - 1.1.1 統計データ …… 1
  - 1.1.2 平均と分散，標準偏差 …… 2
  - 1.1.3 度数分布 …… 4
- 1.2 確率分布 …… 7
  - 1.2.1 確率と確率分布 …… 7
  - 1.2.2 2項分布 …… 8
  - 1.2.3 期待値 …… 10
  - 1.2.4 連続確率分布 …… 11
  - 1.2.5 正規分布 …… 13
  - 1.2.6 同時確率分布 …… 15

第2章 推定 — 17
- 2.1 標本抽出 …… 17
  - 2.1.1 全数調査と標本調査 …… 17
  - 2.1.2 標本誤差と非標本誤差 …… 18
  - 2.1.3 単純無作為抽出 …… 19
  - 2.1.4 標本平均と標本分散 …… 20
- 2.2 区間推定の基本的な考え方 …… 21
  - 2.2.1 標本平均の平均 …… 21
  - 2.2.2 標本平均の標準誤差に関する補足 …… 23
  - 2.2.3 信頼区間の計算 …… 25
- 2.3 母分散未知での母平均の区間推定 …… 27
  - 2.3.1 母分散の推定量 …… 27
  - 2.3.2 標本分布 …… 29

		2.3.3	標本分布に関する補足 ………………………………	30
		2.3.4	母分散未知での信頼区間の計算 ……………………	34
		2.3.5	母分散の区間推定 ……………………………………	35
	2.4	割合に関する推定 ……………………………………………		36
		2.4.1	割合 ……………………………………………………	36
		2.4.2	2項母集団からの標本抽出 …………………………	37
		2.4.3	割合の区間推定 ………………………………………	38

第3章 検定 — 41

	3.1	仮説検定の基本的な考え方 …………………………………		41
		3.1.1	帰無仮説と対立仮説 …………………………………	41
		3.1.2	棄却域 …………………………………………………	42
		3.1.3	第1種の過誤と第2種の過誤 ………………………	43
		3.1.4	帰無仮説を棄却または採択する意味 ………………	45
	3.2	平均や割合に関する検定 ……………………………………		47
		3.2.1	平均値の検定 …………………………………………	47
		3.2.2	平均値の差の検定 ……………………………………	47
		3.2.3	割合に関する検定 ……………………………………	50
	3.3	独立性と適合度の検定 ………………………………………		51
		3.3.1	分類基準の独立性の検定 ……………………………	51
		3.3.2	独立性の検定に関する補足 …………………………	54
		3.3.3	多項分布 ………………………………………………	58
		3.3.4	適合度検定 ……………………………………………	60
	3.4	ノンパラメトリック検定 ……………………………………		61
		3.4.1	符号検定 ………………………………………………	61
		3.4.2	順位和検定 ……………………………………………	62

第4章 2変数間の関連の分析 — 65

	4.1	2変数間の関連を分析するための方法 ……………………………	65
	4.2	相関分析 ………………………………………………………………	67
		4.2.1 散布図と相関係数 …………………………………………	67
		4.2.2 相関係数に関する補足 ……………………………………	69
		4.2.3 順位相関係数 ………………………………………………	71

	4.3	回帰分析 …………………………………………………………	74
		4.3.1　回帰係数の推定 ………………………………………	74
		4.3.2　決定係数 ………………………………………………	77
		4.3.3　単純回帰モデル ………………………………………	78
		4.3.4　正規回帰モデル ………………………………………	82
		4.3.5　ロジスティック回帰モデル …………………………	86
	4.4	分散分析 …………………………………………………………	89
		4.4.1　分散分析の考え方 ……………………………………	89
		4.4.2　1元配置モデル ………………………………………	91
		4.4.3　分散分析表 ……………………………………………	94
		4.4.4　分散分析に関する補足 ………………………………	96
		4.4.5　F 分布に関する補足 …………………………………	98

第5章　多変量解析 ——————————————————— 101

5.1	多変量解析の主な種類 ……………………………………………	101
5.2	重回帰分析 …………………………………………………………	102
	5.2.1　偏回帰係数の推定 ………………………………………	102
	5.2.2　重回帰分析における推定・検定 ………………………	107
	5.2.3　偏相関係数 ………………………………………………	111
	5.2.4　回帰分析における離散変数 ……………………………	114
5.3	主成分分析と因子分析 ……………………………………………	117
	5.3.1　主成分分析 ………………………………………………	117
	5.3.2　因子分析の考え方 ………………………………………	120
	5.3.3　因子負荷量の推定 ………………………………………	122
	5.3.4　因子の解釈と因子得点の推定 …………………………	125
5.4	パス解析と確証的因子分析 ………………………………………	129
	5.4.1　パス解析とパス図 ………………………………………	129
	5.4.2　パス解析における構造方程式 …………………………	131
	5.4.3　モデルの識別可能性 ……………………………………	132
	5.4.4　パス解析の特徴 …………………………………………	134
	5.4.5　確証的因子分析 …………………………………………	136
5.5	構造方程式モデリング ……………………………………………	137
	5.5.1　構造回帰モデル …………………………………………	137

		5.5.2	構造方程式モデルのパラメータ推定	140
		5.5.3	モデルの評価 (1)：適合度の指標	143
		5.5.4	モデルの評価 (2)：係数の詳細な検討	145
		5.5.5	離散変数の利用	147
	5.6	ベクトルと行列に関する補足		149
		5.6.1	ベクトルと行列	149
		5.6.2	行列の乗算	150
		5.6.3	対称行列・逆行列・直交行列	152
		5.6.4	固有値・固有ベクトルと 2 次形式	154
		5.6.5	ベクトル・行列の微分	155

第 6 章　調査の実施 —— 159

	6.1	調査計画の立案と実施		159
		6.1.1	調査の流れ	159
		6.1.2	調査における誤差	161
		6.1.3	データ収集の方法	163
	6.2	標本抽出の実際		166
		6.2.1	標本サイズの決定	166
		6.2.2	系統抽出	168
		6.2.3	層別抽出	170
		6.2.4	集落抽出	173
		6.2.5	多段抽出	174
	6.3	測定とその誤差		176
		6.3.1	質問紙による測定	176
		6.3.2	回答完了までの過程	178
		6.3.3	質問紙作成における注意事項	180
		6.3.4	測定誤差	181
	6.4	無回答		188
		6.4.1	無回答による誤差	188
		6.4.2	一部項目無回答の処理	188

第7章 図書館経営での事例 ───── 191

- 7.1 雑誌の所蔵についての最適化 ································· 191
  - 7.1.1 ブラッドフォードの法則 ····························· 191
  - 7.1.2 オブソレッセンスに関する規則性 ················· 193
  - 7.1.3 雑誌の購入・廃棄計画の最適化 ···················· 194
- 7.2 被引用回数に基づく雑誌の選択 ······························ 196
  - 7.2.1 引用行列の解析 ·· 196
  - 7.2.2 ページランクアルゴリズム ·························· 197
  - 7.2.3 引用に基づく雑誌のマッピング ···················· 199
- 7.3 蔵書回転率の推計 ··· 201
  - 7.3.1 未貸出図書の計数の問題 ····························· 201
  - 7.3.2 負の2項分布の利用 ··································· 202
- 7.4 複本購入による貸出成功率の向上 ··························· 204
  - 7.4.1 返却期限短縮の効果 ··································· 204
  - 7.4.2 複本購入の効果 ·· 205
- 7.5 公共図書館における貸出回数の規模補正 ··················· 209
  - 7.5.1 貸出回数を説明する基本モデル ···················· 209
  - 7.5.2 計量書誌学的および地理的要因の考慮 ············ 210
  - 7.5.3 指標の導出 ·· 212

第8章 情報検索での事例 ───── 215

- 8.1 ベクトル空間モデルと潜在意味索引法 ····················· 215
  - 8.1.1 ベクトル空間モデル ··································· 215
  - 8.1.2 潜在意味索引法（LSI） ······························ 217
  - 8.1.3 行列の分解についての補足 ·························· 220
  - 8.1.4 確率的潜在意味索引法（PLSI） ···················· 222
  - 8.1.5 PLSIのためのEMアルゴリズム ···················· 224
- 8.2 言語横断検索 ··· 228
  - 8.2.1 言語モデルに基づく言語横断検索技法 ············ 228
  - 8.2.2 翻訳確率の推定 ·· 230
  - 8.2.3 隠れマルコフモデルの応用 ·························· 233
- 8.3 トピックモデル ·· 235
  - 8.3.1 潜在ディリクレ配分（LDA） ······················· 235

      8.3.2　ギブスサンプリングによるモデルの推定 …………… 238

参考文献 — 243

巻末索引 — 247

第1章　記述統計量と確率分布

1.1　統計データと記述統計量

1.1.1　統計データ

　ある図書館における1年間のすべての貸出処理記録に基づいて，各図書が館外に貸し出された回数（以下，単に「貸出回数」と呼ぶ）を集計した結果，データ $\mathcal{D} = \{x_1, x_2, \ldots, x_N\}$ が得られたと仮定する。一般に $\{\ \}$ は**集合**（set）を示す記号で，ここでは，その要素（または元；element）を，個々の図書の貸出回数として考える。例えば，2番目の図書の貸出回数が3回であったならば，$x_2 = 3$ となる。

　この例から明らかなように，記号 x の添字は，図書の「通し番号」であり，これを変数 i で表すことにすれば，より一般的に，x_i と表記できる。すなわち，蔵書に含まれる図書の総数（あるいは貸出可能な図書の総数）を N として，添字 i は1から N まで動くことになる（$i = 1, \ldots, N$）。

　何らかの目的に基づいて集計された，この種の量の集まりが**統計データ**（statistical data）である。統計データ $\mathcal{D}$ の要素となり得る量の**尺度**（scale）には，次のようなものがある。

1. **名義尺度**（nominal scale）：「男」「女」のような分類区分
2. **順序尺度**（ordinal scale）：「かなり満足」「満足」「不満」「かなり不満」のように，区分の間に何らかの順序がある場合
3. **間隔尺度**（interval scale）：区分ではなく数値であるが，原点を持たず，割り算に意味のないもの（例：摂氏での気温）
4. **比尺度**（または比率尺度，比例尺度；ratio scale）：原点を持つ数値で，割算に意味のあるもの（例：身長）

　名義尺度あるいは順序尺度に基づくデータは質的データ，離散的データ，あ

るいは**カテゴリカルデータ** (categorical data) などと呼ばれる。例えば,「男」を 0,「女」を 1 で示すことにすれば,「男, 女, 女, 男, 女」というデータを $x_1 = 0, \ x_2 = 1, \ x_3 = 1, \ x_4 = 0, \ x_5 = 1$ と表記できる。また一般に,質問紙調査(第 6 章参照)では,何らかの質問項目に対して,「かなり満足」「満足」「不満」「かなり不満」のような順序尺度で選択肢を設定し,回答を求めることが多い。特に,これを**リッカート尺度** (Likert scale) と呼ぶ。ここでの例では,4 段階の選択肢なので「4 件法」である。一方,「満足」「不満」の間に「満足でも不満でもない(ふつう)」を挟めば,「5 件法」となる。

それに対して,上記の貸出回数は比尺度に相当し,「この図書の貸出回数はあの図書の 2 倍である」のように,割算により比率を算出できる。比尺度に基づくデータを量的データあるいは連続的データと呼ぶことがある。厳密には,貸出回数は「1.5 回」のような小数点以下の値を持たないので,離散的な量である。このため,統計的な分析において,「身長」や「距離」などの本来的に連続的な変量とは異なった扱いをする場合も多い(具体例は後述)。ただし,例えばテストの得点(0〜100 点)や図書館の蔵書冊数のように,小数点以下を持たない離散的な量であるものの,そのとり得る値の数が十分に多ければ,通常,そのまま連続変量と見なして分析がなされる[1]。

以下,第 1 章と第 2 章では,特に断らない限り,$\mathcal{D} = \{x_1, x_2, \ldots, x_N\}$ を比尺度に基づくデータとして考え,分類尺度と順序尺度は主にその後の章で議論する。なお,間隔尺度のデータは本書では扱わない。

また,本書では,貸出回数の集計対象となった「図書」や質問紙調査の「回答者」の総称として「個体」という用語を使う。すなわち,$\mathcal{D} = \{x_1, x_2, \ldots, x_N\}$ は,N 個の個体に対するデータであり,x_i は i 番目の個体についての量または値ということになる。

1.1.2 平均と分散,標準偏差

データ $\mathcal{D} = \{x_1, x_2, \ldots, x_N\}$ が与えられたとき,その**平均** (mean) は,

$$\mu = \frac{x_1 + x_2 + \cdots + x_N}{N} = \frac{1}{N}\sum_{i=1}^{N} x_i \tag{1.1}$$

---

[1] リッカート尺度を連続変量と見なして分析できるかどうかは難しい問題である。これについては,5.5 節で議論する。

によって計算できる[2]。貸出回数のデータの場合には，平均 μ は「蔵書1冊あたりの平均貸出回数」であり，通常，**蔵書回転率**（collection turnover）と呼ばれている（この量については7.3節で詳しく議論する）。

また，この種のデータに対しては，平均のほかにも，分散や標準偏差を算出することが多い。**分散**（variance）を計算するには，まず，各 x_i と平均 μ との**偏差**（deviation）である $d_i = x_i - \mu$ を求め，次にその2乗 $d_i^2 = (x_i - \mu)^2$ を合計して N で割れば良い。つまり，分散を σ^2 で表記することにすれば，分散は，

$$\sigma^2 = \frac{1}{N}\sum_{i=1}^{N} d_i^2 = \frac{1}{N}\sum_{i=1}^{N}(x_i - \mu)^2 \tag{1.2}$$

で定義される。なお，「2乗の合計」は一般に，**平方和**（sum of squares）とも呼ばれる。

分散は，個体の各値が μ から離れている程度を示す偏差の2乗を平均したものであるから，データのいわば「散らばり具合」を表している。μ は個体の値の「中心」なので，σ^2 が大きければ，データが全体的にばらついており，逆に小さな場合には，まとまっていると判断できる。

例として，次の2つのデータを考える。

$$\mathcal{D}_1 = \{2, 3, 3, 3, 4\}$$
$$\mathcal{D}_2 = \{1, 1, 3, 5, 5\}$$

明らかに，両者の平均は 3.0 で同じである。それに対して分散を計算してみると，それぞれ 0.4 と 3.2 であり，中心の位置は同じでも，散らばりの程度については，$\mathcal{D}_2$ のほうが大きいことが分かる。

標準偏差（standard deviation）は，分散を平方根で開いた値であり，単に $\sigma = \sqrt{\sigma^2}$ と定義される。これは，分散が偏差の2乗に基づいて計算されるため，事後的に平方根で戻したものとして解釈でき，平方根または2乗の操作によって自動的に相互変換可能という点では，統計学的には，分散と標準偏差と

---

[2] Σ は加算（総和）を示す記号で，この式から明らかなように，$\sum_{i=1}^{N} x_i = x_1 + x_2 + \cdots + x_N$ で定義される。加算の性質 $a(x+y) = ax + ay$ により，$1/N$ を Σ の内側に置くこともできる。すなわち，$(1/N)\sum_i x_i = \sum_i (x_i/N)$。なお特に，この平均は相加平均あるいは算術平均と呼ばれ，そのほか，相乗平均（または幾何平均），調和平均がある。例えば，x と y との幾何平均は $\sqrt{xy}$，調和平均は $1/((1/x + 1/y)/2) = 2/(1/x + 1/y)$ で計算される（つまり「逆数の算術平均」の逆数）。調和平均は，情報検索分野において，異なる評価指標の値を平均する際に利用されることがある（その理由については，岸田 (1998) [13] の第5章を参照）。

は同じ意味を持つ。なお，標準偏差を平均で割った値は**変動係数**（coefficient of variation）と呼ばれ，単位や尺度の異なる変数間で標準偏差を比較したいときなどに，標準偏差の代わりに使用されることがある。

　平均，分散，標準偏差は，データの統計的な性質を表した**記述統計量**（descriptive statistics）の一種である（または要約統計量，基本統計量などとも呼ばれる）。もし上記の貸出回数が，蔵書全体に対する1年間の「すべての」貸出処理記録を用いて集計されたものならば，$\mathcal{D}$ は，その期間に限定した上での**母集団**（population）におけるデータと見なすことができる。この場合，(1.1) 式の μ および (1.2) 式の σ^2 は，それぞれ，母集団における平均および分散として定義される（標準偏差も同様）。そのため，これらを特に，**母平均**，**母分散**と呼ぶ。また，ここでの N は**母集団サイズ**（母集団の大きさ）である。

1.1.3　度数分布

　上記の例では，N 冊の図書についての貸出回数として $x_1, \ldots, x_N$ を定義しており，それぞれの値は，貸出処理記録の集計により確定している。それに対して，ここでは，添字を省略した x を貸出回数を表す**変数**（variable）として用いることとする。つまり，$x_1, \ldots, x_N$ はそれぞれ，変数 x の実現値である（例えば，$x = x_1$）。この場合，理論的には1回も貸し出されない図書が存在するので，x の**最小値**（minimum value）は0となる。これに対して，**最大値**（maximum value）を単に x_{max} と表記すれば，

$$x = 0, 1, 2, \ldots, x_{max}$$

と書ける。ここでの x は厳密には**離散変数**（discrete variable）であるが，既に述べたように，とり得る値が多い場合には，**連続変数**（continuous variable）として統計的に処理することもある。なお，最大値から最小値を差し引いた値を**範囲**（range）と呼ぶ。

　変数 x に対する**度数分布**（frequency distribution）を本書では $f_c(x)$ と表記する。例えば，$f_c(x = 2)$ は，ここでの例では，貸出回数が2である図書の冊数である。したがって，当然，

$$f_c(x = 0) + f_c(x = 1) + \cdots + f_c(x = x_{max}) = N \tag{1.3}$$

が成り立つ．この度数分布を使うと，平均は，

$$\mu = \frac{1}{N}\sum_{i=1}^{N} x_i = \frac{1}{N}\sum_{x=0}^{x_{max}} x f_c(x) = \sum_{x=0}^{x_{max}} x \frac{f_c(x)}{N} \quad (1.4)$$

と表現できる（ここでは x の範囲を $x = 0, \ldots, x_{max}$ に限定していることに注意）．例えば，上記の $\mathcal{D}_1$ ならば，$N = 5$ で，2 が 1 個，3 が 3 個，4 が 1 個であるから，$(2 \times 1/5) + (3 \times 3/5) + (4 \times 1/5) = 15/5 = 3$ となる．(1.4) 式の最右辺の中の $f_c(x)/N$（$x = 0, \ldots, x_{max}$）は**相対度数分布**（relative frequency distribution）であり，定義より明らかに，すべての x について $0 \leq f_c(x)/N \leq 1$ が成り立つ．文献等では，相対度数の値に 100 を乗じ，割合または百分率として，度数分布の表の中に補助的に示すことが多い．

変数 x が連続的な場合（あるいはとり得る値が多い場合）でも，x の**階級**（class）を適当に設定して度数分布を集計することは可能である．例えば，100 点満点のテストの結果について，「5 点未満」「5 点以上 10 点未満」「10 点以上 15 点未満」… のように階級に区分して度数分布を作成することは日常的になされており，その集計結果を使えば，図 1.1（後述）のようなグラフを描画できる．

(1.4) 式に示したように平均は度数分布から算出されるが，これは，平均に比べて，度数分布のほうがデータに関する情報をより多く持っていることを示唆している．分散についても同様であり，この点で，平均や分散などの記述統計量は，度数分布の持つ情報を何らかの形で要約したものに過ぎない．度数分布の形状が，平均と分散で十分に表されるのは，度数分布が「左右対称の釣鐘型」で，正規分布（1.2.5 項参照）によって近似される場合のみである．例えば，貸出回数による度数分布は，平均貸出回数 μ が小さいときには，図 1.1 が示すように，「歪んだ（skew）」形状になることが経験的に知られている．このような場合でも，平均と分散により，ある程度は度数分布の様子が分かるものの，まずは，データを度数分布として集計し，その形状を確認する必要がある[3]．

なお，図 1.1 では，x の小さな側（図の左側）に度数がより多く偏っている．これは正確には，正の歪み（positive skew）であり，それに対して，x

---

[3] 正規分布のような「左右対称の釣鐘型」の分布は，自然科学分野をはじめとして，一般に幅広く観察される．一方，図書館情報学の領域では，図 1.1 のような歪んだ分布を扱うことも多く，計量書誌学的な分布（7.1 節参照）として研究がなされてきた．この点では，平均と分散（標準偏差）のみの分析には注意しなければならない．

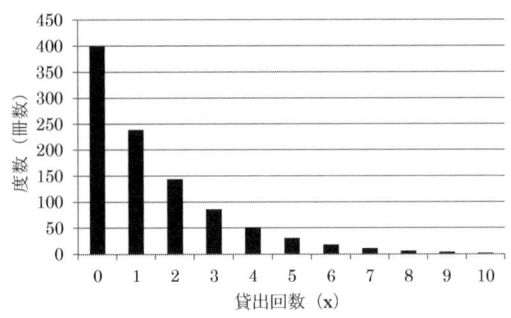

図 1.1 度数分布の例（貸出回数の場合）

の大きな側（右側）に偏る場合には負の歪み（negative skew）ということになる。この歪みを示す記述統計量として**歪度**（skewness）がある。一方，**尖度**（kurtosis）は，分布の「山」が尖っている程度を示す統計量で，歪度とともに，データが正規分布に従っているかどうかを確認する際に使われている（5.5.2 項参照）。

また，平均と中央値との比較により，分布の歪みの検出が可能な場合もある。**中央値**（またはメジアン; median）はデータを大きさの順に並べたときに，その中央に位置する値であり，例えば，上記のデータ $\mathcal{D}_1$ では「3」となる[4]。このデータの分布は左右対称なので，平均と中央値とが一致する。一方，$\mathcal{D}_3 = \{0, 0, 3, 3, 4\}$ では中央値は 3 であるのに対して，平均は 2.0 で中央値よりも小さい。これは，分布が左右対称ではないことを示唆している。なお，値が偶数個の場合には，中央となる単一の値が存在しない。この際には，中央に位置する 2 つの値の平均を中央値とすることが多い。例えば，$\mathcal{D}_4 = \{0, 0, 2, 3, 3, 4\}$ ならば，中央値は $(2+3)/2 = 2.5$ である[5]。

中央値は**外れ値**（outlier）や異常値から大きな影響を受けない記述統計量である。例えば，上記の $\mathcal{D}_3$ における最後の値「4」が何かの理由で「14」になったとすると（例えば「1」の誤入力），平均値は 4.0 となり，2 倍に増えてしまうのに対して，中央値は 3 のままで変わらない。**図書館パフォーマンス指標**（図書館評価指標）を規定した国際規格 ISO11620（JIS X 0812 が対

---

[4] なお，「3」はデータ $\mathcal{D}_1$ における最頻値（mode）でもある。
[5] 中央値はデータを 2 分割する位置に存在する値であるが，4 分割する境界の値をそれぞれ第 1，第 2，第 3 四分位値（quartile）と呼ぶ。第 2 四分位値は中央値である。

応）では,「資料の受入に要する期間」や「整理に要する期間」の指標の定義において，中央値が採用されている。

1.2 確率分布

1.2.1 確率と確率分布

確率（probability）に対して数学的に厳密な定義を与えるのは容易ではないが，相対度数分布に基づいて，x のある特定の値 a に対する $f_c(x=a)/N$ を「$x=a$ という事象が生起する確率」と捉えることはとりあえず可能である。上で述べたように，x がとり得るすべての値に対して $0 \leq f_c(x)/N \leq 1$ が成り立ち，また，それらの総和は 1 になる（$\sum_x f_c(x)/N = 1$）。したがって，$f_c(x)/N$ は確率であることの重要な要件を満たしている。

「x の値が a となる確率」を $P(x=a)$ と表記する。例えば，$N=100$ かつ $f_c(x=2) = 30$ ならば，$P(x=2) = 0.3$ である（つまり 30％）。貸出回数の例で言えば，N 冊の図書の中から**無作為**（またはランダム；random）に 1 冊を選んだときに，その図書の貸出回数が 2 である確率として，$P(x=2)$ を解釈できる。

これはいわば，観察された頻度（observed frequency）に基づいて規定された確率であり，この場合の $P(x=0), P(x=1), P(x=2), \ldots$ は，データから求められるという点で「経験的（empirical）」な分布と言える[6]。それに対して，例えば「六面のサイコロを投げて「1 の目」が出る確率は $1/6$」のように，データに基づかずに確率を規定することもできる。

実際に，変数 x がとり得る値に対して，少数のパラメータ（parameter）から成る数学的な**関数**（function）によって，それぞれの確率を「理論的」に計算できる場合がある（後述）[7]。本書では，この種の関数もまた $P(x)$ と表記

---

[6] 頻度に基づいて定義された確率には理論上および実用上の限界がある。例えば，ベイズ推定（Bayesian inference）の教科書 German ほか (2014) [49] の第 1 章には，実用上の限界が具体的な例で示されている。これによれば，非常にまれにしか起こらない事象が生起する確率を予測する場合，頻度に基づいて確率を単純に推計するよりも，理論や知識に基づく事前確率によるベイズ推定のほうが優る可能性がある。ベイズ推定については，8.3 節で簡単に触れる。

[7] ある値 x が何らかの値 y に対応付けられることを $y = f(x)$ と表記すれば，$f(x)$ は関数である。例えば，$f(x) = x^2$ ならば，$x=2$ は $y=4$ に対応付けられる。

し，単に**確率分布**（probability distribution）と呼ぶ．この際には，x は特に**確率変数**（random variable）として規定されることになる．

なお，実際に 600 回サイコロを投げても，「1 の目」が正確に 100 回出るとは限らず，理論的な確率と経験的に求められた確率とが正確に一致する保証はない．この問題は，理論的な確率分布からのデータの乖離として捉えることもできる（3.3.4 項参照）．

1.2.2　2 項分布

例えば，六面のサイコロを m 回投げて「1 の目」が x 回出る確率は，**2 項分布**（binomial distribution）により計算できる．一般には，サイコロを投げることは**試行**（trial），「1 の目」が出ることは「成功」に相当し，2 項分布は，「試行回数 m」と「1 回の試行における成功確率 p」とをパラメータとして持つ確率分布である（確率変数は成功回数 x）．

まず，六面のサイコロを 1 回投げて，「1 の目」が出る確率 p を考える．ここでは，すべての目で p が同一と仮定して $p = 1/6$ とする．このとき，4 回投げて（$m = 4$），それぞれ「1 の目」「1 の目」「1 の目」「1 以外の目」ならば $x = 3$ であり，この事象が生じる確率は，$1/6 \times 1/6 \times 1/6 \times 5/6 = 5/6^4$ となる（1 以外の 2〜6 の目が出る確率は $5/6 = 1 - 1/6$）．記号を使って書けば，$p \times p \times p \times (1-p)$，すなわち，より一般には $p^x(1-p)^{m-x}$ と表される[8]．

この計算の際に，それぞれの確率を単純に掛け合わすことができるのは，それぞれの試行におけるサイコロの目の出方が他の試行の結果に影響を与えないためである．このような事象を**独立事象**と呼び，これを「統計的に独立である（statistically independent）」とも表現する[9]．この例ではさらに，それぞれの試行の結果が「成功」か「失敗（「1 の目」が出ない）」の「**2 値のみ**」（binary）であって，特に，**ベルヌーイ試行**（Bernoulli trial）と呼ばれる．

上で計算された $5/6^4$ は，$x = 3$ の確率そのものではない．なぜなら，$x = 3$ が実現されるパターンは，「1 の目」「1 の目」「1 の目」「1 以外の目」以外にも

---

[8] べき乗の計算における約束より，$x = 0$ では $p^0 = 1$（同様に $x = m$ では $(1-p)^0 = 1$）．これによって，すべて「1 の目」である場合や，「1 の目」が 1 度も出ない場合でも，その確率は $p^x(1-p)^{m-x}$ と書ける．なお，指数法則により，$p^a \times p^b = p^{a+b}$ および $p^a \div p^b = p^{a-b}$ となることに注意．

[9] 独立性に加え，各試行で「1 の目の出る確率」が同一なので，これを「i.i.d.（independent and identically distributed）」と略記することがある．

存在するので（例えば，「1 の目」「1 以外の目」「1 の目」「1 の目」など），それらのパターンを列挙して，それぞれの確率を足し合わせなければならない。このパターンの総数は，m 個の中から x 個を選ぶ**組み合わせ**（combination）の数に相当する。したがって，その数は

$$\begin{pmatrix} m \\ x \end{pmatrix} = {}_m C_x = \frac{m!}{x!(m-x)!} \quad (1.5)$$

で計算できる。ここで，「!」は階乗を意味し，$4! = 4 \times 3 \times 2 \times 1$，$3! = 3 \times 2 \times 1$，$1! = 1$ なので[10]，$m = 4$ かつ $x = 3$ となるパターンは合計 4 通りあることが分かる。結局，$m = 4$ かつ $x = 3$ となる確率は $4 \times 5/6^4$ である。

以上の例から明らかなように，2 項分布は，m（試行回数）と p（成功確率）をパラメータとして，

$$P(x) = \begin{pmatrix} m \\ x \end{pmatrix} p^x (1-p)^{m-x}, \quad x = 0, 1, \ldots, m \quad (1.6)$$

で定義される。なお，2 項分布における (1.5) 式の部分を **2 項係数**（binomial coefficient）と呼ぶ。$m = 12$，$p = 1/6$ の場合の 2 項分布を図 1.2 に示す。

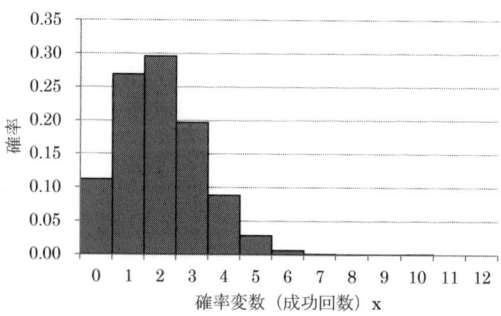

図 1.2　2 項分布の例（$m = 12$，$p = 1/6$）

---

[10] なお，$0! = 1$。

1.2.3 期待値

(1.4) 式中の $f_c(x)/N$ を $P(x)$ に置き換え，さらに，確率変数 x の値の範囲（定義域）は状況によって異なるので，Σ でそれを省略し，すべての x の値について合計するものとして定義すれば，

$$\mu = \sum_x xP(x) \tag{1.7}$$

となる。一般に，確率変数の何らかの関数 $g(x)$ に対して $\sum_x g(x)P(x)$ を $g(x)$ の**期待値**（expectation）と呼び，$E(g(x))$ と表記する。つまり，平均 μ は $g(x) = x$ の期待値であり，$\mu = E(x)$ と書くことができる。

例えば，$P(x)$ が 2 項分布の場合には，(1.6) 式と (1.5) 式より，

$$E(x) = \sum_{x=1}^{m} x \frac{m!}{x!(m-x)!} p^x (1-p)^{m-x} \tag{1.8}$$

である（$x=0$ ならば $xP(x) = 0$ なので，総和 Σ の変数の範囲から，$x=0$ をはずしている点に注意）。2 項係数で x の約分が生じるため，$m! = m \times (m-1)!$ と $p^x = p \times p^{x-1}$ に注意すれば，$E(x)$ は，

$$\begin{aligned} E(x) &= \sum_{x=1}^{m} \frac{m \times (m-1)!}{(x-1)!(m-x)!} (p \times p^{x-1})(1-p)^{m-x} \\ &= mp \sum_{x=1}^{m} \frac{(m-1)!}{(x-1)!(m-x)!} p^{x-1} (1-p)^{m-x} \end{aligned} \tag{1.9}$$

に書き換えられる。$m - x = (m-1) - (x-1)$ なので，$m' = m-1$, $x' = x-1$ と置換すれば，この式の Σ の部分は

$$\sum_{x'=0}^{m'} \frac{m'!}{x'!(m'-x')!} p^{x'} (1-p)^{m'-x'} = \sum_{x'=0}^{m'} P(x') = 1$$

と計算でき（すなわち，すべての確率を足すと 1 となる），最終的に，

$$E(x) = mp \tag{1.10}$$

を得る。$m = 6$ および $p = 1/6$ を代入すれば，$E(x) = 1$ なので，六面のサイコロを連続 6 回投げることを何度か試みて，「1 の目」の出る回数をそれぞれ記録すれば，それらの平均はおおよそ 1.0 になるはずである。

一方，分散 σ^2 は，$g(x) = (x - E(x))^2$ の期待値であり，これを $V(x)$ と表記する。$E(x) = \mu$ なので，

$$V(x) = E((x - E(x))^2) = E(x^2 - 2x\mu + \mu^2) \tag{1.11}$$

となる。ここで，確率変数 x に無関係な定数を a と b，$g'(x)$ を $g(x)$ とは異なる別の関数とすれば，期待値の定義より，

$$E(ag(x) + bg'(x)) = aE(g(x)) + bE(g'(x)) \tag{1.12}$$

のように変形できるため[11]，結局，

$$V(x) = E(x^2) - 2\mu E(x) + \mu^2 = E(x^2) - 2\mu^2 + \mu^2 = E(x^2) - \mu^2 \tag{1.13}$$

を得る。つまり，一般に，

$$V(x) = E(x^2) - E^2(x) \tag{1.14}$$

である。

この計算結果を，データ $\mathcal{D} = \{x_1, \ldots, x_N\}$ における分散の定義式 (1.2) に戻せば，

$$\sigma^2 = \frac{1}{N} \sum_{i=1}^{N} x_i^2 - \mu^2 \tag{1.15}$$

となる。この式は，当然，(1.2) 式を直接変形しても導くことができる。

1.2.4　連続確率分布

2 項分布を例示した図 1.2 において，例えば $x = 0$ の「柱」の高さ（確率）は 0.112 である[12]。そこで，単位を適当に調整して，「柱」の幅を 1.0 にすれば，$x = 0$ の柱の「面積」は $1 \times 0.112 = 0.112$ となる。したがって，すべての柱の面積の合計は 1.0 であり，これはすべての確率を合計すると 1 になることに相当する。

---

[11] $E(ag(x) + bg'(x)) = \sum(ag(x) + bg'(x))P(x) = a\sum g(x)P(x) + b\sum g'(x)P(x) = aE(g(x)) + bE(g'(x))$。
[12] 本書では，この種の数値の例については，多くの場合，適宜，四捨五入して表示する。

次に2項分布とは離れて、柱の幅が「無限に」小さくなる場合を考える。2項分布では、$x = 0, 1, 2, 3, \ldots$ のように、確率変数の値は0および自然数であり、それに対して、柱の幅を無限に小さくすることは、確率変数の値を実数の範囲にまで拡張することを意味している。例えば、身長や距離の値は、実際には計測器の性能に依存するものの、理論的には、$x = 172.19281\cdots$ のような実数として捉えられる。

柱の幅を無限に小さくすると、柱の頭の部分は滑らかな曲線を描く。この曲線を $f_p(x)$ と表記する（図1.3参照）。この場合、柱の面積は曲線 $f_p(x)$ により囲まれた面積となり、積分の操作によって計算できる[13]。すなわち、

$$\int_D f_p(x)dx = 1.0 \tag{1.16}$$

である。ここで $\int_D$ は、$f_p(x)$ が定義されている範囲全体で積分することを意味している。この被積分関数 $f_p(x)$ は特に、**確率密度関数**（probability density function）と呼ばれる。

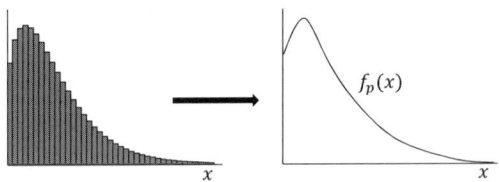

図1.3 連続的な確率分布

ここでは、確率密度関数が $-\infty < x < \infty$ の範囲で定義されていると仮定する。確率密度関数から、実際に確率の値を求めるには、定積分によって「柱」に相当する部分を限定しなければならない。つまり、

$$P(a < x \leq b) = \int_a^b f_p(x)dx \tag{1.17}$$

とする。これを**連続確率分布**（continuous probability distribution）と呼ぶ。

---

[13] この説明はリーマン積分の定義に沿った説明である。確率論では、リーマン積分の値が無限に発散してしまう場合をも取り扱うため、ルベーグ測度に基づいて議論が組み立てられる（確率論の教科書が測度論の説明から始まることが多いのはこのためである）。本書の範囲ではそこまで論じる必要はないので省略する。

また，定数 a を無限小（$-\infty$）に置き換えた

$$F_x(b) \equiv P(-\infty < x \leq b) = \int_{-\infty}^{b} f_p(x)dx \tag{1.18}$$

は，**累積分布関数**（cumulative distribution function）であり，確率密度関数から確率を計算する際に，こちらもよく利用される[14]。この式が示すとおり，関数 $F_x(b)$ は確率変数の最小値から b に至るまでの確率の合計値を返す（具体例は後の図 1.5(b) を参照）。

一方，2 項分布のように，確率変数が離散的である場合，その確率分布は，**離散確率分布**（discrete probability distribution）と呼ばれる。離散確率分布の累積分布関数は，もし $x = 0, 1, 2, \ldots, b, \ldots, x_{max}$ ならば，

$$F_x(b) = \sum_{x=0}^{b} P(x) \tag{1.19}$$

で与えられる。上で例として掲げた貸出回数に対しては，その平均や分散を算出するものの，その分布の記述には，離散確率分布が使われる（具体例は 7.3 節参照）。それに対して，100 点満点でのテストの得点もまた厳密には離散変量ではあるが，とり得る値が多いため，正規分布（1.2.5 項参照）のような連続確率分布を適用するのが通例である。

なお，連続確率分布における $g(x)$ の期待値は，

$$E(g(x)) = \int_{D} g(x) f_p(x) dx \tag{1.20}$$

で定義される。積分の場合にも，$\int a f_p(x) dx = a \int f_p(x) dx$ となり（a は定数），また，$\int (g(x) + g'(x)) f_p(x) dx = \int g(x) f_p(x) dx + \int g'(x) f_p(x) dx$ なので，期待値に関する (1.12) 式が同様に成立する。したがって，$V(x)$ についての (1.13) 式も，連続確率分布に対して同じである。

1.2.5　正規分布

連続確率分布の代表例は**正規分布**（normal distribution）であり，その確率密度関数は，

$$f_p(x) = \frac{1}{\sqrt{2\pi}\sigma} e^{-\frac{(x-\mu)^2}{2\sigma^2}} \tag{1.21}$$

---
[14]記号 $\equiv$ は，ここでは，左辺を右辺で定義することを意味する。

で定義される。ここで、μ と σ^2 はそれぞれ、これまで同様、平均と分散である。一方、e はネイピア数（または自然対数の底）、π は円周率を意味し、ともに定数なので、正規分布のパラメータは平均と分散（または標準偏差）の2つということになる。したがって、データが正規分布に完全に従う場合には、平均と分散のみでその分布の形状が確定する。

正規分布の確率密度関数の形状は、**左右対称の釣鐘型**である（図1.4参照）。釣鐘の中心が平均 μ であり、σ が大きいほど、釣鐘の横幅が広くなる。なお、左右対称であることから、両裾の確率について、$P(x < \mu-a) = P(x > \mu+a)$ が成り立つ（$\mu = 0$ ならば $P(x < -a) = P(x > a)$）。これは正規分布の重要な性質である。

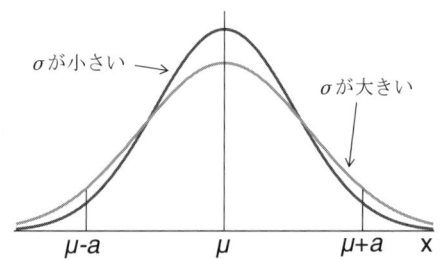

図 1.4　正規分布の例

正規分布に従う確率変数 x を

$$z = \frac{x - \mu}{\sigma} \tag{1.22}$$

で変換した場合、積分の変数変換（置換積分）の公式により

$$P(z > a) = \int_a^\infty \frac{1}{\sqrt{2\pi}} \exp\left(-\frac{z^2}{2}\right) dz \tag{1.23}$$

となる[15]。ここで、$\exp(x) \equiv e^x$ であり、(1.23) 式を**標準正規分布**（standard

---
[15] まず (1.22) 式の両辺を2乗してから (1.21) 式に代入する。次に、微分の公式により、$dz/dx = 1/\sigma$ となるので、積分 $\int f_p(x)dx$ における dx を $dx = \sigma dz$ で置き換える。この結果、(1.23) 式が導かれる。これを置換積分と言う。なお一般に、関数 $f(x) = ax^b$ を x で微分すれば、$df(x)/dx = a \times b x^{b-1}$ となる。ここで a と b は定数で、任意の実数である（負の数でも良い）。また、定数を微分した場合には0となる。例えば、$f(x) = a$ ならば $df(x)/dx = 0$。微分する関数が複数の関数の和（差）になっていれば、それぞれ微分してから事後的に加算（減算）すれば良い（項別微分）。例えば、$f(x) = f_1(x) + f_2(x)$ ならば、$df(x)/dx = df_1(x)/dx + df_2(x)/dx$、一方、$f(x) = f_1(x) - f_2(x)$ ならば、$df(x)/dx = df_1(x)/dx - df_2(x)/dx$。

normal distribution）と呼ぶ。その確率密度関数 $f_p(z)$ と累積分布関数 $F_z(b)$ を図 1.5 に示す。

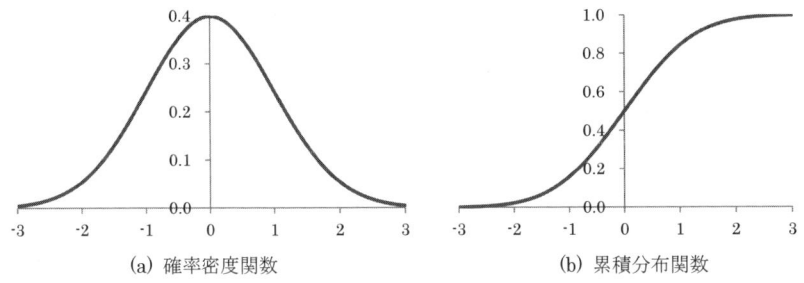

(a) 確率密度関数　　　　(b) 累積分布関数

図 1.5　標準正規分布

式の形から明らかなように，この分布の平均は 0.0，分散（標準偏差）は 1.0 である。標準正規分布は，推定や検定（第 2 章および第 3 章など）において活用され，特に，この分布の両裾の確率 $P(z \geq 1.96) = P(z \leq -1.96) = 0.025$ や $P(z \geq 2.58) = P(z \leq -2.58) = 0.005$ が使われることから，「1.96」「2.58」の 2 つの数値は代表的な **z 値**（z-value）として様々な場所で頻出する。この点で，(1.22) 式の変換は重要であり，特に **z 変換**と呼ばれる[16]。

なお，2 項分布や正規分布のほかにも様々な確率分布が存在し，それぞれ重要な役割を果たしている。そのいくつかについては，次章以降，適宜説明する。

1.2.6　同時確率分布

本項では，複数の確率変数の値の組み合わせに対する確率分布を考え，x_1 と x_2 を 2 つの異なる確率変数と見なすこととする。例えば，2 個の六面サイコロ A と B を同時に投げたとき，

x_1：サイコロ A が「1 の目」になれば 1，それ以外は 0
x_2：サイコロ B が「1 の目」になれば 1，それ以外は 0

---

[16] この名称は，異なる意味で使われることもあるので注意を要する。本書では常に，(1.22) 式の変換を指す。

と定義する。このとき，**同時確率分布**（または結合確率分布；joint probability distribution）は，$P(x_1=0, x_2=0) = 25/36$，$P(x_1=1, x_2=0) = 5/36$，$P(x_1=0, x_2=1) = 5/36$，$P(x_1=1, x_2=1) = 1/36$ である。この例が示すように，当然のことながら，同時確率分布の値をすべて合計すると1になる。

連続確率分布の場合には，**同時確率密度関数**（joint probability density function）と呼ばれる $f_p(x_1, x_2)$ を使って，例えば，

$$P(x_1 \leq a, x_2 \leq b) = \int_{-\infty}^{b} \int_{-\infty}^{a} f_p(x_1, x_2) dx_1 dx_2 \tag{1.24}$$

のように同時確率分布を求める（$-\infty < x_1, x_2 < \infty$ の場合）。なお，これは二重積分である。

上記のサイコロの例の場合，一方のサイコロでの結果は他方のサイコロでの目の出る確率に対して影響を与えないという意味で独立である。1.2.2項で議論したように，独立な2つの変数の同時確率は，それぞれの変数の確率の単純な掛算で求めることができる（ここでは $P(x_1, x_2) = P(x_1) \times P(x_2)$）[17]。連続確率分布の場合には，$\int \int f_p(x_1, x_2) dx_1 dx_2 = \int f_p(x_1) dx_1 \times \int f_p(x_2) dx_2$ のように積分の掛算となる。もちろん，要素となる確率変数が独立でない同時確率分布も多数存在する。

同時確率分布 $P(x_1, x_2)$ に対し，$P(x_1)$ や $P(x_2)$ を**周辺確率分布**（marginal probability distribution）と呼ぶ。一般に，m 個の確率変数 $x_1, \ldots, x_m$ の同時確率分布 $P(x_1, \ldots, x_m)$ から x_1 の周辺確率分布を計算するには，

$$P(x_1) = \sum_{x_2} \sum_{x_3} \cdots \sum_{x_m} P(x_1, x_2, x_3, \ldots, x_m) \tag{1.25}$$

とすれば良い[18]。ここで $\sum_{x_j}$ は変数 x_j がとり得るすべての値での合計を意味する（$j = 2, \ldots, m$）。連続確率分布の場合には，多重積分を使って，

$$P(x_1 \leq a) = \int_{-\infty}^{\infty} \int_{-\infty}^{\infty} \cdots \int_{-\infty}^{a} f_p(x_1, x_2, \ldots, x_m) dx_1 dx_2 \cdots dx_m \tag{1.26}$$

である（$-\infty < x_1, \ldots, x_m < \infty$ の場合）。

---

[17]例えば，両方とも「1の目」の出る確率は $1/6 \times 1/6 = 1/36$ で計算される。
[18]総和記号が2つ場合には，例えば，$\sum_{i=1}^{n} \sum_{j=1}^{n} a_i b_j = a_1 b_1 + a_1 b_2 + \cdots + a_1 b_n + a_2 b_1 + \cdots + a_n b_n$ である。つまり，外側の i を固定して，j を1から n まで動かし，それが終われば i を1つ増やす。ただし，この式から明らかに，これらの総和の順序を入れ替えることができて，$\sum_i \sum_j a_i b_j = \sum_j \sum_i a_i b_j$ となる。なお，文献では，$\sum_i \sum_j$ は $\sum_{i,j}$ のように略記されることもあるので注意を要する。

第2章 推定

2.1 標本抽出

2.1.1 全数調査と標本調査

1.1.2項での例である貸出処理記録は館外貸出のみを対象としているので,集計されたデータには館内利用 (in-house use) の実態は反映されていない。これを知ろうとすれば,何らかの付加的な調査を行う必要がある。返本台が備えられ,書架から取り出した資料はすべてそこに返却するシステムを採用している図書館では,返本台に溜まった資料を書架に戻す際に,それらを記録することで,館内利用回数を集計できる。しかしながら,このデータ収集にはそれなりの手間がかかるので,これを1年間持続することは難しいと思われる。そのほか,返本台が利用できない場合に館内利用を把握するための方法がいくつか考案されているが[1],これらもまた同様な理由で,ごく限られた期間の「部分的な」調査とならざるを得ない。

それに対して,館外貸出回数の集計の場合には,ある期間の貸出処理記録がすべて対象になっているという点で,母集団を網羅した**全数調査**であり,館外貸出の生起を部分的に調べたものではない。業務記録は,全数調査の結果として解釈できることが多いのに対して,業務記録では分からない事柄を明らかにするために,何らかの特別な調査に基づいて統計データを得ようとする際には,母集団全体を網羅できないのが普通である (6.1.3項参照)。

この状況において,何らかの基準・方法によって母集団から選択された部分集合が**標本** (sample) であり,それに対する調査を**標本調査** (sample survey) と呼ぶ。あくまで母集団に対して何かを明らかにすることが目的であるから,調査事項に関して,標本が母集団を「正しく」反映するように,その抽出を行わなければならない。この点,**標本抽出** (sampling) は重要である。

---
[1] これについては Lancaster(1991) [37] (邦訳) が詳しい。

2.1.2 標本誤差と非標本誤差

ここでは説明の都合上,「ある1日における館内利用のすべて」を母集団と想定して,一部の図書を標本として抽出し,それらに調査票を挟み込むという方法を考える。この調査票には,図書を書架に直接戻すのではなく,カウンターに届けてもらうように記しておく。この結果,利用者が標本として抽出された図書を書架から取り出し,ページをめくってこの調査票を見つけると,利用者によりその図書がカウンターに返ってくるという仕組みである。調査員は記録した後,調査票を挟み直してから,その図書を直ちに書架の所定の位置に戻す。

このような利用者側および調査員側の両方に負担をかける調査を定常的に実施するわけにはいかないので,ある1日に限定して行うこととし,調査が実施されたその日における「図書1冊あたりの平均館内利用回数」の推定を最終的な目的として設定する[2]。すなわち,この平均館内利用回数が母平均 μ である。そして,ここでは,すべての図書に調査票を挟み込むとやはり負担が大きいという懸念から,一部の図書のみを標本とし,そこから母平均に対する**推定値**（estimate）を算出するものとする。当然,この推定値が μ に一致する保証はなく,ずれてしまう可能性がある。標本として一部のみを調査することによるこの種のずれを**標本誤差**（sampling error）と呼ぶ。

1.1.2 項と同様に,蔵書に含まれる図書の総数を N と表記し,これを母集団サイズとする[3]。一方,調査票を挟み込む対象として選ばれた図書（標本中の個体）の総数を小文字 n で表す。この場合,n は**標本サイズ**（または標本の大きさ; sample size）であり,n/N を**抽出率**と呼ぶ。また,標本中の i 番目の図書について,調査の結果として記録された1日の館内利用回数を x_i,その集合（データ）を $\mathcal{D}_s = \{x_1, \ldots, x_n\}$ と書く（$\mathcal{D}$ の添字 s は標本データであることを意味する）。ここで,添字 i は蔵書全体での番号ではなく,標本が抽出された後に,1から n まで振り直したものと仮定する。

なお,調査票の挟み込みを通じて測定された値 x_i には,**測定誤差**（measurement error）が含まれる可能性がある。例えば,利用者が調査票を読まなかったり,無視すれば,測定された館内利用回数は過小評価になる。すな

---

[2] この結果を調査未実施の日にも引き伸ばして適用できるかどうかは別問題とする。
[3] 貸出可能な図書（貸出用図書）だけが「図書」ではないので,あらかじめ,調査における母集団を明確にしておき,そこから標本を抽出すべきである（実際の標本抽出については,6.2.3 項も参照）。N は,この明確化された母集団に含まれるすべての図書（個体）の数である。

表 2.1 仮想的な母集団（$N=15$）

A	η_i	A	η_i	A	η_i
001	5	006	3	011	2
002	3	007	3	012	1
003	0	008	0	013	0
004	2	009	9	014	1
005	16	010	0	015	0

注：A列は図書の通し番号

わち，i番目の図書についての「真 (true)」の館内利用回数をη_i，測定誤差をϵ_iと表記すれば，

$$x_i = \eta_i + \epsilon_i, \quad i = 1, \ldots, n \tag{2.1}$$

である．一般には，ϵ_iは正または負のどちらの値もとり得る．正の場合が過大評価，負の場合が過小評価に相当する．

測定誤差は，**非標本誤差**（nonsampling error）の一種である．非標本誤差には，そのほか，調査員による記録の誤りなども含まれるが，それについては6.3節で議論することとし，それまでは，常に$\epsilon_i = 0$を仮定して，η_iとx_iを同じものとして取り扱う（ここで$i = 1, \ldots, n$）．

2.1.3 単純無作為抽出

標本抽出について考えるために，$N = 15$として，それぞれの図書のη_i（母集団における真の値）が表2.1のようになっている状況を想定する．ここで，$\mu = 3.0$, $\sigma^2 = 17.6$である．表の「A列（A欄）」は図書ID（ただし，通し番号）を示しており，「005」は16回，「009」は9回なのに対して，例えば「003」などは一度も館内利用されていないことが仮定されている．

もちろん，調査時にはη_iは不明なので（分かっていれば調査の必要はない），実際に存在するのはA列のみである．A列は母集団となる図書のリストに相当し，一般にこれを母集団の**フレーム**（または枠；frame）と呼ぶ．このフレームは標本抽出時に必須であり，**単純無作為抽出**（simple random sampling）では，単一のフレームから無作為に標本を抽出する（そのほかの複雑な抽出法については，6.2節で説明する）．

ここでは標本サイズを 3 と仮定する（$n=3$）。抽出率は 1/5（20%）である。そして，フレームから標本を無作為抽出するために，0.0～1.0 を範囲とする**一様乱数**（uniform random numbers）をソフトウェアで発生させたところ[4]，

$$0.587878048, 0.753807184, 0.034333323$$

が出力されたとする。この場合，これらに 15 を掛けたものを切り上げて整数に直せば，「001」～「015」のいずれかの値になるので，その図書を標本として抽出すれば良い（つまり，それらを書架上で探して，調査票を挟み込む）。まず，$0.587878048 \times 15 = 8.8\cdots$ なので，これを切り上げて「009」が選ばれる。つまり，出力された乱数の値を a（ただし $0.0 < a < 1.0$），天井関数（ある実数に対して，それ以上の最小の整数値を返す関数[5]）を $\lceil \cdot \rceil$ と表記すると，フレームの最上位から $\lceil aN \rceil$ 番目に位置するものを抽出すれば，単純無作為抽出を実現できる。

ここでの例では，上の乱数によって，「009」「012」「001」が順に抽出されるが，偶然，同じ図書の番号が複数回出現する可能性がある。この際，同一の図書を重複して採用する場合を**復元抽出**（sampling with replacement），重複を許さず別の図書を抽出し直すことを**非復元抽出**（sampling without replacement）と呼ぶ。統計学の理論的な計算は復元抽出を仮定したほうが容易になるが，図書館情報学の場合には，非復元抽出が通例である。この場合，母集団が無限の大きさを持つと仮定し（後述），非復元抽出による標本に対して，復元抽出に基づく計算を適用することが多い。また，明示的な標本抽出を行うことなく集められたデータを，復元での単純無作為抽出で得られたものと仮定して，統計的な分析がなされることもある。その際には，標本の**代表性**（representativeness）に十分な配慮が必要となる。

2.1.4 標本平均と標本分散

「001」「009」「012」が抽出され，実際にその館内利用回数が測定されたとする。$x_i = \eta_i$ を前提としているので（すなわち測定誤差はないと仮定），

---

[4] ここでは MS Excel の「データ分析」のツールを使った。プログラミング言語の Java などにも乱数生成の機能が用意されている。この種の乱数は疑似乱数とも呼ばれる。
[5] MS Excel では「基準値」を 1 とする CEILING 関数を使えば計算可能。

表 2.1 より，それらの平均は，$(5+9+1)/3 = 5.0$ となる．これを**標本平均** (sample mean) と呼び，一般に $\bar{x}$ と表記される．すなわち，標本平均は，

$$\bar{x} = \frac{1}{n}\sum_{i=1}^{n} x_i \qquad (2.2)$$

と定義され，形式上は母平均と同じである（計算対象となる個体の範囲が異なるのみ）．それに対して，**標本分散** (sample variance) の場合には（s^2 と表記），

$$s^2 = \frac{1}{n-1}\sum_{i=1}^{n}(x_i - \bar{x})^2 \qquad (2.3)$$

で計算されることが多い．母分散の定義 (1.2) 式と比べて，μ と $\bar{x}$ が置き換わるのは当然としても，母分散では偏差の平方和を N で割っているのに対して，(2.3) 式では，個体の総数から 1 が引かれて $n-1$ となっている．これは，s^2 を母分散の推定値と考えるための措置である (2.3.1 項参照)．別の推定法では，そのまま n で割ることもあるが，多くの場合に，(2.3) 式が採用または仮定されている．

「001，009，012」を標本とする場合，上で示したように $\bar{x} = 5.0$ となり，母平均 $\mu = 3.0$ からずれている．このずれは標本誤差の 1 つである．例えば，「001」「002」「012」が抽出されれば，$\bar{x} = (5+3+1)/3 = 3.0$ なので，標本平均が母平均と正確に一致する．しかし，どの標本がこの種の「当たり」であるかはもちろん分からない．抽出された標本から計算される記述統計量の値が，母集団のそれと同一になる保証がないことは，常に調査者の念頭に置かれるべきである．

2.2 区間推定の基本的な考え方

2.2.1 標本平均の平均

前節では，表 2.1 からの 2 つの標本「001，009，012」「001，002，012」のみを考えたが，ここでの例では，非復元抽出により得られる標本は全部で $_{15}C_3 = 455$ 通り存在している．これは 15 のものから 3 つを選ぶ際の組み合わせの数に相当する（(1.5) 式参照）．実際には，この中から 1 つの標本が選ば

れて，その標本平均 $\bar{x}$ が調査結果となるのに対して，ここでは，この455通りの標本すべてを考え，各標本平均に添字を付けて $\bar{x}_k$ と表記しておく。添字 k は通し番号であり，1から M ($=$ $_NC_n$) まで動くものとする ($M = 455$)。すなわち，

$$1:\lceil 001,\ 002,\ 003\rfloor \quad \bar{x}_1 = (5+3+0)/3 = 2.667$$
$$2:\lceil 001,\ 002,\ 004\rfloor \quad \bar{x}_2 = (5+3+2)/3 = 3.333$$
$$\cdots\cdots\cdots$$
$$455:\lceil 013,\ 014,\ 015\rfloor \quad \bar{x}_{455} = (0+1+0)/3 = 0.333$$

のような「理論的」状況を考える。このため本項では，x の添字は母集団全体での通し番号 $(x_1, x_2, \ldots, x_N)$ とする。

上記の455個の標本平均をさらに平均したものは母平均 μ に一致し，ここでの例では3.0となる。つまり，$(2.667 + 3.333 + \cdots + 0.333)/455 = 3.0$ である。一般に，この**標本平均の平均**を $\mu_{\bar{x}}$ と表記すれば，

$$\mu_{\bar{x}} = \frac{1}{_NC_n}\left(\frac{x_1+x_2+\cdots+x_n}{n} + \frac{x_1+\cdots+x_{n-1}+x_{n+1}}{n}\right.$$
$$\left. + \cdots + \frac{x_{N-n+1}+\cdots+x_{N-1}+x_N}{n}\right) \quad (2.4)$$

と書くことができる。この式中に特定の x_i が出現する回数を数え上げると，全部で $_{N-1}C_{n-1}$ なので（各標本における x_i 以外の値のパターンをすべて数えれば $_{N-1}C_{n-1}$ 通り），結局

$$\mu_{\bar{x}} = \frac{1}{_NC_n}\left(\frac{_{N-1}C_{n-1}}{n}x_1 + \cdots + \frac{_{N-1}C_{n-1}}{n}x_N\right)$$
$$= \frac{1}{N}(x_1 + \cdots + x_N) = \mu \quad (2.5)$$

を得る（$_{N-1}C_{n-1}/_NC_n = n/N$ に注意）。

同様に，M 個の標本平均の値に対する分散も計算できて，この**標本平均の分散**を $\sigma_{\bar{x}}^2$ と表記すると，非復元抽出の場合には，その平方根は，

$$\sigma_{\bar{x}} = \sqrt{\frac{N-n}{N-1}}\frac{\sigma}{\sqrt{n}} \quad (2.6)$$

となる[6]（σ は母集団での標準偏差）。$\sigma_{\bar{x}}$ は標本平均の**標準誤差** (standard error) とも呼ばれる。標準誤差は，一般に，母集団における何らかの統計量

---

[6]詳細な計算過程が岩田 (1983) [4] の p.70〜71 に掲載されている。

に対する推定値の精度を表す量であり，標本平均を母平均の推定値として捉えた場合に，$\sigma_{\bar{x}}$ は標本平均の標準誤差ということになる（後述するように，$\sigma_{\bar{x}}$ が小さいほど推定の精度が高くなる）。

(2.6) 式中の $(N-n)/(N-1)$ は**有限母集団修正**（finite population correction）と呼ばれる。この値は，N が n に比べて大きくなるにつれて 1 に近づいていき，さらに n は常に有限なので，理論的に $N = \infty$ ならば完全に 1 となる。$N = \infty$ の場合，その母集団は**無限母集団**（infinite population）と呼ばれ，したがって，無限母集団に対する標本平均の標準誤差は，有限母集団修正が消去され，単に，

$$\sigma_{\bar{x}} = \frac{\sigma}{\sqrt{n}} \tag{2.7}$$

で計算される。なお，有限母集団に対する復元抽出の場合でも，$\mu_{\bar{x}} = \mu$ となり，標本平均の標準誤差は (2.7) 式で表される（2.2.2 項参照）。

標準誤差 $\sigma_{\bar{x}}$ が小さければ，標本平均のばらつきが小さく，並外れて「不適当な」標本に当たる確率が低くなると期待できる。例えば，表 2.1 の例では，「001，005，009」の標本平均は 10.0 で，母平均からかなりずれてしまっており，この標本が抽出された場合，真の値から大きく乖離した結果が導かれてしまう。$\sigma_{\bar{x}}$ が小さければ，このような標本が抽出される確率が低くなり，標本平均の平均が母平均に一致するため，母平均に近い標本平均が得られる可能性が高くなる。(2.7) 式が示すとおり，標準誤差が小さくなるのは，

1. 母分散 σ^2 が小さい
2. 標本サイズ n が大きい

場合である。このうち調査者が操作できるのは標本サイズのみであり，標本を大きくすれば，それだけ $\sigma_{\bar{x}}$ の値を小さくできる。

2.2.2　標本平均の標準誤差に関する補足

標本中の $x_1, \ldots, x_n$ はそれぞれ，母集団での分布 $P(x)$ に従う確率変数 x の実現値として捉えることができる。つまり，n 個のスロット □ があって，

$$x_1 : \square,\ x_2 : \square, \ldots, x_n : \square$$

における □ の中に，母集団から無作為に選ばれた値が入った結果，標本 $\mathcal{D}_s$ が得られたと考えるわけである．これにより，$x_1,\ldots,x_n$ が n 個の確率変数であり（すなわち理論的には □ の中身が入れ替わる），それぞれが平均 μ，分散 σ^2 の $P(x)$ に従うという解釈が成り立つ．この捉え方によって，観測された $x_1,\ldots,x_n$ を単なる数値として扱うのではなく，それらが得られた背後的な仕組みまでを考慮に含めることが可能となる．

可能性としては，□ には母集団におけるすべての値が入るので，仮に抽出を無限回繰り返して，1つの □ での値を平均してみたとすれば，それは当然，母平均 μ に一致する．すなわち，$E(x_i) = \mu$ である（$i = 1,\ldots,n$）．このことから，復元抽出・非復元抽出ともに，標本平均の平均について，

$$\mu_{\bar{x}} = E(\bar{x}) = \frac{1}{n}(E(x_1) + \cdots + E(x_n)) = \frac{n\mu}{n} = \mu \tag{2.8}$$

が成り立つ．つまり，$\bar{x}$ もまた確率変数であり，この場合には，$\bar{x}$ は母平均に対する**推定量**（estimator）と呼ばれる（なお，その実現値が「推定値」である）．

一方，標本平均の分散は，

$$\sigma_{\bar{x}}^2 = V(\bar{x}) = E((\bar{x} - \mu)^2) \tag{2.9}$$

として定義され，期待値の性質 (1.12) 式より，

$$\begin{aligned}
E((\bar{x} - \mu)^2) &= E\left(\left(\frac{x_1 - \mu}{n} + \cdots + \frac{x_n - \mu}{n}\right)^2\right) \\
&= \frac{1}{n^2} E\left(\sum_{i=1}^n (x_i - \mu)^2 + \sum_{i \neq k} (x_i - \mu)(x_k - \mu)\right) \\
&= \frac{1}{n^2} \left(\sum_{i=1}^n E((x_i - \mu)^2) + \sum_{i \neq k} E((x_i - \mu)(x_k - \mu))\right)
\end{aligned}$$

を得る．ここで，$\sum_{i \neq k}$ は，i と k をそれぞれ 1 から n までの範囲で動かした総和 $\sum_{i=1}^n \sum_{k=1}^n$ から，$i = k$ となる項（すなわち，最右辺の $E((x_i - \mu)^2)$）を除いた合計を意味している．

この式において，復元抽出と非復元抽出の間で相違が生じる．ここでは $x_1, x_2, \ldots$ は，抽出された順序に並んでいるものと仮定する．非復元抽出の

場合には，最初の x_1 の値が選ばれる確率は $1/N$ であるのに対して，次の段階ではその値が抽出対象からはずれるために，2 番目の x_2 の値が無作為抽出される確率は $1/(N-1)$ に変わる．それに対して，復元抽出では，そのような変化は起きず，標本として選ばれた x_i $(i=1,\ldots,n)$ の値は，相互独立に母集団の分布に従う変数として取り扱うことができる．この場合には，$P(x_1,\ldots,x_n) = P(x_1) \times \cdots \times P(x_n)$ となる[7]．

したがって，復元抽出においては，$i \neq k$ ならば，

$$E((x_i - \mu)(x_k - \mu)) = E(x_i - \mu)E(x_k - \mu) \tag{2.10}$$

の変形が成立する．一方，非復元抽出では，右辺の $E(\cdot) \times E(\cdot)$ のような単純な掛算にはならない．

$E(x_i) = \mu$ であるから，復元抽出の場合には，$E(x_i - \mu)E(x_k - \mu) = (\mu - \mu)(\mu - \mu) = 0$ となり，この項がすべて消えるので，結局，

$$\sigma_{\bar{x}}^2 = E((\bar{x} - \mu)^2) = \frac{1}{n^2} \sum_{i=1}^{n} E((x_i - \mu)^2) = \frac{1}{n^2} \sum_{i=1}^{n} \sigma^2 = \frac{\sigma^2}{n} \tag{2.11}$$

が導かれる（ここでの定義により，$E((x_i - \mu)^2) = V(x) = \sigma^2$ であることに注意）．すなわち，復元抽出ならば $V(\bar{x}) = \sigma^2/n$ であり，その平方根は，無限母集団を仮定した (2.7) 式に一致する．

2.2.3 信頼区間の計算

ここまでの議論により，無限母集団からの標本抽出（または復元抽出）において，標本平均自体を確率変数として考えた場合のその平均は μ，標準偏差は $\sigma/\sqrt{n}$ である．さらに，統計学では，**中心極限定理** (central limit theorem) が証明されていて，これに従えば，標本平均の分布は n が無限に近づくにつれて，正規分布に収束する[8]．そこで，n が十分に大きければ，$\bar{x}$ の分布は，平均 μ，標準偏差 $\sigma/\sqrt{n}$ の正規分布で近似できることになる．

---

[7] このことは記号 Π を使えば，$P(x_1,\ldots,x_n) = \prod_{i=1}^{n} P(x_i)$ と表記できる．
[8] 中心極限定理はより一般的な条件で成り立つ．竹内 (1989) [28] の p.22 では，"確率変数列の和の分布が，"適当な条件のもとで"正規分布に収束する"という形の定理の総称が中心極限定理であると説明されている．標本平均も確率変数 x の和を定数 n で割ったものであることに注意．また，母集団における x 自体の分布は正規分布である必要はない（逆に，x が正規分布に従えば，その和は，正確に正規分布になる）．

この場合の z 変換 (1.22) 式は,

$$z = \frac{\bar{x} - \mu}{\sigma/\sqrt{n}} = \frac{\sqrt{n}(\bar{x} - \mu)}{\sigma} \tag{2.12}$$

となり，これが「**漸近的に**（asymptotically）」（すなわち $n \to \infty$ で）標準正規分布 (1.23) 式に従う。標準正規分布では，$P(-1.96 < z < 1.96) = 0.95$ なので，これに (2.12) 式を代入して変形すれば,

$$\begin{aligned} P(-1.96 < z < 1.96) &= P\left(-1.96\frac{\sigma}{\sqrt{n}} < \bar{x} - \mu < 1.96\frac{\sigma}{\sqrt{n}}\right) \\ &= P\left(\bar{x} - 1.96\frac{\sigma}{\sqrt{n}} < \mu < \bar{x} + 1.96\frac{\sigma}{\sqrt{n}}\right) \\ &= 0.95 \end{aligned} \tag{2.13}$$

を得る。この式は，数直線上で $\bar{x}$ を中心として，そこから正・負の両方向に $1.96\sigma/n^{1/2} = 1.96 \times \sigma_{\bar{x}}$ の幅をとって区間を作ると（図 2.1 参照）[9]，そこに母平均が収まる確率が 95% であることを意味している。これを母平均についての 95%**信頼区間**（confidence interval）と呼び，このような区間を求めることを，**区間推定**（interval estimation）と言う。

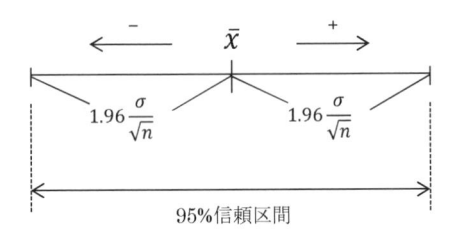

図 2.1 95%信頼区間の構成

n を一定の値に決め，「実験的」に復元抽出を 100 回繰り返して，それぞれ標本平均を計算したとする。母分散 σ^2 が与えられていると仮定し，標本ごとに 95%信頼区間を求めた場合，(2.13) 式より，そのうちのおおよそ 95 の標本では区間内に μ が存在することが期待できる（もちろん，正確に 95 個の標本がそのようになるという保証はない）。現実には，1 回の調査において得

---

[9] ここで，$n^{1/2} = \sqrt{n}$。なお，$n^{-1/2} = 1/\sqrt{n}$。$n^{-1} = 1/n$ も記号としてよく使われる。

られる標本は1つのみであり、その標本平均から計算された95%信頼区間の中に母平均がうまく収まっている確率は、「100個の中から95個を無作為に選ぶ」という意味での0.95ということになる。

すなわち、依然、運悪く「不適当」な標本に当たってしまう確率が5%ほど残っている。より確実な結論を出す目的で、もしこれを1%にまで下げたいならば、標準正規分布がおおよそ $P(-2.58 < z < 2.58) = 0.99$ となることを利用して、(2.13)式中の「1.96」を「2.58」にそのまま置き換えれば良い。これは母平均についての99%信頼区間である。母平均が収まる確率が増す分、当然、区間の幅は広くなってしまう。

信頼区間が狭いほど、母平均の推定値としての標本平均の精度は向上する。区間を狭めるには、(2.13)式より、標本平均の標準誤差 $\sigma_{\bar{x}}$ を小さくすれば良く、当然、2.2.1項と同じ結論が得られる。すなわち、調査者が母分散の値を操作することはできないので、標本サイズを大きくするしかない（逆に言えば、σ^2 が非常に小さいため、大きな標本は不要という調査状況も想定し得る）。

なお、有限母集団からの非復元抽出の場合には、信頼区間は有限母集団修正が加わり、

$$P\left(\bar{x} - 1.96\sqrt{\frac{N-n}{N-1}}\frac{\sigma}{\sqrt{n}} < \mu < \bar{x} + 1.96\sqrt{\frac{N-n}{N-1}}\frac{\sigma}{\sqrt{n}}\right) = 0.95 \quad (2.14)$$

となる（岩田 (1983) [4] の p.153 を参照）。

2.3 母分散未知での母平均の区間推定

2.3.1 母分散の推定量

母平均の区間推定の計算式 (2.13) は、母集団の別の統計量 σ を含んでしまっている。当該調査以外の何らかの情報から σ^2 が分かっていれば（つまり、**既知分散**であるならば）問題ないが、少なくとも図書館情報学の領域では、σ^2 は多くの場合に未知であって、通常、母平均と同時に母分散をも、抽出された標本から推定する。

母分散に対する推定量の 1 つが，(2.3) 式で定義される標本分散 s^2 である。このことを記号「 ˆ（ハット）」を使って，

$$\hat{\sigma}^2 = s^2 \tag{2.15}$$

と表記する。この記号を標本平均について使えば，

$$\hat{\mu} = \bar{x} \tag{2.16}$$

と書ける。なお，(2.13) 式が母平均についての区間推定であるのに対して，(2.16) 式は**点推定**（point estimation）と呼ばれる。

ここで，$\sum_i x_i = n\bar{x}$ と $\sum_i \bar{x}^2 = n\bar{x}^2$ に気を付ければ，

$$\begin{aligned}
\frac{1}{n-1}\sum_{i=1}^{n}(x_i - \bar{x})^2 &= \frac{1}{n-1}\left(\sum_{i=1}^{n} x_i^2 - 2\sum_{i=1}^{n} x_i\bar{x} + \sum_{i=1}^{n} \bar{x}^2\right) \\
&= \frac{1}{n-1}\left(\sum_{i=1}^{n} x_i^2 - n\bar{x}^2\right)
\end{aligned} \tag{2.17}$$

なので[10]，**標本分散の平均**は，

$$E(s^2) = \frac{1}{n-1}\left(\sum_{i=1}^{n} E(x_i^2) - nE(\bar{x}^2)\right) \tag{2.18}$$

と書ける。この式の右辺に含まれる期待値 $E(x_i^2)$ は，(1.13) 式より，$E(x_i^2) = \sigma^2 + \mu^2$ である（$V(x) = \sigma^2$ に注意）。一方，もう 1 つの期待値については，復元抽出（または無限母集団）を仮定して $\sigma_{\bar{x}}^2 = \sigma^2/n$ が成り立てば，$E(\bar{x}^2) = \mu^2 + \sigma^2/n$ となる[11]。これらを (2.18) 式に代入すれば，

$$E(s^2) = \frac{1}{n-1}\left(n(\sigma^2 + \mu^2) - n\left(\mu^2 + \frac{\sigma^2}{n}\right)\right) = \sigma^2 \tag{2.19}$$

となって，復元抽出（または無限母集団）においては，標本分散の平均は母分散に一致する。

このように，その平均が，推定の対象となる統計量に正確に一致する推定量を**不偏推定量**（unbiased estimator）と呼ぶ。標本平均もまた，(2.5) 式ま

---

[10] この関係式は (1.15) 式に対応していることに注意。
[11] (2.9) 式を変形すれば，$\sigma_{\bar{x}}^2 = E(\bar{x}^2 - 2\bar{x}\mu + \mu^2) = E(\bar{x}^2) - \mu^2$。ここで $\sigma_{\bar{x}}^2 = \sigma^2/n$ なので，与式を得る。

たは (2.8) 式より，母平均の不偏推定量となっている。不偏であることは，一般に，推定量の望ましい性質として考えられている。標本における分散を計算する際に，n で割った場合には不偏にはならない。標本分散の計算において $n-1$ で割るのは，そうすれば (2.19) 式が示すように不偏推定量となるからである。

2.3.2　標本分布

母分散の不偏推定量 s^2 を z 変換 (2.12) 式において σ^2 の代わりに使用するときには，本章では z を記号 z_t に置き換えておく。すなわち，

$$z_t = \frac{\bar{x} - \mu}{s/\sqrt{n}} \tag{2.20}$$

と書く。正確に $s = \sigma$ が成立しなければ，z_t の分布は標準正規分布からずれてしまう。したがって，この際に信頼区間を計算する場合，「1.96」や「2.58」の使用に問題が生じる可能性がある。

幸い，「x が母集団において正規分布に従う」ならば（これを**正規母集団**と呼ぶ），z_t の分布は，自由度 $n-1$ の**ステューデントの t 分布**（t distribution）となるので，これに基づいて，95%や99%の信頼区間を構成できる。まず z_t を

$$z_t = \frac{\bar{x} - \mu}{s/\sqrt{n}} = \frac{\sqrt{n}(\bar{x} - \mu)/\sigma}{\sqrt{h^2/(n-1)}} \tag{2.21}$$

と書き換える。この式の最右辺の分子は，標本平均の z 変換であり，標準正規分布に従う。(2.21) 式の最後の等号が成り立つには，例えば h^2 が

$$h^2 = (n-1)s^2/\sigma^2 \tag{2.22}$$

となっていれば良い。このとき，変数 h^2 は**カイ 2 乗分布**（または χ^2 分布；chi-square distribution）に従い，さらに，比率 $z/\sqrt{h^2/(n-1)}$ の分布が t 分布になることを証明できる。このため，結果的に，統計量 z_t は t 分布に従うことになる。

なお，標本から計算される統計量の分布を**標本分布**（sample distribution）と呼ぶ。t 分布も χ^2 分布も，重要な標本分布である。χ^2 分布の確率密度関数

は，変数を u として，

$$f_p(u) = (2\Gamma(m/2))^{-1} (u/2)^{m/2-1} e^{-u/2}, \quad 0 \leq u < \infty \qquad (2.23)$$

で定義される。ここで，$\Gamma(\cdot)$ はガンマ関数を意味する（(2.36) 式参照）。また m はパラメータで，**自由度** (degree of freedom) と呼ばれる。一方，t 分布の確率密度関数は，その確率変数を t として

$$f_p(t) = \frac{\Gamma((m+1)/2)}{\Gamma(m/2)\sqrt{m\pi}} \left(1 + \frac{t^2}{m}\right)^{-(m+1)/2}, \quad -\infty < t < \infty \qquad (2.24)$$

である。ここで m はパラメータで，やはり自由度と称される。

2.3.3　標本分布に関する補足

(2.24) 式の t 分布を用いた信頼区間の具体的な計算方法は，次の 2.3.4 項で述べることとし，この項では，z_t が t 分布に従う点をもう少し詳しく説明する。これについて特に関心がなければ，読み飛ばして，2.3.4 項に進んでも差し支えない。

(1) χ^2 分布

h^2 の分布が χ^2 分布になることを確認するために，以下，これらの分布の積率母関数が一致することを示す。統計学の理論により，積率母関数が一致すれば，それらの確率分布の同一性が保証される。具体的には，2.2.2 項と同様に $x_1, \ldots, x_n$ を n 個の確率変数と見なして，$g(x_1, \ldots, x_n)$ をそれらの連続的な関数とする場合，その**積率母関数** (moment generating function) は，その変数を v として，

$$\begin{aligned} M(v; g(x_1, \ldots, x_n)) &= \int_{-\infty}^{\infty} \cdots \int_{-\infty}^{\infty} e^{vg(x_1, \ldots, x_n)} f_p(x_1, \ldots, x_n) dx_1 \cdots dx_n \\ &= E(e^{vg(x_1, \ldots, x_n)}) \end{aligned} \qquad (2.25)$$

で定義される。ここで，$f_p(x_1, \ldots, x_n)$ は変数 $x_1, \ldots, x_n$ の同時確率密度関数である。(2.22) 式の h^2 は，

$$h^2 = \frac{(n-1)s^2}{\sigma^2} = \sum_{i=1}^{n} \left(\frac{x_i - \mu}{\sigma}\right)^2 - \left(\frac{\bar{x} - \mu}{\sigma/\sqrt{n}}\right)^2 \equiv g_1 - g_2 \qquad (2.26)$$

と分解できるので[12]，まず，最右辺の第1項 g_1 を $g(x_1,\ldots,x_n)$ として積率母関数を求めてみる．

以下の計算の前提は，「$x_i\ (i=1,\ldots,n)$ がそれぞれ，平均 μ，分散 σ^2 の正規分布に従い，なおかつ統計的に独立している」ことである．したがって，ここでは，復元抽出（または無限母集団）が仮定され，しかも母集団での x の分布 $P(x)$ が正規分布（正規母集団）という条件が必要になる．この場合，標準正規分布に従う確率変数を z_i と表記すれば，g_1 は，

$$g_1 = g(x_1,\ldots,x_n) = \sum_{i=1}^{n}\left(\frac{x_i - \mu}{\sigma}\right)^2 = \sum_{i=1}^{n} z_i^2 = g(z_1,\ldots,z_n) \quad (2.27)$$

となり，対応する確率密度関数は，相互的な独立性より，個々の標準正規分布の乗算，

$$f_p(x_1,\ldots,x_n) = f_p(z_1)f_p(z_2)\cdots f_p(z_n) = \prod_{i=1}^{n} f_p(z_i) \quad (2.28)$$

に帰着する．それぞれの $f_p(z_i)$ は (1.23) 式の被積分関数であり，指数法則より $e^a \times e^b = e^{a+b}$ なので，

$$\prod_{i=1}^{n} f_p(z_i) = (2\pi)^{-n/2} \exp\left(-\frac{1}{2}\sum_{i=1}^{n} z_i^2\right) \quad (2.29)$$

として，z_i^2 を Σ の中にまとめることができる[13]．

ここでは $e^{vg(x_1,\ldots,x_n)} = \exp(v \sum z_i^2)$ なので，

$$\exp\left(v \sum z_i^2\right) \prod_{i=1}^{n} f_p(z_i) = (2\pi)^{-n/2} \exp\left(\left(v - \frac{1}{2}\right)\sum_{i=1}^{n} z_i^2\right) \quad (2.30)$$

のように整理でき，これが (2.25) 式における被積分関数となる．そこで，$(v - 1/2) = -1/2(1 - 2v)$ と変形してから，再び $e^{a+b} = e^a \times e^b$ を使って，各 z_i^2 と，さらには $(2\pi)^{-1/2}$ とをそれぞれ，対応する積分に再配置すると[14]，(2.26)

---
[12] $(n-1)s^2 = \sum_i (x_i - \bar{x})^2 = \sum_i ((x_i - \mu) + (\mu - \bar{x}))^2 = \sum_i (x_i - \mu)^2 + 2(\mu - \bar{x})\sum_i(x_i - \mu) + \sum_i(\mu - \bar{x})^2 = \sum_i(x_i - \mu)^2 - n(\bar{x} - \mu)^2$ と変形できるので，最後に両辺を σ^2 で割る．
[13] $1/\sqrt{2\pi}$ を n 個掛け合わせたものが，$(2\pi)^{-n/2}$ と表現されている点に注意．
[14] 積分の性質により，$\iint f(z_1)f(z_2)dz_1 dz_2 = \int f(z_1)dz_1 \int f(z_2)dz_2 = \prod_{i=1}^{2}\int f(z_i)dz_i$．ここで「対応する積分」とは，$z_1$ ならば $\int f(z_1)dz_1$ を指す．

式の最右辺第1項 g_1 に対する積率母関数は，これを M_1 と表記して，

$$M_1(v) = \prod_{i=1}^{n} \int_{-\infty}^{\infty} \frac{1}{\sqrt{2\pi}} \exp\left(-\frac{1}{2}(1-2v)z_i^2\right) dz_i \tag{2.31}$$

と書ける。最後に，変数を $\sqrt{1-2v}z_i = y_i$ と置き換えれば，積分の変数変換（置換積分）の公式を使って[15]，

$$\begin{aligned} M_1(v) &= \prod_{i=1}^{n} \left((1-2v)^{-1/2} \times \int_{-\infty}^{\infty} \frac{1}{\sqrt{2\pi}} \exp(-y_i^2/2) dy_i\right) \\ &= (1-2v)^{-n/2}, \quad v < 1/2 \end{aligned} \tag{2.32}$$

が導かれる（$(1-2v)^{-1/2}$ 以外の項は，標準正規分布を $-\infty \sim \infty$ で積分したものであるから，1となって消える）。

(2.26)式の g_2 については，復元抽出を仮定しているので $z = (\bar{x}-\mu)/(\sigma/\sqrt{n})$ が標準正規分布に従うことから，(2.32) 式を $n=1$ としてそのまま適用できる。すなわち，その積率母関数は $M_2(v) = (1-2v)^{-1/2}$ である。g_1 と g_2 とは統計的に独立なので，h^2 の積率母関数を $M(v;h^2) = M_1(v)/M_2(v)$ によって求めることができ[16]，最終的に，

$$M(v;h^2) = (1-2v)^{-(n-1)/2}, \quad v < 1/2 \tag{2.33}$$

を得る。

次に，χ^2 分布の積率母関数を求めてみると，

$$\begin{aligned} M(v;u) &= \int_0^{\infty} e^{vu} \frac{1}{2\Gamma(m/2)} \left(\frac{u}{2}\right)^{\frac{m}{2}-1} e^{-u/2} du \\ &= \int_0^{\infty} \frac{1}{2\Gamma(m/2)} \left(\frac{u}{2}\right)^{\frac{m}{2}-1} \exp\left(-\frac{1}{2}(1-2v)u\right) du \end{aligned} \tag{2.34}$$

であり，$(1/2)(1-2v)u = y$ と変換すれば[17]，最終的に，

$$M(v;u) = (1-2v)^{-m/2}, \quad v < 1/2 \tag{2.35}$$

---

[15]微分の公式より，$dy_i/dz_i = \sqrt{1-2v}$ なので，$dz_i = (1-2v)^{-1/2}dy_i$。これと $\sqrt{1-2v}z_i = y_i$ とを (2.31) 式に代入する。

[16]正規母集団から単純無作為抽出された標本平均と標本分散とは統計的に独立である（岩田 (1983) [4] の p.342〜343 を参照）。g_1, g_2 はそれぞれ変数として標本分散と標本平均のみを含むので，統計的に独立となる。この場合，積率母関数の定義と期待値の性質により，$M(v;h^2) = E(\exp(vh^2)) = E(\exp(vg_1 - vg_2)) = E(\exp(vg_1))/E(\exp(vg_2)) = M_1(v)/M_2(v)$ となる（$e^{a-b} = e^a/e^b$ に注意）。

[17]$dy/du = (1/2)(1-2v)$。

を得る．ただし，この式の整理の途中では，ガンマ関数の定義により，

$$\int_0^\infty y^{(m/2-1)} e^{-y} dy = \Gamma(m/2) \tag{2.36}$$

となることを利用している（これで (2.34) 式中のガンマ関数が約分されて消える）．この計算結果より，$m = n - 1$ の場合に，$M(v; u)$ が $M(v; h^2)$ に一致するので，(2.22) 式の h^2 は自由度 $n - 1$ の χ^2 分布に従うことが示された．

(2) t 分布

統計量 z_t を規定した (2.21) 式において，右辺の分子は標準正規分布，分母の h^2 は自由度 $n - 1$ の χ^2 分布に従うので，分子と分母が統計的に独立ならば，その同時確率密度関数はそれぞれの確率密度関数を掛け合わせて，

$$f_p(z, u) = f_p(z) f_p(u) = \frac{1}{\sqrt{2\pi}} e^{-\frac{1}{2} z^2} \frac{1}{2\Gamma(m/2)} \left(\frac{u}{2}\right)^{\frac{m}{2}-1} e^{-u/2} \tag{2.37}$$

となる．ただし，記号が煩雑になるので，$m = n - 1$ とした．(2.26) 式の g_1 と g_2 が統計的に独立であるのと同じ理由で，ここでもまた独立性の仮定が成り立つ．

したがって，この $f_p(z, u)$ から $t = z/\sqrt{u/m}$ の確率密度関数を導出し，それが t 分布 (2.24) 式に一致すれば，$m = n - 1$ であるから，z_t が自由度 $n - 1$ の t 分布に従うことになる．この場合，z と u の 2 つの変数が t に対応するので，単純な置換積分ではなく，多変数間の変換が必要になる．すなわち，さらに変数 y を導入して，変数の組 (z, u) から (t, y) への変換を考えなければならない．

$t = z/\sqrt{u/m}$ の関数を求めたいのであるから，その変換はまず，$z = t\sqrt{u/m}$ である．ここで，$u = y$ と置けば，変換後の変数のみを使って，$z = t\sqrt{y/m}$ と書ける．この結果，元の 2 つの変数に対する変換が新しい変数 t と y によって定義されたことになり，これを明示するために，特に，z を $z(t, y)$，u を $u(t, y)$ と表記しておく．一般に，多変数の変換では，被積分関数は，J を変換の**ヤコビアン**（Jacobian）またはヤコビアン行列式として，

$$f_p(t, y) = f_p(z(t, y), u(t, y)) J \tag{2.38}$$

に置き換わる．

ここでは，ヤコビアンは $J = \sqrt{y/m}$ なので[18]，(2.37) 式中の元の変数を置換すれば，

$$f_p(t,y) = \frac{1}{\sqrt{2\pi}} \exp\left(-\frac{t^2}{2}\frac{y}{m}\right) \frac{1}{2\Gamma(m/2)} \left(\frac{y}{2}\right)^{\frac{m}{2}-1} e^{-y/2} \sqrt{\frac{y}{m}} \qquad (2.39)$$

となり，さらに e, y, 平方根についてそれぞれ整理して，

$$f_p(t,y) = \frac{1}{2\Gamma(m/2)\sqrt{m\pi}} \exp\left(-\frac{1}{2}\left(1+\frac{t^2}{m}\right)y\right) \left(\frac{y}{2}\right)^{\frac{m-1}{2}} \qquad (2.40)$$

を得る。

最後に，$f_p(t,y)$ を y で積分して，t のみを変数とする確率密度関数を計算する。すなわち，$f_p(t) = \int f_p(t,y) dy$ である[19]。この際に，さらに $(1/2)(1+t^2/m)y = \gamma$ と置けば，

$$f_p(t) = \frac{1}{2\Gamma(m/2)\sqrt{m\pi}} 2\left(1+\frac{t^2}{m}\right)^{-\frac{m+1}{2}} \int_0^\infty e^{-\gamma} \gamma^{\frac{m+1}{2}-1} d\gamma \qquad (2.41)$$

が導かれる。この右辺中の積分は $\Gamma((m+1)/2)$ なので ((2.36) 式参照)，(2.41) 式は (2.24) 式と同一となる。

2.3.4　母分散未知での信頼区間の計算

既に述べたように，母分散未知の場合，(2.20) 式の統計量 z_t により，母平均の区間推定を行わなければならない。この際に，次の 2 つの方針が考えられる。

1. 標本が十分に大きければ，$s = \sigma$ と見なして，標準正規分布を使う。
2. 無限の大きさの正規母集団からの抽出（または有限の正規母集団からの復元抽出）を仮定して，t 分布を使う。

---

[18] ここでのヤコビアンは

$$J = \begin{vmatrix} \partial z/\partial t & \partial z/\partial y \\ \partial u/\partial t & \partial u/\partial y \end{vmatrix} = \begin{vmatrix} \sqrt{y/m} & t/(2\sqrt{my}) \\ 0 & 1 \end{vmatrix} = \sqrt{\frac{y}{m}} \times 1 + \frac{t}{2\sqrt{my}} \times 0 = \sqrt{\frac{y}{m}}$$

として計算される。ここで $|\cdot|$ は行列式である (5.6.3 項参照)。また，∂ は偏微分記号である（他の変数を定数と見なして，普通に微分を計算すれば良い）。

[19] t と y の同時確率密度関数から，t の周辺確率密度関数を計算することに相当する (1.2.6 項参照)。

前者の 1. は，**大標本法**（large sample method）とも呼ばれ，この際には，そのまま，95%および99%信頼区間の計算にそれぞれ「1.96」「2.58」を用いる。具体的には，95%信頼区間は，

$$P\left(\bar{x} - 1.96\frac{s}{\sqrt{n}} < \mu < \bar{x} + 1.96\frac{s}{\sqrt{n}}\right) = 0.95 \tag{2.42}$$

により，

$$\bar{x} \pm 1.96\frac{s}{\sqrt{n}} \tag{2.43}$$

となる[20]。同様に，有限母集団からの非復元抽出の場合でも，(2.14) 式中の σ を s で置き換えれば，信頼区間を構成できる。

後者 2. では，標本サイズ n に応じて，$P(-a < t < a) = \int_{-a}^{a} f_p(t)dt = 0.95$ となる値 a を求め，(2.42) 式の「1.96」の代わりに使わなければならない（$f_p(t)$ の自由度は $n-1$）。本書ではこのような a の値を $t_{0.05}$ と表記する。例えば，$n = 26$ の場合（自由度は 25），$t_{0.05} = 2.06$ なので，95%信頼区間は，

$$\bar{x} \pm 2.06\frac{s}{\sqrt{n}} \tag{2.44}$$

である。「1.96」と「2.06」とを比べれば明らかなように，信頼区間は広がってしまう。これは母分散の推定により，「不確定さ」が増したためと解釈できる。

実際，両者は，ちょうど 14 ページの図 1.4 に示された 2 つの分布のような関係にある。この図は分散の異なる 2 つの正規分布を例示したものであるが，分散が大きく，裾が広がっているほうが，おおよその形状の点では，t 分布に相当する。自由度が大きくなるにつれて，t 分布の形状は次第に正規分布に近づいていく。例えば，$t_{0.05}$ の値は $n = 120$ で約「1.98」であり，$n = \infty$ では「1.96」となる。

2.3.5　母分散の区間推定

無限正規母集団からの無作為抽出（または復元抽出）を仮定すれば，(2.22) 式の $(n-1)s^2/\sigma^2$ は χ^2 分布に従うので，$P(a < u < b) = \int_a^b f_p(u)du$ となる a と b を求めれば（自由度 $n-1$），例えば，

$$P(a < (n-1)s^2/\sigma^2 < b) = 0.95 \tag{2.45}$$

---
[20] ソフトウェアで計算する際には，「母分散既知」を選択して，s^2 の値をそのまま母分散として入力すれば良い。

と書ける（χ^2 分布は左右対称ではなく，また $u \geq 0$ であることに注意）．したがって，これを変形すれば，

$$P\left(\frac{(n-1)s^2}{b} < \sigma^2 < \frac{(n-1)s^2}{a}\right) = 0.95 \tag{2.46}$$

を得る．これは母分散の区間推定である．

2.4 割合に関する推定

2.4.1 割合

2.1 節で例として用いた館内利用回数の母平均（調査日における蔵書全体での平均）についても，ここまで説明した計算法をそのまま用いて，信頼区間を求めることができる．ただし，館内利用回数が，6 ページの図 1.1 のような歪んだ分布になる場合には，正規母集団を仮定することは難しく，十分に大きな標本が必要となる[21]．

しかし，それ以前に，図 1.1 のような歪んだ分布に対して平均を計算する意義を改めて考えておかなければならない．平均は，正規分布のような左右対称の釣鐘型の分布に対しては，その分布の特徴を的確に表す統計量である．一方，歪んだ分布では，その重要性はやや減少する．例えば，貸出回数の分布が図 1.1 のようになると仮定して，主題分野 A の蔵書回転率が分野 B のそれを上回った場合，貸出回数が A 分野の各図書で一様に多くなっている可能性もあるが，さらに，

1. 1 度も貸し出されていない図書（未貸出図書）が特に少ない（分布の左側）
2. 頻繁に貸し出される図書の数が特に多い（分布の右側）

という要因も考え得る．全体的に活発に貸し出され，多少は歪むものの正規分布で近似できる場合もあるとは思われるが，蔵書規模の大きな大学図書館などでは，貸出回数の分布が極端に歪むことがあり（7.3 節参照），その際には，蔵書回転率（平均）以外の統計量も調べて，慎重に解釈する必要がある．

---

[21] このことから，歪んだ分布の場合には大標本法を用いざるを得ない．

例えば、図書館パフォーマンス指標の国際規格 ISO11620 では「利用されない資料の所蔵率」が規定されている。貸出回数の分布が図 1.1 のように歪んでいるとすれば、未貸出図書の**割合** (proportion) も推定しておき、平均と併せて検討することが望ましい。もちろん、度数分布の歪みには関係なく、割合が重要な役割を果たす場合も数多い (例えば、テレビ番組の視聴率など)。

2.4.2　2項母集団からの標本抽出

ある条件に該当するものの割合 p と該当しないものの割合 $q\ (=1-p)$ のみを問題とした場合の母集団を **2 項母集団** と呼ぶ。ここでの例では、i 番目の図書が「1 度も貸し出されなかった」場合に $x_i = 1$、そうでない場合に $x_i = 0$ と定義する。このような 2 値の変数 x についての $\mathcal{D} = \{x_1, \ldots, x_N\}$ が 2 項母集団に相当する。このとき、母集団での割合 p は、

$$p = \frac{1}{N} \sum_{i=1}^{N} x_i, \quad x_i = 0, 1;\ i = 1, \ldots, N \tag{2.47}$$

で計算できる。つまり、割合 p は 2 値変数 x の平均にほかならない。

この 2 項母集団から無作為に 1 つを選んだ際に、それが 1 である確率は p、そうでない確率は q なので、2 値変数 x の確率分布は

$$P(x) = p^x q^{1-x}, \quad x = 0, 1 \tag{2.48}$$

と書ける。これは試行回数 1 の場合の 2 項分布 (1.6) 式である。この平均は、(1.10) 式より p なので、$\mu = p$ となり、分散については、

$$\begin{aligned}
\sigma^2 &= \sum_{x=0}^{1}(x-\mu)^2 P(x) = (0-p)^2 q + (1-p)^2 p \\
&= p^2 q + q^2 p = pq(p+q) = pq
\end{aligned} \tag{2.49}$$

として求めることができる (2 項分布の場合、m を試行回数として、一般には $V(x) = mpq = mp(1-p)$)。

本書では特に、2 値変数についての標本平均を p' と表記する ($\bar{x} = p'$)。2.2.1 項で述べたように、標本平均の平均は (2.5) 式、標準誤差は (2.6) 式 (非復元抽出の場合) および (2.7) 式 (復元抽出の場合) でそれぞれ与えられる

ので，ここでの議論により，2項母集団から単純無作為抽出された標本について，

$$\mu_{p'} = p \tag{2.50}$$

および

$$\sigma_{p'}^2 = \begin{cases} ((N-n)/(N-1))(pq/n), & \text{非復元抽出の場合} \\ pq/n, & \text{復元抽出の場合} \end{cases} \tag{2.51}$$

が導かれる。

2.4.3 割合の区間推定

以上の結果に基づき，p が 0 または 1 に極端に近くないとして中心極限定理を適用すれば，例えば，割合の95%信頼区間は，復元抽出（または無限母集団）では，

$$P\left(p' - 1.96\sqrt{\frac{pq}{n}} < p < p' + 1.96\sqrt{\frac{pq}{n}}\right) = 0.95 \tag{2.52}$$

となる。標本が十分に大きな場合には，この式中の p と q を標本での値に置き換えて，

$$p' \pm 1.96\sqrt{\frac{p'q'}{n}} \tag{2.53}$$

として信頼区間を構成できる（$q' = 1 - p'$）。99%信頼区間については，これまでどおり，「1.96」の代わりに「2.58」を使う。

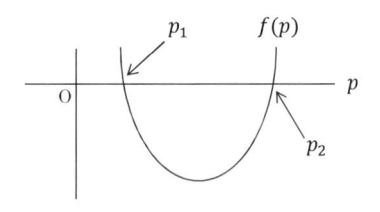

図 2.2　割合についての信頼区間の構成

標本が十分に大きくない場合には，(2.52) 式の P の ( ) の中を $(p'-p)^2 < a^2 p(1-p)/n$ と書き換えることができるので（$a = 1.96$），これを p につい

表 2.2　割合についての 95% 信頼区間

p'	$n=50$		$n=100$		$n=500$	
0.1	0.017	0.183	0.041	0.159	0.074	0.126
	0.043	0.214	0.055	0.174	0.077	0.129
0.2	0.089	0.311	0.122	0.278	0.165	0.235
	0.112	0.330	0.133	0.289	0.167	0.237
0.3	0.173	0.427	0.210	0.390	0.260	0.340
	0.191	0.438	0.219	0.396	0.261	0.342
0.4	0.264	0.536	0.304	0.496	0.357	0.443
	0.276	0.538	0.309	0.498	0.358	0.444
0.5	0.361	0.639	0.402	0.598	0.456	0.544
	0.366	0.634	0.404	0.596	0.456	0.544

注：上段が (2.53) 式, 下段が (2.57) 式での区間

ての 2 次関数と見なして，その解を求めれば良い．この 2 次関数は，$n(p'^2 - 2p'p + p^2) < a^2 p - a^2 p^2$ と変形でき，さらにこれを整理して，

$$f(p) = (n+a^2)p^2 - (2np' + a^2)p + np'^2 < 0 \tag{2.54}$$

を得る．$n + a^2$ は常に 0 より大きいので，この関数は下に凸であり（図 2.2 参照），$f(p) < 0$ より，その範囲は x 軸（正確には，$f(p) = 0$ の線）よりも下の部分に限定される．

したがって，不等号を等号に置き換えた $(n+a^2)p^2 - (2np' + a^2)p + np'^2 = 0$ の 2 つの解が x 軸との交点なので，これらの解がここで求めたい信頼区間の上限と下限に相当する（図 2.2 参照）．2 次方程式の解の公式を使えば[22]，

$$p_1 = \frac{2np' + a^2 - a\sqrt{4np'q' + a^2}}{2(n+a^2)} \tag{2.55}$$

$$p_2 = \frac{2np' + a^2 + a\sqrt{4np'q' + a^2}}{2(n+a^2)} \tag{2.56}$$

と解けるので，$a = 1.96$ として戻せば，

$$P(p_1 < p < p_2) = 0.95 \tag{2.57}$$

---

[22] 一般に，2 次方程式 $Ax^2 + Bx + C = 0$ の解は $(-B \pm \sqrt{B^2 - 4AC})/2A$．ここでは $A = n+a^2$，$B = -(2np' + a^2)$，$C = np'^2$．

が 95%信頼区間となる。

割合についての 95%信頼区間の計算例を表 2.2 に示す。p' と n の値のそれぞれの組み合わせごとに，上段が p を p' で代用した近似法 (2.53) 式，下段が 2 次方程式を解くことによって得た (2.57) 式での計算結果である。この表が示すとおり，$n = 500$ では，両者の計算結果はかなり一致する。一方，標本が大きくない場合，区間がずれている。特に，p' が小さなときには，ずれの程度は大きい（p' が 1.0 に近づく際にも同様の傾向となることに注意）。ただし，$p' = 0.5$ の場合には，$n = 50$ でも，ずれの程度はそれほどではない。つまり，(2.53) 式の近似のずれの程度は，標本の大きさだけではなく，p' にも依存し，$p' = 0.5$ に近いほど，良い近似となる。

第3章　検定

3.1　仮説検定の基本的な考え方

3.1.1　帰無仮説と対立仮説

2.1 節での館内利用回数の標本調査の例において，館内利用回数の母平均が，ある特定の値 μ_0 をとると仮定してみる（$\mu = \mu_0$）。この仮定を置くと，これまでの議論に従って，「標本平均として，ある値 $\bar{x}_0$ が得られる確率」（$\bar{x} = \bar{x}_0$）を理論的に計算できるようになる。ただし，区間推定では，変数 x についての確率 $P(-a < x < a)$ を考えたのに対して，ここではそれを 1.0 から差し引いた確率 $P(|x| \geq a) = 1 - P(-a < x < a)$ を議論する。例えば，$P(-a < x < a) = 0.95$ ならば，$P(|x| \geq a) = 0.05$ となる。ここで $|\cdot|$ は絶対値である。つまり，$P(|x| \geq a)$ は 43 ページの図 3.1 に示されているように，確率分布の「両裾」部分の確率を意味している。

復元抽出によって（または無限母集団から）得られた十分に大きな標本に対しては，大標本法（2.3.4 項参照）により，$z = \sqrt{n}(\bar{x} - \mu)/s$ が標準正規分布に漸近的に従うので，このことを利用すれば良い。すなわち，μ_0 と $\bar{x}_0$ を代入して $z_0 = \sqrt{n}(\bar{x}_0 - \mu_0)/s$ を算出すれば，適当なソフトウェアを使って，$P(|z| \geq z_0)$ の確率を計算できる（z は変数，z_0 は具体的な値である点に注意）。

ここでもし $P(|z| \geq z_0)$ の値が非常に小さければ，その原因として，次の 2 つが考えられる。

1. たまたま運悪く，「不適当な（珍しい）」標本が抽出されてしまった。
2. 仮定 $\mu = \mu_0$ が間違っている。

もちろん，母集団全部を調べなければどちらが本当の原因かは分からない。

統計学的な**検定**（test）は，母集団の統計量に関する仮定を置き（この場

合の $\mu = \mu_0$)，標本における何らかの統計量の値（この場合の $\bar{x}_0$) が得られる確率を計算することによって，その仮定が「真 (true)」であるのか，それとも「偽 (false)」であるのかを判断する手続きである．検定の対象となる仮定を特に**帰無仮説** (null hypothesis) と呼び，H_0 で略記する場合が多い（すなわち，$H_0 : \mu = \mu_0$)．ここでの例で，確率が小さい原因として上記 2. のように考えるとすれば，帰無仮説が誤りであるとして，これを**棄却** (reject) することになる．

なお，帰無仮説が棄却されるということは，逆に，仮定 $\mu \neq \mu_0$ が**採択** (accept) されたとも解釈できる．この仮定を**対立仮説** (alternative hypothesis) と呼び，H_1 で略記する（すなわち，$H_1 : \mu \neq \mu_0$) [1]。

3.1.2 棄却域

ここでの決定における本質的な問題は，「確率がどの程度小さければ，帰無仮説を棄却するか」である．残念ながら，これを一般的に決めることはできないが，0.05（5%）や 0.01（1%）という数値が慣習的に幅広く用いられている．図書館情報学分野でも，通常，この 2 つの値を使う．

具体的には，3.1.1 項の例では，z が標準正規分布に従うので $P(|z| \geq 1.96) = 0.05$ であり，z_0 が 1.96 以上または -1.96 以下のとき，帰無仮説を棄却する．これを**有意水準** (significance level) 5% の検定と呼び，この検定で棄却された場合，文献などでは「$p < 0.05$」のように略記されることも多い [2]．

図 3.1 に示すとおり，ここでの例では，確率分布の横軸上の $z \geq 1.96$ および $z \leq -1.96$ の領域が**棄却域** (critical region) であり，実際の値 z_0 がこの棄却域に落ちれば，有意水準 5% で帰無仮説を棄却する．あるいは，ここでの例では，標本平均と仮説の値 μ_0 との差は，有意水準 5% で**統計的に有意** (statistically significant) であるとも言う．また，この場合の z_0 を**検定統計量** (test statistic)，「1.96」「-1.96」を**棄却点** (critical point) と呼ぶ．

---

[1] ここでの対立仮説は「μ_0 でない様々な値」を設定しており，特に複合対立仮説と呼ばれる．一方，問題設定によっては，μ_1 を μ_0 とは別の値として，$H_1 : \mu = \mu_1$ のように単純対立仮説を採用することもできる．

[2] 例えば，表中の数値が「0.56*」のように記載され，表の欄外に「$* : p < 0.05$」という注記があれば，「0.56」という統計量に対して何らかの帰無仮説が有意水準 5% で棄却されたことになる．なお，この流儀に従えば，後で述べる有意水準 1%の場合には，例えば「0.88**」「$** : p < 0.01$」のように表記される．

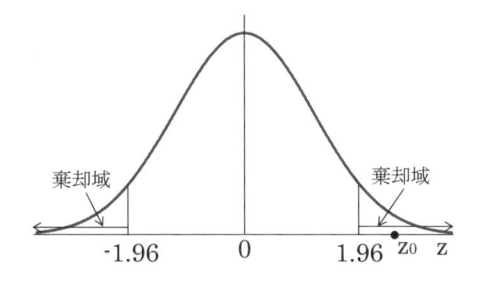

図 3.1 標準正規分布における有意水準5%の棄却域

なお，図3.1の場合には，棄却域が両裾に設定されている。これを**両側検定**と呼ぶ。一方，棄却域が片側の裾のみに存在する**片側検定**が使われる場合もある（例えば，95ページの図4.8を参照）。

以上を整理すれば，仮説検定の一般的手順は次のとおりである。

1. 母集団の統計量に関して何らかの帰無仮説を設定する。
2. 標本調査を実施する。
3. 必要となる統計量を標本から計算し，それに基づいて検定統計量を求める。
4. 検定統計量の値が，帰無仮説に基づいて理論的に計算される確率分布の棄却域に落ちれば，帰無仮説を棄却する。そうでなければ採択する。

3.1.1項の例は，母平均についての検定であり，上記の手順において，「母集団の統計量→母平均」「標本の統計量→標本平均と標本分散」「検定統計量→ z_0」「確率分布→標準正規分布」と設定していることになる。実際には，この組み合わせには様々なものが考えられる（代表的な検定については後述する）。

3.1.3 第1種の過誤と第2種の過誤

帰無仮説を棄却した場合，実は帰無仮説が「偽」というわけではなく，3.1.1項で述べた「たまたま運悪く，「不適当」な標本が抽出されてしまった」可能性ももちろん残る。この際には，帰無仮説を棄却したこと自体が「誤っている」ことになる。これを**第1種の過誤**と呼ぶ。当然，帰無仮説を採択した場

表 3.1　第 1 種および第 2 種の過誤

事実	検定の結果	
	帰無仮説を棄却	帰無仮説を採択
実は帰無仮説が真	第 1 種の過誤	（正しい決定）
実は帰無仮説が偽	（正しい決定）	第 2 種の過誤

合も，その決定が誤りであるかもしれず，これが**第 2 種の過誤**に相当する。これらの過誤が生じる状況を表 3.1 に示す。

　標本調査である以上，実際に，第 1 種の過誤が起きているのか，あるいは第 2 種の過誤が起きているのかは分からない。ただし，有意水準を 5%とすれば，第 1 種の過誤が生じる確率を 0.05 に抑えることができる。これは，検定の結果が誤りとなる確率を調査者（分析者）が制御していることに相当し，この点で，さらに「厳しい」有意水準 1%の検定も考えられる。標準正規分布の場合には，$P(|z| \geq 2.58) = 0.01$ であるから，棄却域は $z \geq 2.58$ および $z \leq -2.58$ となる。

　一方，第 2 種の過誤が生じる確率は基本的には不明である。ここでは便宜上，この確率を β と表記しておく。もし真の値 μ が分かったとすれば，確率 β の値は図 3.2 に示した領域に相当する。この図では，帰無仮説での値と真の値とは異なるので，それぞれの標準正規分布が重ならず，ずれている。実際には，帰無仮説の下での分布に従って検定がなされるので，帰無仮説が採択された場合にそれが過誤である確率 β は，「採択域」と真の分布とが重なる領域として考えることができる。したがって，帰無仮説の値 μ_0 と真の値との差が大きくなればなるほど，β の値は小さくなる。

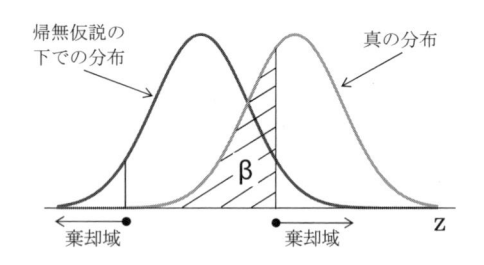

図 3.2　第 2 種の過誤が生じる確率

例えば，予想される母平均の値から大きくかけ離れた帰無仮説を設定すれば，帰無仮説を誤って採択する確率が小さくなるのは当然である．図 3.2 での真の分布が右側に遠く移動した状況を思い浮かべれば，その際には，ほとんど確実に帰無仮説が棄却され，採択の可能性が非常に小さくなることは容易に理解できる．ただし，実際には，予想される値からかけ離れた帰無仮説を恣意的に設定することには意味がない．

このように帰無仮説を恣意的に設定するのではなく，与えられた μ_0 に対して β を小さくするには，β の大きさが標準誤差に依存することを利用する．図 3.2 は，z 変換による標準正規分布を描いており，この場合には，z 変換の分母が標準誤差なので，標準誤差が小さくなれば，その分，変換後の値が相対的に大きくなる（より正確には，負の値の場合には小さくなる）．例えば，帰無仮説 $\mu_0 = 1.0$，真の値 $\mu = 2.0$ と仮定する．もし標準誤差が 4.0 ならば，μ_0 の z 変換後の値は，$(1.0 - 2.0)/4.0 = -0.25$ である．それに対して，標準誤差がその半分になれば（$= 2.0$），z 変換後の値は，-0.5 となり，真の分布の中心である 0.0 からの差の大きさが 2 倍に増える．これは，帰無仮説での分布と真の分布との分離の程度が高まり，β の値が小さくなることを意味している．2.2.1 項で述べたように，標準誤差を小さくするには標本サイズ n を大きくすれば良い．

第 2 種の過誤が生じる確率を 1 から引いた値（$= 1 - \beta$）は**検定力**と呼ばれる．与えられた帰無仮説に対して，第 2 種の過誤の確率を低く抑えて検定力を高めるには，標本を大きくするのが最善の方策ということになる．

3.1.4 帰無仮説を棄却または採択する意味

既に述べたように第 2 種の過誤の確率 β は基本的には不明であり[3]，標本が十分に大きくない場合には，検定力は低いと予想される．そこで，できれば帰無仮説が結果的に棄却されるように調査を設計することが望ましい．第 1 種の過誤の確率を調査者が調整できるからである．このような背景から，H_0 に対して，「帰無」仮説という名称が使われている[4]．

---

[3] ソフトウェアの中には，特別な方法を使って，ある状況における β を推定するものもある．この種の分析は「検定力分析」などと呼ばれる．具体例は 5.5.3 項を参照．
[4] 逆に言えば，採択することに積極的な意味がある場合には，帰無仮説という呼称はむしろ適当でないかもしれない．例えば，適合度検定（3.3.4 項参照）や構造方程式モデリング（5.5 節参照）では，モデルの有効性を示すには，帰無仮説を採択する必要がある．

例えば，ある図書館において，新たな方策の実施によって館内利用回数が増えたかどうかを，2.1 節で述べた標本調査によって確認するという状況を考える。ここで，前回調査（方策の実施前の調査）での館内利用回数の平均 μ_0 を使って，帰無仮説 $H_0 : \mu = \mu_0$（または $\mu < \mu_0$）を設定したと仮定する。実際に $\bar{x} > \mu_0$ となり，さらに，帰無仮説が棄却されれば，ひとまず「平均の増加が統計的に確認できた」と結論できる。もし棄却されなければ，仮説 $\mu = \mu_0$ を採択するというよりも，むしろ単に「棄却されなかった」，すなわち「平均の増加は統計的に確認できなかった」とすることが妥当である。つまり，この場合，帰無仮説 $\mu = \mu_0$ は，厳密にそれが成立するかどうかを問うべきものではなく，それを棄却することによって方策の効果を確認するための，いわば 1 つの「基準」である。

図書館経営の観点からは，ここでは，むしろ信頼区間を計算して，過去の値がその区間のどの辺りに位置するのかを確認したほうが良いと思われる。同様な例はほかにもいくつか考えられる。例えば，2 つの主題分野 A と B とで館内利用回数の平均に差があるかどうかを検定したとする。これは平均値の差の検定であり，帰無仮説は「両分野の館内利用回数の母平均の差は 0」となる（後の 3.2.2 項参照）。したがって，この帰無仮説が棄却されれば，「館内利用回数の平均に差がある」という結論が導かれそうである。しかし，厳密には「差が 0 でない」という結論が得られただけであって，その差はそれほど大きくないかもしれず，一般的な意味での「差がある」と結論付けるのは早急かもしれない。もちろん何をもって「差がある」と言えるかどうかの基準を設定することは難しいと思われるが，少なくとも，差の程度を丁寧に分析する必要はある。

特に標本が大きな場合には検定力が向上し，わずかな差でも帰無仮説が棄却されることになる。「差が 0 である」あるいは「係数の値は 0 である」などの帰無仮説を設定した際には，棄却という検定結果だけではなく，それらの区間推定に基づいた慎重な議論を行うことが望ましい。

3.2　平均や割合に関する検定

3.2.1　平均値の検定

　前節での議論から明らかなように，復元抽出または無限母集団からの抽出の場合，大標本法を使えば（母分散既知とし，標本分散 s^2 を σ^2 とする），検定統計量 $z_0 = \sqrt{n}(\bar{x} - \mu_0)/s$ が標準正規分布に従うので，z_0 が1.96以上，または -1.96 以下ならば，帰無仮説 $H_0 : \mu = \mu_0$ を有意水準5%で棄却する（両側検定）。有意水準1%の場合には，「-1.96」「1.96」ではなく，「-2.58」「2.58」を使う。

　一方，母分散未知の場合には，2.3.4項での議論により，正規母集団からの復元抽出（または無限の大きさの正規母集団）ならば，検定統計量 $\sqrt{n}(\bar{x} - \mu_0)/s$ が自由度 $n-1$ の t 分布に従うことを利用できる。s を推定値と見なした場合のこの検定統計量を t_0 と表記すれば，例えば，$n = 26$ のときには，t_0 が2.06よりも大きい（$t_{0.05} = 2.06$），あるいは -2.06 よりも小さければ，有意水準5%で帰無仮説を棄却する（標本サイズ n に応じて，自由度 $n-1$ の $t_{0.05}$ の値を調べることが必要）。

3.2.2　平均値の差の検定

　3.1.4項で例として掲げた「2つの主題分野 A と B とで館内利用回数の平均に差があるかどうか」を調べるための検定が，**平均値の差の検定**に相当する。ここでは，主題分野 A の添字を「1」，主題分野 B の添字を「2」として，各種の量を，$\mu_1, \mu_2, \sigma_1, \sigma_2, \bar{x}_1, \bar{x}_2, s_1, s_2, n_1, n_2$ のようにそれぞれ区別する。平均値の差の検定の場合，帰無仮説は，「2つの母平均の間に差がない」，すなわち，

$$H_0 : \mu_1 - \mu_2 = 0 \tag{3.1}$$

である。一方，対立仮説は $H_1 : \mu_1 - \mu_2 \neq 0$ となる。

　この場合の標本での統計量は，標本平均の差 $\bar{x}_1 - \bar{x}_2$ であり，その平均は，

$$E(\bar{x}_1 - \bar{x}_2) = E(\bar{x}_1) - E(\bar{x}_2) = \mu_1 - \mu_2 \tag{3.2}$$

と計算される。次に，分散については，(1.14) 式より，$V(\bar{x}_1 - \bar{x}_2) = E((\bar{x}_1 - \bar{x}_2)^2) - E^2(\bar{x}_1 - \bar{x}_2)$ なので，復元抽出（または無限母集団）を仮定すれば結

果的に，$V(\bar{x}_1 - \bar{x}_2) = V(\bar{x}_1) + V(\bar{x}_2) = \sigma_1^2/n_1 + \sigma_2^2/n_2$ を得る[5]。これらのことから，標本平均の差 $\bar{x}_1 - \bar{x}_2$ の z 変換を

$$z_0 = \frac{(\bar{x}_1 - \bar{x}_2) - (\mu_1 - \mu_2)}{\sqrt{\sigma_1^2/n_1 + \sigma_2^2/n_2}} = \frac{\bar{x}_1 - \bar{x}_2}{\sqrt{\sigma_1^2/n_1 + \sigma_2^2/n_2}} \tag{3.3}$$

で求めれば，中心極限定理を適用して，帰無仮説の下に z_0 が標準正規分布に漸近的に従うと結論できる。したがって，大標本法を使うことにすれば，「母分散既知」とし，(3.3) 式中の σ_1 と σ_2 をそれぞれ単純に s_1 と s_2 に置き換えて z_0 を算出すれば良い。その結果，$|z_0| \geq 1.96$ ならば有意水準5％で帰無仮説を棄却する（これまでどおり，有意水準1％では，「2.58」を使う）[6]。

標本サイズが十分ではなく，大標本法を適用できない場合，正規母集団を前提に，やはり t 分布を使用する。もし「2つの母分散が等しい」と仮定できれば，添字を省略し単に σ と表記して，(3.3) 式は，

$$z_0 = \frac{\bar{x}_1 - \bar{x}_2}{\sigma\sqrt{1/n_1 + 1/n_2}} \tag{3.4}$$

となり，標準正規分布に従う。次に，2つの分野の標本がそれぞれ正規母集団からの復元抽出（または無限の正規母集団）で得られたと仮定すれば，(2.22)式より，$(n_1 - 1)s_1^2/\sigma^2$，$(n_2 - 1)s_2^2/\sigma^2$ はそれぞれ自由度 $n_1 - 1$，$n_2 - 1$ の χ^2 分布に従うことになる。これらは相互に独立なので，その和

$$u_0 = \frac{1}{\sigma^2}\left((n_1 - 1)s_1^2 + (n_2 - 1)s_2^2\right) \tag{3.5}$$

もまた χ^2 分布に従う（自由度は $n_1 + n_2 - 2$）[7]。(3.4) 式の z_0 と (3.5) 式の u_0 は統計的に独立であるから（岩田 (1983) [4] の p.183 を参照），$m = n_1 + n_2 - 2$

---

[5] まず，$E((\bar{x}_1 - \bar{x}_2)^2) = E(\bar{x}_1^2 - 2\bar{x}_1\bar{x}_2 + \bar{x}_2^2)$ となるが，2つの標本平均は統計的に独立であるから，$E(\bar{x}_1\bar{x}_2) = E(\bar{x}_1)E(\bar{x}_2)$ が成立し，結果的に，$E((\bar{x}_1 - \bar{x}_2)^2) = E(\bar{x}_1^2) - 2\mu_1\mu_2 + E(\bar{x}_2^2)$ となる。一方，(3.2) 式より $E^2(\bar{x}_1 - \bar{x}_2) = (\mu_1 - \mu_2)^2 = \mu_1^2 - 2\mu_1\mu_2 + \mu_2^2$ なので，これらを差し引けば，$V(\bar{x}_1 - \bar{x}_2) = E(\bar{x}_1^2) - \mu_1^2 + E(\bar{x}_2^2) - \mu_2^2 = V(\bar{x}_1) + V(\bar{x}_2)$。復元抽出を仮定すれば，$V(\bar{x}_1) = \sigma_1^2/n_1$ および $V(\bar{x}_2) = \sigma_2^2/n_2$。

[6] なお，この仮説を棄却する際の注意については，3.1.4 項を参照。

[7] χ^2 分布に従う2つの確率変数を u_1，u_2 とし，その和を $u = u_1 + u_2$ とする（それぞれの自由度を m_1，m_2 と書く）。このとき，2.3.3 項の積率母関数は，

$$M(u;v) = M(u_1 + u_2;v) = \int_0^\infty \int_0^\infty \exp((u_1 + u_2)v) f_p(u_1) f_p(u_2) du_1 du_2$$

となり，(2.34) 式を使えば，$M(u;v) = (1 - 2v)^{-(m_1+m_2)/2}$ と計算できる（$v < 1/2$）。この積率母関数は，$u = u_1 + u_2$ が自由度 $m_1 + m_2$ の χ^2 分布に従うことを意味している。

とすれば，最終的に，比率 $t = z_0/\sqrt{u_0/m}$ が自由度 m の t 分布に従うことが導かれる（2.3.2 項および 2.3.3 項参照）。以上の議論により，正規母集団からの復元抽出（または無限の正規母集団）を仮定すれば，「母分散未知で 2 つの母分散が等しい」場合，帰無仮説 (3.1) 式の下で

$$\begin{aligned}
t_0 &= \frac{\bar{x}_1 - \bar{x}_2}{\sigma\sqrt{1/n_1 + 1/n_2}} \times \frac{\sqrt{n_1 + n_2 - 2}}{\sigma^{-1}\sqrt{(n_1-1)s_1^2 + (n_2-1)s_2^2}} \\
&= \frac{\bar{x}_1 - \bar{x}_2}{\sqrt{(n_1-1)s_1^2 + (n_2-1)s_2^2}}\sqrt{\frac{n_1 n_2 (n_1 + n_2 - 2)}{n_1 + n_2}}
\end{aligned} \quad (3.6)$$

が自由度 $n_1 + n_2 - 2$ の t 分布に従うことを利用して平均値の差の検定を実行できる[8]。

一方，「母分散未知で，2 つの母分散が等しくない」場合，**ウェルチの検定**（Welch's test）が利用される。この際には，(3.3) 式中の σ_1 と σ_2 をそれぞれ s_1, s_2 で置き換えて検定統計量 t_0 を計算し，この量が，

$$m^* = \frac{(s_1^2/n_1 + s_2^2/n_2)^2}{s_1^4/(n_1^2(n_1-1)) + s_2^4/(n_2^2(n_2-1))} \quad (3.7)$$

で計算される m^* に最も近い整数 m を自由度とする t 分布に従うと仮定して，検定を行う（東京大学教養学部統計学教室 (1992) [31] の p.82 を参照）。

なお，以上説明した平均値の差の検定は，2 つの集団についての標本を比較するという意味での **2 標本問題**（two-sample problem）であり，その他の 2 標本問題としては割合の差の検定（後の 3.2.3 項参照）などが挙げられる。それに対して，**対標本**（paired sample）の場合には，「1 標本問題」に帰着する。例えば，情報検索の実験（**検索実験**）において，2 つの検索システムの性能を比較するために，検索課題（実験用の検索質問）を n 件ほど用意して実験を試み（例えば $n = 50$），i 番目の検索課題に対するシステム A の精度 a_i とシステム B の精度 b_i を算出した状況を考える（$i = 1, \ldots, n$）[9]。2 つの検索システムの精度の間に統計的な有意差があるかどうかについて，n 件の

---
[8] なお，$S_1 = (n_1 - 1)s_1^2$, $S_2 = (n_2 - 1)s_2^2$ と定義し，$\hat{\sigma}^2 = (S_1 + S_2)/(n_1 + n_2 - 2)$ と置けば，$t_0 = (\bar{x}_1 - \bar{x}_2)/\sqrt{(1/n_1 + 1/n_2)\hat{\sigma}^2}$ と書ける。これは 2 つの母集団で共通の母分散を $(S_1 + S_2)/(n_1 + n_2 - 2)$ で推定したことに相当する。この量は合併分散推定値（pooled variance estimate）と呼ばれる。
[9] この場合の「精度（precision）」は情報検索における評価指標であり，「検索された適合文書数÷（検索された適合文書数＋検索された不適合文書数）」で定義される。

検索課題を無限母集団から無作為抽出された標本と仮定して検定する際には，検索課題ごとの差 $x_i = a_i - b_i$ に関する「平均値の検定」となり，2 つのシステムの精度の差の母平均（可能なすべての検索質問に対する差の平均）を再び μ で表記すれば，帰無仮説は $H_0 : \mu = 0$ と書ける[10]。この検定が平均値の差の検定にならないのは，a_i と b_i とが，同一の検索課題に対応付けられた対標本だからである。

3.2.3 割合に関する検定

標本における割合 p' に基づいて，2 項母集団での割合 p に関する検定を行うことができる。例えば，2.4 節で述べたように，n が大きく，かつ p が 0 または 1 に近くなければ，標準正規分布に基づいて (2.52) 式が成り立つので，これを利用すれば良い。具体的には，帰無仮説を $H_0 : p = p_0$，対立仮説を $H_1 : p \neq p_0$ として，$z_0 = (p' - p_0)/\sqrt{p_0(1-p_0)/n}$ を計算し，この値が，棄却域 $|z| \geq 1.96$ に入るかどうかを調べれば，有意水準 5% の**割合の検定**となる。

割合の差の検定の場合には，同様に標本が十分に大きく，p が 0 または 1 に近くなければ，試行回数 1 の 2 項分布の平均が p，分散が $p(1-p)$ であることに基づいて，(3.3) 式を使えば良い。3.2.2 項と同じく，2 つの集団の割合を p_1，p_2，p'_1，p'_2 と表記すると，帰無仮説は $H_0 : p_1 - p_2 = 0$，対立仮説は $H_1 : p_1 - p_2 \neq 0$ と書ける。

そこで (3.3) 式を使えば，$p_1 - p_2 = 0$ より，

$$z_0 = \frac{p'_1 - p'_2}{\sqrt{(p_1(1-p_1)/n_1) + (p_2(1-p_2)/n_2)}} \tag{3.8}$$

が標準正規分布に従うことになる。ここで分母の p_1 と p_2 の値は未知なので，推定しなければならないが，$p_1 = p_2$ を仮定しているため，2 つの集団の標本を併せて，その中で $x_i = 1$ であるものの割合をそれらの推定値とすれば良い。すなわち，これを $\hat{p}$ と書くと，この推定値は，

$$\hat{p} = \hat{p}_1 = \hat{p}_2 = \frac{1}{n_1 + n_2} \sum_{i=1}^{n} x_i \tag{3.9}$$

---

[10] 検定統計量は $\sqrt{n}\bar{x}/s$ となる。ここで，s は $x_i = a_i - b_i$ の標本での標準偏差である。

表 3.2　図書館利用と居住地域の分割表

図書館利用	居住地域 A	B	C	合計
利用した	15	35	10	60
利用しない	50	55	35	140
合計	65	90	45	200

注：数値は回答者数

で定義される。ここで，$n = n_1 + n_2$ で，$x_i\ (i = 1, \ldots, n)$ は 2 つの集団のデータを併せて並べたものとする。この推定値を使えば，検定統計量として，

$$z_0 = \frac{p'_1 - p'_2}{\sqrt{\hat{p}(1-\hat{p})(1/n_1 + 1/n_2)}} \tag{3.10}$$

を得る。

3.3 独立性と適合度の検定

3.3.1 分類基準の独立性の検定

　ある公共図書館が一部の住民を標本として抽出し，質問紙を郵送することによって，最近 1 か月間にその図書館を利用したかどうかを尋ねてみたという状況を考える[11]。その結果を回答者の居住する地域 A〜C に区分して**クロス集計**を試みたところ，表 3.2 が得られたと仮定する。この表は，2 つの分類基準（図書館利用と居住地域）に従って，データ中の度数（ここでは人数）を集計したものであり，一般に 2 次元（two-way）の**分割表**（contingency table）と呼ばれる。

　この分割表を使って，2 つの分類基準の**独立性の検定**（test of independence）を行うことができる。これは，表 3.2 の例では，「図書館利用と居住地域とは統計的に独立（両者の間には関連がない）」を帰無仮説とする検定であり，もしこの帰無仮説が棄却されれば，住民がその図書館を利用しているかどうかは，その居住地域によって異なると結論される。

---
[11] 「来館者調査」に対して，「住民調査」と呼ばれることがある。このための実際的な標本抽出法については，6.2 節を参照。

もし 2 つの分類基準が独立ならば，分割表の内側のセルにおける度数は，外側の合計欄の数値から推測できる．例えば，「図書館を利用した」と回答した人の相対度数は 60/200 = 0.3，回答者のうち地域 A に居住している人の相対度数は 65/200 = 0.325 である．したがって，図書館利用と居住地域とが統計的に独立ならば，図書館を利用し，なおかつ地域 A に住む人の相対度数は，両者の乗算として 0.3 × 0.325 = 0.0975 になると予想される．これは，200 × 0.0975 = 19.5（人）に相当する．この数値は理論的に予測されたものという意味で，**期待度数**（または**理論度数**）と呼ばれる．一方，実際の**観測度数**は，表 3.2 より 15 であり，この場合には期待度数と観測度数とがやや「乖離」していることになる．

分割表における分類区分の数をそれぞれ m と l で表記する．表 3.2 では，$m = 2$（図書館利用），$l = 3$（居住地域）である．独立性の検定における帰無仮説は，i 番目の分類区分（例：図書館を利用した）と j 番目の分類区分（例：居住地域 A）とが同時に生起する確率（同時確率）を p_{ij} として，

$$H_0 : p_{ij} = p_{i\cdot} p_{\cdot j}, \quad i = 1, \ldots, m; j = 1, \ldots, l$$

となる．ここで，$p_{i\cdot}$, $p_{\cdot j}$ はそれぞれ「周辺確率」で，$p_{i\cdot} = \sum_{j=1}^{l} p_{ij}$, $p_{\cdot j} = \sum_{i=1}^{m} p_{ij}$ で定義される．上で述べたように，この帰無仮説は，分類基準間の独立性により，同時確率 p_{ij} が周辺確率の単純な掛算から計算されることを意味している．

もしこれらの周辺確率を，実際の観測度数より推定するとすれば，$\hat{p}_{i\cdot} = n_{i\cdot}/n$，および $\hat{p}_{\cdot j} = n_{\cdot j}/n$ で計算するのが自然である．ここでは，分割表における観測度数を n_{ij} ($i = 1, \ldots, m; j = 1, \ldots, l$) とし，それぞれの合計を $n_{i\cdot} = \sum_{j=1}^{l} n_{ij}$, $n_{\cdot j} = \sum_{i=1}^{m} n_{ij}$ で表記している．例えば，居住地域 C において図書館を利用した回答者の数は n_{13}，図書館を利用した回答者数は $n_{1\cdot} = 60$，地域 C に居住する回答者数は $n_{\cdot 3} = 45$ などとなる．この推定量を用い，なおかつ帰無仮説 H_0 が成立すれば，同時確率 p_{ij} は

$$\hat{p}_{ij} = \hat{p}_{i\cdot} \hat{p}_{\cdot j} = \frac{n_{i\cdot} n_{\cdot j}}{n^2} \tag{3.11}$$

で推定される．したがって，上の計算例にあるように，期待度数はこれに n を掛けて，$n_{i\cdot} n_{\cdot j}/n$ で求められる．

これらの仮定の上で，統計量

$$w = \sum_{i=1}^{m} \sum_{j=1}^{l} \frac{\left(n_{ij} - \frac{n_{i\cdot} n_{\cdot j}}{n}\right)^2}{\frac{n_{i\cdot} n_{\cdot j}}{n}} \tag{3.12}$$

は，漸近的に（n が大きければ），自由度 $(m-1)(l-1)$ の χ^2 分布に従う（その理由については 3.3.2 項を参照）。このことを利用して，得られたデータに対して，帰無仮説 H_0 が棄却されるかどうかを調べることができる。以上が独立性の検定である。

より単純に期待度数を E，観測度数を O と書けば，(3.12) 式の w は，分割表の各セルの期待度数と観測度数との乖離度を $(O-E)^2/E$ でそれぞれ計算し，合計したもの，すなわち

$$w = \sum \frac{(O-E)^2}{E} \tag{3.13}$$

と表記できる。表 3.2 の例では，

$$w = \frac{(15-19.5)^2}{19.5} + \frac{(35-27)^2}{27} + \cdots + \frac{(35-31.5)^2}{31.5} = 6.166 \tag{3.14}$$

のように計算される。このデータでは，自由度は $(2-1) \times (3-1) = 2$ であり，自由度 2 の χ^2 分布の右裾と照らし合わせれば（すなわち片側検定），有意水準 5% では H_0 は棄却されるのに対して，1% では棄却されない[12]。

なお，n が小さければ χ^2 分布による近似の精度が悪くなる（3.3.2 項参照）。さらに，n が大きくても，特定のセル（内側のセル）でその期待度数が小さくなった場合にこの問題が生じる点に注意しなければならない。例えば，期待度数が 5 未満になる場合には隣接するセルを合併する必要がある（岩田 (1983) [4] の p.190 を参照）。

標本が小さく，セルの度数が偏っているならば，**フィッシャーの正確確率検定**（または直接確率法 ; Fisher's exact test）を適用できることもある。ただし，その算出式には階乗が含まれ，計算量が多くなるという問題があるため，それなりの大きさの標本を確保して，χ^2 分布による独立性の検定を使うように調査計画を立てておくのが無難である。

---

[12] MS Excel では，χ^2 分布の右側の確率を返す関数 CHISQ.DIST.RT が用意されている。この関数によれば，CHISQ.DIST.RT(6.166,2)=0.0458 である。

3.3.2 独立性の検定に関する補足

(1) 尤度比検定の考え方

(3.12) 式が自由度 $(m-1)(l-1)$ の χ^2 分布に漸近的に従うことを正確に示すには,本書でここまで用いてきた数学的知識では不十分なので,考え方の概略のみ説明する[13]。本項においては,観測値 $x_1,\ldots,x_n$ を n 個の確率変数として捉え (2.2.2 項参照),連続変数に対する確率密度関数 $f_p(x_1,\ldots,x_n)$ および離散変数に対する確率分布 $P(x_1,\ldots,x_n)$ をともに,$f(x_1,\ldots,x_n;\theta)$ で表記する。ここで θ はパラメータである。パラメータを複数含む場合があるので一般には,$f(x_1,\ldots,x_n;\boldsymbol{\theta})$ のように $\boldsymbol{\theta}$ をベクトルとして表記するが(例えば正規分布は μ と σ^2 の 2 つのパラメータを持っている),数式を複雑にしないために,議論の途中まではパラメータは 1 個としておく。

さらに,ここでは特に,この確率密度関数または確率分布を

$$L(\theta) = f(x_1,\ldots,x_n;\theta) \qquad (3.15)$$

と書く。(3.15) 式は,実際の標本 $\mathcal{D}_s$ として n 個の観測値が得られる確率を意味し,これを θ の関数として考えるために,左辺を $L(\theta)$ で表している。$L(\theta)$ を**尤度関数** (likelihood function) と呼ぶ。

与えられたデータからパラメータ θ を推定する際に,観測値 $x_1,\ldots,x_n$ を固定しておき,θ の値をいろいろと変えてみて,尤度関数の値が最も大きくなるもの(つまり標本 $\mathcal{D}_s$ の得られる確率が最も高くなるもの)を推定値として採用することが考えられる。この方法により求められる推定量が**最尤推定量** (maximum likelihood estimator: MLE) である。

実際には f は数学的な関数として与えられるので,方程式

$$\frac{\partial L(\theta)}{\partial \theta} = 0 \qquad (3.16)$$

が解ければ(解けない場合については 8.1.5 項を参照)[14],θ の値を変えて繰

---

[13] より詳しい説明は東京大学教養学部統計学教室 (1992) [31] の第 4 章第 5 節を参照。
[14] ∂ は偏微分記号で,関数が複数の変数を含んでいる場合,特定の変数のみで微分することを示すのに使われる。例えば,$y = f(x,z)$ ならば,$\partial y/\partial x = \partial f(x,z)/\partial x$。実際の微分の計算は,単に,対象外の変数(この場合には z)を定数と見なして行えば良い。

り返し計算する必要はなく，最尤推定量を解析的に求めることができる[15]。なお，$L(\theta)$ を最大にする推定量 $\hat{\theta}$ は，尤度関数の対数を使った方程式

$$\frac{\partial \log L(\theta)}{\partial \theta} = 0 \tag{3.17}$$

を解いても同様に計算可能である（同じ解が得られる）。$\log L(\theta)$ を**対数尤度関数**（log likelihood function）と呼ぶ。

例えば，各個体が標本として独立に抽出される場合には，$f(x_1, \ldots, x_n; \theta) = f(x_1; \theta) \times \cdots \times f(x_n; \theta)$ であり，それぞれが正規分布に従うとすれば，確率密度関数 (1.21) 式より，$\theta = \mu$ を仮定した対数尤度関数は，

$$\begin{aligned} \log L(\mu) &= \log \prod_{i=1}^{n} \frac{1}{\sqrt{2\pi}\sigma} \exp\left(-\frac{(x_i - \mu)^2}{2\sigma^2}\right) \\ &= A - \frac{1}{2\sigma^2} \sum_{i=1}^{n} (x_i - \mu)^2 \end{aligned} \tag{3.18}$$

となる[16]。ここで A は変数 μ を含まない項であり，$\log L(\mu)$ を μ で微分すると 0 となって消える。具体的には，$A = -n \log \sqrt{2\pi} - n \log \sigma$ である。結果的に，

$$\frac{\partial \log L(\mu)}{\partial \mu} = \frac{1}{\sigma^2} \sum_{i=1}^{n} (x_i - \mu) = \frac{1}{\sigma^2} \left(\sum_{i=1}^{n} x_i - n\mu \right) \tag{3.19}$$

を得る[17]。したがって，これを 0 と置いて解けば，$\hat{\mu} = \bar{x}$ なので，標本平均は正規分布のパラメータ μ（母平均）に対する最尤推定量であることが導かれる[18]。

---

[15] 一般に，微分 $df(x)/dx$ は関数 $f(x)$ の変化率に相当し，増加も減少もしない地点 x_0 ではその値が 0 になる。$f(x)$ が描く曲線の「頂上」または「谷底」では，この微分が 0 になる（瞬間的に増加も減少もしない）ことを利用して，方程式 $df(x)/dx = 0$ を解くことにより，$f(x)$ の最大値（頂上）または最小値（谷底）を与える x の値を算出できる（7.1.3 項や 8.1.4 項も参照）。

[16] 対数の性質により，$\log(xy) = \log x + \log y$，および $\log(x/y) = \log x - \log y$。一般に，$\log \prod_i x_i = \sum_i \log x_i$。また，$\log x^m = m \log x$，$\log e = 1$（$e$ が底の場合），$\log 1 = 0$。なお，本書では，対数の底はすべて e とする。

[17] $g_i = (x_i - \mu)^2$ とすれば，項別微分により，$\partial \log L(\mu)/\partial \mu = -(2\sigma^2)^{-1} \sum_i \partial g_i / \partial \mu$。さらに，それぞれの微分は，$z_i = x_i - \mu$ と置けば，合成微分として，$\partial g_i / \partial \mu = (\partial g_i / \partial z_i) \times (\partial z_i / \partial \mu)$ で求めることができる。微分の公式により，$g_i = z_i^2$ を微分して $\partial g_i / \partial z_i = 2z_i$，また $\partial z_i / \partial \mu = -1$。したがって，$\partial g_i / \partial \mu = -2z_i = -2(x_i - \mu)$ を得る。これを戻せば，与式となる。

[18] σ^2 に対する最尤推定量も同様な手続きで算出できるが，これは (2.3) 式の標本分散にはならず，$x_1, \ldots, x_n$ の偏差の平方和を $n-1$ ではなく，n で割ったものとなる。したがって，不偏推定量ではない。

最尤推定量は，いくつかの望ましい性質を持っており，統計的方法において中心的な役割を果たしている。その性質の1つとして，無作為抽出された標本が大きくなれば，$\sqrt{n}(\hat{\theta} - \theta)$ の分布が正規分布に近づいていくことが知られている（ここで θ はパラメータの真の値）。この漸近正規性に基づいて，いくつかの仮説検定の構成が可能となる。

尤度比検定（likelihood ratio test）はこの最尤推定量に基づく検定である。何らかの帰無仮説を設定したときに，その仮説の条件内でパラメータがとり得る範囲を Ω_0 と表記する。ここではパラメータの数を1つとしているので，帰無仮説は $\theta \in \Omega_0$，対立仮説は $\theta \notin \Omega_0$ と書ける[19]。このとき**尤度比**（likelihood ratio）は，

$$\lambda = \frac{L(\Omega_0)}{L(\Omega)} \tag{3.20}$$

で定義される。式中の分子 $L(\Omega_0)$ は帰無仮説の制約の下での最大尤度，分母 $L(\Omega)$ は，帰無仮説の制約とは無関係な，パラメータがとり得る値の全範囲内での最大尤度を意味している。「帰無仮説が真に近いほど，$L(\Omega_0)$ と $L(\Omega)$ との差が小さくなる」ことが尤度比を使う際の前提であり，これらが完全に一致しているならば $\lambda = 1$ となる。逆に λ が0に近いほど，帰無仮説は真ではない可能性が高くなる。

実際には，尤度は標本から計算されるので，尤度比の分子・分母ともに，最尤推定量から求めなければならない。このとき，上で述べた最尤推定量の漸近正規性を使えば，$-2 \log \lambda$ の分布が自由度1の χ^2 分布になることを利用して（マイナスが付くため，大小関係が尤度比とは逆転する），仮説検定を構成することができる（岩田 (1983) [4] の p.390 を参照）。当然，$-2 \log \lambda$ もまた χ^2 分布に漸近的に従うだけなので，十分な大きさの標本が必要である。

(2) 独立性の検定の仕組み

実は，分類基準の独立性の検定における (3.11) 式は帰無仮説 $H_0 : p_{ij} = p_{i.}p_{.j}$ の下での，多項分布のパラメータ p_{ij} に対する最尤推定量であり（後述），これが尤度比の分子に対応する。一方，この制約がなければ，最尤推定量は n_{ij}/n なので，尤度比の分母はこれで計算できる。多項分布の対数尤度関数を使え

---

[19] 例えば，集合 B を $B = \{b_1, b_2, b_3\}$ としたときに，b_1 はこの集合の要素なので，$b_1 \in B$ と書く。また，$b_4 \notin B$ である。

ば，尤度比の分母は，多項係数（後の (3.26) 式を参照）を省略して（尤度比の計算において，多項係数は約分されるので問題ない），

$$\log L(\hat{\boldsymbol{\theta}}) \propto \sum_{i=1}^{m} \sum_{j=1}^{l} n_{ij} \log \frac{n_{ij}}{n} \tag{3.21}$$

となる[20]。ただし，この場合，多項分布のパラメータは $ml-1$ 個あり，それらを一括してベクトル $\boldsymbol{\theta}$ で表記してある[21]。$\boldsymbol{\theta}$ に含まれる要素数（パラメータ数）を a と書いておく（ここでは $a = ml-1$）。

一方，尤度比の分子については，帰無仮説が成立するので，多項分布のパラメータは，$p_{i\cdot}$ $(i=1,\ldots,m-1)$ および $p_{\cdot j}$ $(j=1,\ldots,l-1)$ の $m+l-2$ 個の量で決まっていることになる。$b = m+l-2$ と置けば，$\boldsymbol{\theta}$ の a 個の要素が，$p_{i\cdot}$ および $p_{\cdot j}$ の b 個の要素から成るベクトル $\boldsymbol{\beta}$ から計算されることになるため（$a > b$），このことを関数のベクトル $\mathbf{g}(\boldsymbol{\beta})$ で表記する。したがって，尤度比の分子は $L(\mathbf{g}(\boldsymbol{\beta}))$ であり，その対数尤度関数は，多項係数を省略して，

$$\log L(\mathbf{g}(\hat{\boldsymbol{\beta}})) \propto \sum_{i=1}^{m} \sum_{j=1}^{l} n_{ij} \log \frac{n_{i\cdot} n_{\cdot j}}{n^2} \tag{3.22}$$

と書ける。

この結果，検定統計量は $-2\log\lambda = -2\log(L(\mathbf{g}(\hat{\boldsymbol{\beta}}))/L(\hat{\boldsymbol{\theta}}))$ となり，この右辺は $2(\log L(\hat{\boldsymbol{\theta}}) - \log L(\mathbf{g}(\hat{\boldsymbol{\beta}})))$ なので，最終的には，

$$\begin{aligned} -2\log\lambda &= 2\left(\sum_{i=1}^{m}\sum_{j=1}^{l} n_{ij}\log\frac{n_{ij}}{n} - \sum_{i=1}^{m}\sum_{j=1}^{l} n_{ij}\log\frac{n_{i\cdot}n_{\cdot j}}{n^2} \right) \\ &= 2\left(\sum_{i=1}^{m}\sum_{j=1}^{l} n_{ij}\log n_{ij} - \sum_{i=1}^{m} n_{i\cdot}\log n_{i\cdot} \right. \\ &\qquad \left. - \sum_{j=1}^{l} n_{\cdot j}\log n_{\cdot j} + n\log n \right) \end{aligned} \tag{3.23}$$

---

[20] 比例記号「∝」が使われているのは，多項係数を省略したため，厳密には「=」では結べないからである。
[21] ベクトルについては，5.6 節で補足してある。ただし，本節ではベクトルの計算は行わず，単に，複数のパラメータや関数を一括表示するための便宜に過ぎないので，5.6 節に進む必要はない。

と変形される．この場合には，$\boldsymbol{\theta}$ の次元数が a, $\boldsymbol{\beta}$ の次元数が b なので，$-2\log\lambda$ は自由度 $a-b$ の χ^2 分布に漸近的に従う（東京大学教養学部統計学教室 (1992) [31] の p.139〜141 を参照）．自由度は実際には，

$$a - b = (ml - 1) - (m + l - 2) = (m-1)(l-1) \tag{3.24}$$

である．表 3.2 の例では，

$$\begin{aligned}-2\log\lambda &= 2((15\log 15 + \cdots + 35\log 35) - (60\log 60 + 140\log 140) \\ &\quad -(65\log 65 + 90\log 90 + 45\log 45) \\ &\quad +200\log 200) = 6.161\end{aligned} \tag{3.25}$$

のように計算され，(3.14) 式での w とは値がわずかに異なるものの，同様に有意水準 5% では H_0 は棄却されるのに対して，1% では棄却されない．

一方，(3.12) 式の検定統計量 w の分布はやや異なる方法で導かれる．具体的には，帰無仮説 $\theta = \theta_0$ における対数尤度関数の微分 $\partial L(\theta)/\partial \theta$ の値を $\sqrt{n}$ で割ったものが正規分布に漸近的に従うことを利用する．(3.11) 式の $\hat{p}_{i\cdot}\hat{p}_{\cdot j}$ が，上と同じく，帰無仮説に基づく $\boldsymbol{\beta}$ による p_{ij} の計算式に相当し，$(n_{i\cdot}n_{\cdot j})/n^2$ がその最尤推定量である（こちらの方法では $\boldsymbol{\theta}$ の最尤推定量は使わない）．その結果，(3.12) 式の w が，(3.24) 式によって計算される自由度を持つ χ^2 分布に漸近的に従うことが示される（詳細は東京大学教養学部統計学教室 (1992) [31] の p.139〜141 を参照）．

3.3.3 多項分布

上で述べたように，分類基準の独立性の検定は，分割表の各セルの相対度数が，**多項分布**（multinomial distribution）のパラメータについての最尤推定量であることを利用して組み立てられている．多項分布は 2 項分布 (1.6) 式の一般化であり，

$$P(x_1, x_2, \ldots, x_k) = \frac{m!}{x_1! x_2! \cdots x_k!} \prod_{j=1}^{k} p_j^{x_j}, \quad m = \sum_{j=1}^{k} x_j; \ \sum_{j=1}^{k} p_j = 1 \tag{3.26}$$

で定義される．ここで $m!/(x_1! x_2! \cdots x_k!)$ は**多項係数**（multinomial coefficient）と呼ばれる．

2項分布では「成功」「失敗」の「2択」なのに対して，多項分布の場合には「3択以上」が可能である（上の式では「k択」）．例えば，六面サイコロを $m=10$ 回投げた際に，「1」の目が4回，「2」の目が3回，「3」の目が3回出て，その他の目が1度も出ない確率を，$m=10$, $x_1=4$, $x_2=x_3=3$, $x_4=\cdots=x_6=0$, $p_1=\cdots=p_6=1/6$ と設定して，多項分布で計算することができる．$k=2$ ならば，当然，2項分布の式 (1.6) に一致する．

ここで，六面サイコロの例とは異なり，この分布のパラメータ $p_1,\ldots,p_k$ が未知であるために，データから推定しなければならない状況を考える．この際には，データを集計し，k 個の事象のそれぞれの生起回数を求めておく必要があり，それらを $n_1,\ldots,n_k$ と表記する．このデータから，実際には $\sum_j p_j = 1$ の制約があるので，$k-1$ 個のパラメータの値を決めることになる（残りの1個は制約条件から自動的に決まる）．

これらの最尤推定量を求めるには，**ラグランジュの未定乗数法**（method of Lagrange multiplier）に基づいて制約条件を加えた上で，(3.26) 式中の x_j を n_j に置き換え（$j=1,\ldots,k$），$L=P(n_1,\ldots,n_k)$ を代入した (3.17) 式を解けば良い．例えば，ある1つのパラメータ p_j について計算すれば，(3.26) 式より，$n_j \log p_j - \lambda'(\sum_{j'} p_{j'} - 1)$ を微分して（p_j を含まない項は微分すれば消えるので省略），$\partial \log L/\partial p_j = n_j/p_j - \lambda'$ を得る[22]．ここで，$\lambda'(\sum_{j'} p_{j'}-1)$ が，ラグランジュの未定乗数法により加わった項であり，λ' は尤度比ではなく，未定乗数を意味している．結果的に，$\partial \log L/\partial p_j = 0$ を解いて，$\hat{p}_j = n_j/\lambda'$ となる．

すべての p_j（$j=1,\ldots,k$）について同様な結果となるので，制約条件が成立するには，

$$\sum_{j=1}^{k} \frac{n_j}{\lambda'} = 1 \tag{3.27}$$

でなければならず，これを解けば，$\lambda' = \sum_j n_j = n$ を得る．したがって，最尤推定量として，$\hat{p}_j = n_j/n$（$j=1,\ldots,k$）が導かれる．

独立性の検定の問題において，分割表中の n_{ij} の合計は n なので，n_{ij}/n は p_{ij} の最尤推定量である．したがって，(3.21) 式は，最尤推定量が代入された対数尤度関数と見なすことができる．(3.22) 式についても，$n_{i\cdot}/n$, $n_{\cdot j}/n$ がそれぞれ，$p_{i\cdot}$, $p_{\cdot j}$ の最尤推定量に相当することから，同様の結論となる．

---

[22] 一般に，$y=\log x$ ならば，$dy/dx=1/x$．

3.3.4 適合度検定

(1) カイ2乗適合度検定

ここまでの議論から容易に類推されるように，(3.13) 式の検定統計量 w は，2次元の分割表だけではなく，期待度数と観測度数とが一列に並べられた1次元の表の場合にも適用可能である．ただし，1次元の表では $\mathbf{g}(\boldsymbol{\beta})$ のような構造が入らないので，χ^2 分布の自由度は，単に，表のセルの数（合計を除く）から1を引いた値になる．この場合の (3.13) 式の w による検定を，**カイ2乗適合度検定**（χ^2 goodness-of-fit test）と呼ぶ．

例えば，計量書誌学（7.1 節参照）の領域において，標本として得られたデータが何らかの確率分布に従っているかどうかを調べたいことがある．ここでは，ある一定期間に各著者が何件の論文を発表したのかを調査し，x 件の論文を発表した著者の数 $f_c(x)$ を集計したと仮定する．この場合，著者の度数分布は，**ロトカの法則**（Lotka's law）に従い，確率モデル $P(x) = A/x^c$ ($x = 1, 2, \ldots$; A と c はパラメータ）で記述可能という説が広く知られている．集めたデータからこの説を確かめるには，パラメータ A と c をそのデータから推定して期待度数を求め，(3.13) 式に基づき検定すれば良い．

ここでの例では，調査期間中での1人の著者による論文数の最大値を x_{max} として，$f_c(x=1)$ から $f_c(x=x_{max})$ までの度数の値を x_{max} 個の観測度数 O と考える．それに対応して，ロトカの法則から x_{max} 個の期待度数 E を計算し，(3.13) 式で w を求めれば，分類基準の独立性検定と同じように，χ^2 分布による検定が可能となる．ただし，既に述べたように，χ^2 分布の自由度は $x_{max} - 1$ である．

なお，データがロトカの法則に適合していることを示すには，帰無仮説を採択しなければならない．つまり，カイ2乗適合度検定の帰無仮説は，観測度数を n_j（ここでは $n_j = f_c(x=j)$）として，「最尤推定量 $\hat{p}_j = n_j/n$ とそれに対応するロトカの法則での値とに差がない」であり，したがって，帰無仮説が採択された場合に，「適合している」と結論できる．3.1.4 項で述べたように，この際には，検定力の大きさに留意する必要がある．実際には，計量書誌学の領域では，仮説検定までには踏み込まず，確率分布間あるいはそのパラメータ間の比較のために，「適合度統計量」である w を，単に「あてはまりの良さ」を示す指標（ただし小さいほど「良い」）として使用するのに留める

ことが多い（具体例については 7.3.2 項を参照）。

(2) コルモゴロフースミルノフ検定

カイ 2 乗適合度検定は離散的な分布に対応しており，連続的な分布の場合には，**コルモゴロフースミルノフ検定**（Kolmogorov-Smirnov test: K-S test）やアンダーソン－ダーリング検定（Anderson-Darling test: A-D test）などが利用される。K-S 検定では，データから**経験分布**（empirical distribution）を計算し，それを連続確率分布と比較する。まず，観測値 x_i がある値 b と等しいかあるいはそれよりも小さければ 1，大きければ 0 となる関数を $I(x_i \leq b)$ と定義する。この関数を使えば，累積的な経験分布を

$$\hat{F}_x(b) = \frac{1}{n} \sum_{i=1}^{n} I(x_i \leq b) \tag{3.28}$$

で求めることができる。例えば，$x_1 = 2.1$, $x_2 = 1.4$, $x_3 = 0.6$, $x_4 = 1.6$ ならば，$\hat{F}_x(0.6) = 1/4$, $\hat{F}_x(1.4) = 2/4$, $\hat{F}_x(1.6) = 3/4$, $\hat{F}_x(2.1) = 4/4$ となる。

K-S 検定における検定統計量は，$D = \max_{\{b\}} |\hat{F}_x(b) - F_x(b)|$ である（両側検定の場合）[23]。ここで $F_x(b)$ は (1.18) 式で定義される累積分布関数を意味し，この D は，経験分布と理論的な分布との差異の最大値（絶対値）に相当する。$F_x(b)$ は別のデータから得られた経験分布でも良く，この場合には，「2 標本」の K-S 検定となる（理論的な分布の場合には「1 標本」での K-S 検定）。

3.4　ノンパラメトリック検定

3.4.1　符号検定

3.2.2 項において，検索実験の事例を使って，対標本における平均値の検定を説明した。もし標本が小さく，なおかつ i 番目の検索課題における 2 つのシステムの精度の差 $x_i = a_i - b_i$ $(i = 1, \ldots, n)$ に対して正規性を仮定できない場合には，**符号検定**（sign test）を利用することが考えられる。このためには，まず，n 件の検索課題を (a) $a_i = b_i$, (b) $a_i > b_i$, (c) $a_i < b_i$ の 3

---

[23] 例えば $\max_{\{b\}} f(b)$ は，b を動かした場合の $f(b)$ の最大値を意味する。

通りに分け，それぞれの数（課題数）を集計する．(a) は引き分け（またはタイ；tie）なので無視することとし，(b) の数を h，(c) の数を $m-h$ と置く．つまり，m は (b) と (c) の課題数の合計である（$m \leq n$）．

仮に，2つのシステム間に差がなければ，個数 h の確率分布は，パラメータ $p=1/2$ の2項分布 (1.6) 式に従うはずである．つまり，いわば両者が「五分五分」という仮定の下に，

$$P(x \geq h) = \sum_{x=h}^{m} \binom{m}{x} \left(\frac{1}{2}\right)^m = 1 - \sum_{x=0}^{h-1} \binom{m}{x} \left(\frac{1}{2}\right)^m \tag{3.29}$$

となる．したがって，この確率が 0.05 よりも小さければ，帰無仮説 $H_0: p=1/2$ は有意水準 5% で棄却され，2つのシステム間の差の有意性が示されたと解釈できる．例えば，$m=30$, $h=20$ ならば $P(x \geq 20) = 0.0493$ であり，有意水準 5% で帰無仮説が棄却される．ここで h は $a_i - b_i$ の符号がプラスの場合の数に相当し，そのため符号検定と呼ばれる．符号検定は，統計量が特別な確率分布（例えば正規分布）に従うことを仮定しない**ノンパラメトリック検定**（nonparametric test）の一種である．

符号検定は，対応する2つの量の大小関係のみに基づいており，データの持つそれ以外の情報は考慮しない．それに対して，**ウィルコクソンの符号付き順位検定**（Wilcoxon singed rank test）では，両者の差の絶対値の順位までを計算に含める．具体的には，ここでの例では，$|b_i - a_i|$ の順で検索課題を並べ，$a_i < b_i$ となる検索課題を抜き出して，その順位の和に基づいて検定がなされる（詳細は岩崎 (2006) [3] の p.54〜55 を参照）．

3.4.2 順位和検定

符号検定および符号付き順位検定は，対標本における方法であるのに対して，**ウィルコクソンの順位和検定**（Wilcoxon rank sum test）では，個別には対応していない2つの標本が，同一の母集団から抽出されたものであるかどうかを検定する．この点では，3.2.2 項の平均値の差の検定の場合と同じである．なおウィルコクソンの順位和検定の統計量は，**マン−ホイットニー検定**（Mann-Whitney test）の統計量（「U 統計量」と呼ばれる）と実質的に等しく，これらの2つの検定は通常，同一視される．

2 つの標本を $\mathcal{D}_x = \{x_1, x_2, \ldots, x_n\}$, $\mathcal{D}_y = \{y_1, y_2, \ldots, y_m\}$ と表記する（ここで $n \geq m$）。ウィルコクソンの順位和検定では, これらの $n + m$ の値を順に並べた上で, そのうち第 2 群 D_y の値の順位を調べ, その順位和 $R = r(y_1) + r(y_2) + \cdots + r(y_m)$ を検定のための統計量として使う。ここで $r(y_j)$ は, $n + m$ 個の値の中での y_j の順位を示している（$j = 1, \ldots, m$）。タイが存在するときには, それらの順位の平均が使われる（例えば, 3, 4, 5 番目が同値ならば, それらの順位をすべて「4」とする）。

大標本の場合には,「2 つの標本が同一の確率分布に従う母集団から抽出された」と仮定すると, 順位和 R の平均 μ と分散 σ^2 を計算できるので, $z = (R - \mu)/\sigma$ と変換し, 標準正規分布を用いて検定を行う（岩崎 (2006) [3] の p.24〜37 を参照）。一方, 標本が小さければ, データとして R が得られる確率を正確に計算しなければならない。

なお, 標本の数 k が $k > 2$ の場合には, **クラスカル–ワリス検定**（Kruskal-Wallis test）を使うことができる。これは, 1 元配置の分散分析（4.4 節参照）のノンパラメトリック版であり, さらに, 2 元配置分散分析（4.4.4 項参照）には, **フリードマン検定**（Friedman test）が対応する[24]。そのほかにも, 様々なノンパラメトリック検定の方法が考案されている（竹内 (1989) [28] の p.123〜126 および岩崎 (2006) [3] などを参照）。

---

[24]前者は岩崎 (2006) [3] の p.60〜63, 後者は p.72〜73 に解説されている。

第4章　2変数間の関連の分析

4.1　2変数間の関連を分析するための方法

　図書館情報学の研究において，2つの変数間に関連が存在するかどうかを，統計的に明らかにしたいことがある．例えば，

1. 自治体の 図書館予算 が多くなれば，貸出回数 が増えるのかどうか
2. 主題分野 によって，蔵書の 館内利用回数 の平均が異なるのかどうか
3. インターネットの利用 が増えると，読書量 が減るのかどうか
4. 年齢 によって，電子書籍を好む傾向 が異なるのかどうか
5. 主題知識 の程度が，検索の成功・不成功 に影響するのかどうか
6. 検索語の自動追加 機能を加えると，検索の性能 が向上するのかどうか

など（下線部分が変数に相当），様々な問題設定が考えられ，これらの問いに答えるには，慎重にデータを収集し，分析しなければならない．

　上記の例の中には，6. の検索性能の問題のように，実験を通じて，変数間の**因果関係**（causality）を調べる場合も含まれるが，人間的あるいは社会的な要因が絡んだ際には，この種の関係の解明は容易ではない．対象となる変数間の関係に影響を及ぼす他の要因を十分に制御（コントロール）できないためである．この章で説明する種々の方法でデータを分析した結果，ある2つの変数が統計的な**関連性**（relationship）を持つことが明らかになったとしても，それが直接または間接的な因果関係を示唆しているかどうかは，図書館情報学の知識や経験に基づいて慎重に判断しなければならない．

　データを使って2つの変数の統計的な関連の程度を調べる場合，それぞれの変数が離散的なのか（分類尺度または順序尺度），連続的なのか（比尺度）を考慮して（1.1.1 項を参照），適切な分析法を選択する必要がある．おおよその目安は次のとおりである．

1. 両方の変数が離散的な場合：分類基準の独立性の検定
2. 両方の変数が連続的な場合

    (a) 変数間に因果関係を設定しない場合：相関分析
    (b) 変数間に因果関係を設定する場合：回帰分析

3. 影響を与える変数が離散的，影響を受ける変数が連続的

    (a) 離散変数の区分が2つ：平均値の差の検定
    (b) 離散変数の区分が3つ以上：分散分析

4. 影響を与える変数が連続的（または離散的），影響を受ける変数が離散的（2値）：ロジスティック回帰分析

なお，順序尺度（例えばリッカート尺度）については，離散的に扱う場合と連続的に扱う場合とがある。離散変数として分析するほうが技術的な問題が少なく，連続変数としての取り扱いに関しては5.5.5項で議論する。それまでは，順序尺度での変量は，基本的に，離散変数として考えておく。

　例えば，上記の3.の「インターネットの利用と読書量との関連」に関しては，インターネットの利用を「多い」「ふつう」「少ない」の3区分，読書量を「先月1冊以上の本を読んだ」「先月1冊も本を読まなかった」の2区分で測定したとすれば，分類基準の独立性の検定（3.3.1項参照）によって，両者の統計的な独立性を検証できる。それに対して，読書量を「先月読んだ本の冊数」で測定し，これを連続変量（比尺度）として扱えば，分散分析によって，インターネット利用が読書量に与える影響を解析することが可能である（一方，インターネット利用の区分を「多い」「少ない」に圧縮すれば，平均値の差の検定になる。3.2.2項参照）。この例が示すように，適用する統計的方法は，変数をどの尺度で測定するかに依存するので，調査計画の段階で慎重に検討しなければならない。

　以下では相関分析，回帰分析，ロジスティック回帰分析，分散分析の各手法を説明していくが，本章では基本的に，2変数間の関連性・因果性の分析に限定する。多変数の場合については，第5章で議論する。

4.2 相関分析

4.2.1 散布図と相関係数

2つの変数がともに連続的である場合，まずは，それぞれの変数を x 軸，y 軸としてデータをプロットし，眺めてみるのが基本である。このグラフを**散布図** と呼ぶ[1]。散布図の例を図 4.1 に示す。

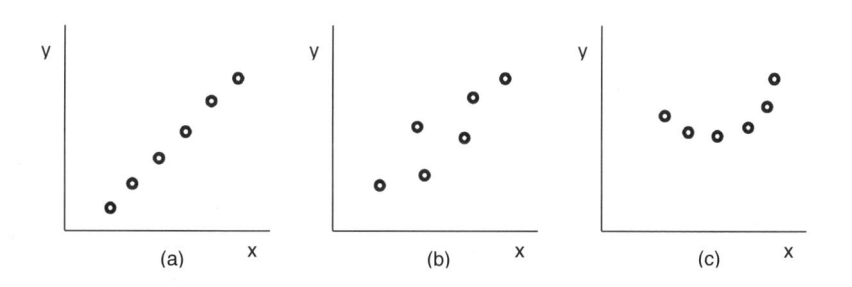

図 4.1 散布図の例：その 1

図 4.1(a) では，x の値が増加すれば，y の値も増加しており，各点がほぼ直線上に並んでいる。これは 2 つの変数間に強い正の（positive）**相関**（correlation）があることを示唆している。同様に図 4.1(b) でも，各点が直線上には並んでいないものの，やはり正の相関が観察される。一方，図 4.1(c) の場合，2 つの変数間には，直線的ではない，別の何らかの強い関係が存在することが読み取れる。

図 4.1(a) または (b) では，2 つの変数は，直線 $y = a + bx$ で表される関係またはそれに近い関係にあると考えられる。ここで a は**切片**（intercept），b は直線の**傾き**を表す。このように 2 つの変数が**線型**（linear）の関係にあるならば，**相関係数**（correlation coefficient）によってその関連の程度を測ることができる。具体的には，相関係数を標本から計算する場合，i 番目の個体の

---

[1] 「相関図」と呼ばれることもある。

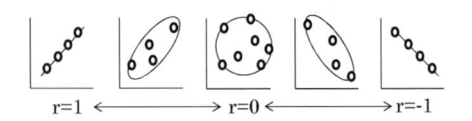

図 4.2　相関係数 r の値

x と y をそれぞれ x_i, y_i と表記すれば $(i = 1, \ldots, n)$，その値は

$$r = \frac{(n-1)^{-1} \sum_{i=1}^{n}(x_i - \bar{x})(y_i - \bar{y})}{\sqrt{(n-1)^{-1} \sum_{i=1}^{n}(x_i - \bar{x})^2} \sqrt{(n-1)^{-1} \sum_{i=1}^{n}(y_i - \bar{y})^2}}$$
$$= \frac{\sum_i (x_i - \bar{x})(y_i - \bar{y})}{\sqrt{\sum_i (x_i - \bar{x})^2} \sqrt{\sum_i (y_i - \bar{y})^2}} \tag{4.1}$$

で算出される．特に，この r は**標本相関係数**である．なお，これを順位相関係数（4.2.3項参照）と区別する際などに，ピアソン（Pearson）の**積率相関係数**（product-moment correlation coefficient）と呼ぶことがある．

r の最大値は 1，最小値は -1 である（すなわち，$-1 \leq r \leq 1$）．$r = 1$ は最も強い正の相関を意味し，この際には，データが「右上がりの」直線上に並ぶ．一方，各点が「左上がりの」直線上に並んだ場合，すなわち x が増加（減少）すれば y が減少（増加）する場合，$r = -1$ となり，最も強い負の（negative）相関となる．また，$r = 0$ は，**無相関**を示す．相関係数の値とデータの散らばりとのおおよその関係は図 4.2 のようになる．

相関係数の大きさの解釈はそれほど容易ではないが，目安としては，

- 1.0〜0.7（-0.7〜-1.0）：強い正（負）の相関がある
- 0.7〜0.4（-0.4〜-0.7）：かなり正（負）の相関がある
- 0.4〜0.0（0.0〜-0.4）：弱い相関がある，もしくはほとんど相関がない

くらいではないかと思われる（特に理論的な根拠はない）．参考として，$r = 0.4$ および $r = 0.7$ の散布図の例を図 4.3 に示す．

ただし，相関係数の値だけで 2 つの変数間の関連の程度を即断するのは危険であり，上で述べたように，散布図でそれらの関係を視覚的に把握しておくことが望ましい．例えば，1 つの外れ値（または異常値）の存在で，相関係数の値が大きく変化する場合がある．図 4.4(a) では，右上の外れ値がなければ，相関係数は 0.056 であるのに対して，外れ値を含めると，その値は 0.746

(a) $r = 0.4$ の散布図の例　　　(b) $r = 0.7$ の散布図の例

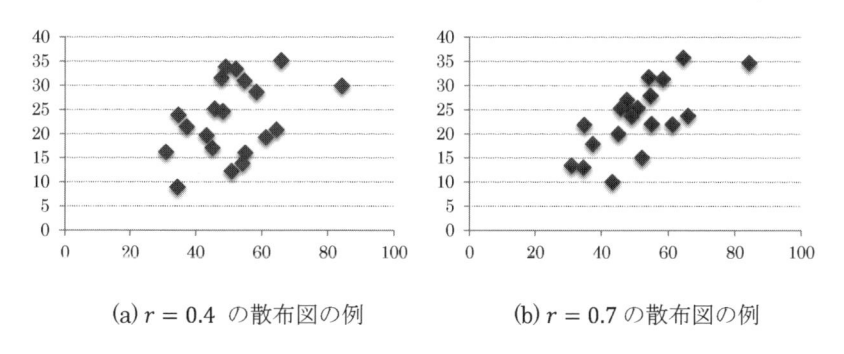

図 4.3　散布図の例：その 2

にまで増加する。一方，図 4.4(b) で左上の外れ値がなければ相関係数は 0.731 となり，強い正の相関を示すのに対して，外れ値が加わると −0.133 であり，負の相関が示唆される。これらが実際に外れ値であるかどうかは状況に依存する。散布図上でこの種の値が発見された際には，データ収集の手続き等を慎重に見直して，標本に含めるかどうかを検討しなければならない。

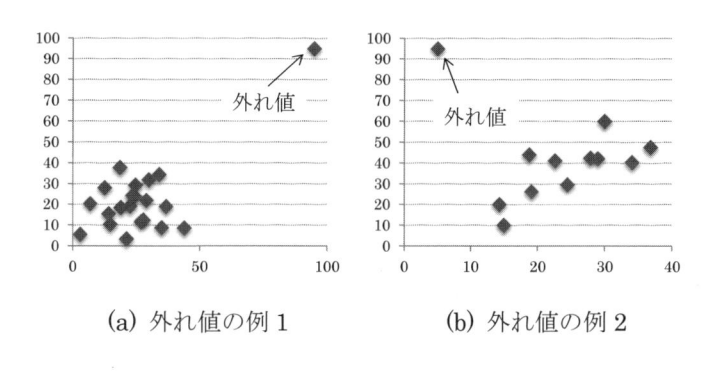

(a) 外れ値の例 1　　　(b) 外れ値の例 2

図 4.4　散布図の例：その 3

4.2.2　相関係数に関する補足

一般に，母集団における**共分散**（covariance）を

$$Cov(x, y) = E\left((x - E(x))(y - E(y))\right) \tag{4.2}$$

で定義する。この $Cov(x,y)$ の推定量は，通常，

$$cov(x,y) = \frac{1}{n-1} \sum_{i=1}^{n} (x_i - \bar{x})(y_i - \bar{y}) \tag{4.3}$$

で計算され，**標本共分散**と呼ばれる。なお，$\sum_i (x_i - \bar{x})(y_i - \bar{y}) = \sum_i x_i y_i - \bar{y} \sum_i x_i - \bar{x} \sum_i y_i + n\bar{x}\bar{y}$ であるから，(2.17) 式と同様に，

$$cov(x,y) = \frac{1}{n-1} \left(\sum_{i=1}^{n} x_i y_i - n\bar{x}\bar{y} \right) \tag{4.4}$$

として，標本共分散を求めることもできる[2]。

標本共分散を使えば，標本相関係数は

$$r = cov(x,y)/(s_x s_y) \tag{4.5}$$

と書ける。(4.1) 式から明らかなように，s_x と s_y はそれぞれ，x の標本標準偏差，y の標本標準偏差を意味する。一方，変数 x および y の母集団における標準偏差をそれぞれ σ_x，σ_y で表せば，母集団の相関係数 ρ は (4.5) 式と同様に，

$$\rho = Cov(x,y)/(\sigma_x \sigma_y) \tag{4.6}$$

で定義される。これらの式から分かるように，共分散が 0 ならば，相関係数も 0 である（無相関）。もしそうでなければ，変数 x と y との間には**共変動** (covariation) が存在することになる。

ここで，x と y が正規分布に従うと仮定し，それぞれの確率密度関数を $f_p(x)$，$f_p(y)$ と表記する。この場合，x と y との同時確率分布は，**2 変量正規分布**となり，その確率密度関数は，μ_x と μ_y をそれぞれ x と y の母平均とすると，

$$\begin{aligned} f_p(x,y) &= \frac{1}{2\pi\sigma_x\sigma_y\sqrt{1-\rho^2}} \exp\left(-\frac{1}{2(1-\rho^2)} \right. \\ &\left. \left(\left(\frac{x-\mu_x}{\sigma_x}\right)^2 - 2\rho\frac{x-\mu_x}{\sigma_x}\frac{y-\mu_y}{\sigma_y} + \left(\frac{y-\mu_y}{\sigma_y}\right)^2 \right) \right) \end{aligned} \tag{4.7}$$

---

[2] これらの式を使えば，プログラムで標本分散や標本共分散を計算する際に，「for ループ」（$\sum$ に相当）を 1 度回すだけで済む（平均の計算に必要な x_i や y_i の合計を求める for ループの中で，x_i^2 や y_i^2，$x_i y_i$ の合計も併せて計算してしまえば良い）。

と書ける。式中の μ_x, μ_y, σ_x, σ_y, ρ がパラメータで，ρ は (4.6) 式の母集団相関係数である。もし $\rho = 0$（すなわち $Cov(x,y) = 0$）ならば，ρ を含んだ項が消えて，

$$f_p(x,y) = \frac{1}{\sqrt{2\pi}\sigma_x} \exp\left(-\frac{1}{2}\left(\frac{x-\mu_x}{\sigma_x}\right)^2\right)$$
$$\times \frac{1}{\sqrt{2\pi}\sigma_y} \exp\left(-\frac{1}{2}\left(\frac{y-\mu_y}{\sigma_y}\right)^2\right) = f_p(x)f_p(y) \quad (4.8)$$

と分解できる。これは x と y とが正規分布に従い，なおかつ母集団相関係数が 0 ならば，x と y は統計的に独立であることを意味している。なお，他の分布では，$\rho = 0$ であっても，2 つの変数が必ずしも統計的に独立になるとは限らない。

さらに，2 変量正規母集団から無作為抽出したサイズ n の標本から標本相関係数 r を計算した場合，もし $\rho = 0$ ならば，統計量

$$t = \frac{r\sqrt{n-2}}{\sqrt{1-r^2}} \quad (4.9)$$

は，自由度 $n-2$ の t 分布に従う（岩田 (1983) [4] の p.241〜242 を参照）。したがって，x と y とが正規分布に従うならば，標本相関係数 r を使って，帰無仮説 $H_0 : \rho = 0$ に対する検定を行うことができる。

なお，図書館情報学分野でもこの検定がよく利用されているが，3.1.4 項で述べたように，大きな標本に対して，$\rho = 0$ を棄却することにどれだけの意味があるのかを慎重に検討すべきである。特に，相関係数の場合，$\rho = 0$ を棄却できたからといって直ちに 2 つの変数に関連があると結論するのは性急で，例えば，図 4.3 に示されているように，たとえ相関係数が 0.4 であっても，関連の程度が十分に大きいとは限らない。ρ が 0 でない場合の検定については，岩田 (1983) [4] の p.242 などに説明がある。

4.2.3 順位相関係数

2 つの変数間の関連を分析する際に，それらの値 $\{x_1, \ldots, x_n\}$ と $\{y_1, \ldots, y_n\}$ を直接使うのではなく，それぞれの変数内で各個体の順位を求め，それに基づ

いて相関係数を計算することがある．これは**順位相関係数**（rank correlation）と呼ばれ，ノンパラメトリックな分析法（3.4 節参照）の 1 つとして位置付けられる．ここでは，i 番目の個体のそれぞれの値の順位を対にしたもの（順位対）を (r_i, s_i) と表記する．例えば，x_2 が x の値の中で 4 番目，y_2 が y の値の中で 6 番目ならば，$r_2 = 4$，$s_2 = 6$ で，その順位対は $(4, 6)$ となる．2 つの変数間に関連があれば，それぞれでの個体の順位も当然，類似したものとなるはずである．

例えば，スピアマンによる順位相関係数（「**スピアマンのロー**（Spearman's ρ）」とも呼ばれる）は，基本的に，

$$\rho' = \frac{\sum_{i<j}(r_i - r_j)(s_i - s_j)}{\sqrt{\sum_{i<j}(r_i - r_j)^2}\sqrt{\sum_{i<j}(s_i - s_j)^2}} \tag{4.10}$$

で定義される（上記の母集団相関係数と区別するために，ここでは ρ' と表記する）．総和の範囲が $i < j$ になっているのは，例えば，「(r_1, s_1) と (r_2, s_2)」の比較と「(r_2, s_2) と (r_1, s_1)」の比較とは同じ結果を与えるので，どちらか一方のみを計算に含めれば十分なためである．なお，この場合の順序対の組（ペア）の総数は，n 個のものから 2 個を選ぶ際の組み合わせの数なので，(1.5) 式より $n(n-1)/2$ となる．

式の形から分かるように，スピアマンのローは，ピアソンの積率相関係数 (4.1) 式中の x_i と y_i をそれぞれの順位の差で置き換えたものに相当する．この ρ' は，同順位がなければ，簡単に

$$\rho' = 1 - \frac{6}{n(n^2-1)}\sum_{i=1}^{n}(r_i - s_i)^2 \tag{4.11}$$

で求めることができる（竹内 (1989) [28] の p.339 を参照）．

一方，ケンドールによる順位相関係数（「**ケンドールのタウ**（Kendall's τ）」とも呼ばれる）では，$r_i - r_j$ および $s_i - s_j$ がそれぞれ，正になるのか（j 番目が上位の場合），あるいは負になるのか（i 番目が上位の場合）に基づいて計算がなされる．ここで，$\mathrm{sgn}(z)$ を $z > 0$ ならば $+1$，$z < 0$ ならば -1 を返す関数とすれば（同順位の場合には 0），ケンドールのタウは，

$$\tau = \frac{\sum_{i<j}\mathrm{sgn}(r_i - r_j)\mathrm{sgn}(s_i - s_j)}{\sqrt{\sum_{i<j}\mathrm{sgn}^2(r_i - r_j)}\sqrt{\sum_{i<j}\mathrm{sgn}^2(s_i - s_j)}} \tag{4.12}$$

表 4.1 館内利用回数と館外貸出回数のデータ

NDC	館内利用	館外貸出	NDC	館内利用	館外貸出
0	43	107	5	16	16
1	119	155	6	3	1
2	128	125	7	19	41
3	123	188	8	135	264
4	58	55	9	206	347

出典:岸田ほか (1995) [10]

で定義される.実際には,$\mathrm{sgn}(r_i - r_j)\mathrm{sgn}(s_i - s_j) = 1$ の個数(順位の大小関係が同じ場合の数)を A,$\mathrm{sgn}(r_i - r_j)\mathrm{sgn}(s_i - s_j) = -1$ の個数(順位の大小関係が異なる場合の数)を B として,もし同順位がなければ,上記の τ は

$$\tau = (A - B)/(n(n - 1)/2) \qquad (4.13)$$

によって算出できる(竹内 (1989) [28] の p.338 を参照).

表 4.1 は,ある大学図書館における一定期間の館内利用回数と館外貸出回数のデータで,各図書の NDC(日本十進分類法)番号の最上位 1 桁別にそれぞれの回数を集計した結果である[3].このデータに対して,各相関係数を計算すると,$r = 0.940$(ピアソン),$\rho' = 0.952$(スピアマン),$\tau = 0.867$(ケンドール)となる[4].ただし,このデータは連続変量としてそのまま扱うことができるので,実際には,通常の積率相関係数(ピアソン)のみで十分だと考えられる.順位相関係数は,データを連続変量として解釈するには何らかの問題があって,個体間の値の大小関係にのみ着目したほうが良い場合に利用される.

---

[3]出典は岸田ほか (1995) [10] の表 9.なお,この館内利用データは,館内閲覧した資料を直接書架に戻さずに,返本台に置くように利用者に協力を依頼し,その返本台に溜まった図書を記録した結果である.
[4]統計ソフトウェア R の cor 関数を用いた.

4.3 回帰分析

4.3.1 回帰係数の推定

既に述べたように，データが完全に直線上に並べば，相関係数 r は 1 または -1 となる．直線の式は $y = a + bx$ であるから，$-1 < r < 1$ の場合でも，$|r|$ の値がある程度大きければ，**残差**（residual）ϵ を追加して，

$$y = a + bx + \epsilon \tag{4.14}$$

により，データのプロットを近似できる．(4.14) 式は**回帰式**（regression equation）の一種であり，特に**回帰直線**と呼ばれる[5]．この回帰式を使えば，任意の x の値 x_0 から y の値を $a + bx_0$ によって**予測**することが可能となる．この際，x は**説明変数**または**独立変数**（dependent variable），y は**被説明変数**，**従属変数**（independent variable）などと称される．この種の回帰式に基づく分析が**回帰分析**（regression analysis）である．

回帰式による予測には，

1. パラメータ a と b とをいかに決めるか
2. 近似の精度をいかに測るか

の 2 つの問題がある．特にパラメータ a と b は**回帰係数**（regression coefficient）と呼ばれ，これを決める際には，**最小 2 乗法**（least square method）が幅広く用いられている．

この方法では，残差の 2 乗に着目する．これは，(4.14) 式より，

$$\epsilon^2 = (y - a - bx)^2 \tag{4.15}$$

であり，さらに，データ $\{x_1, \ldots, x_n\}$ および $\{y_1, \ldots, y_n\}$ に対して，n 個の残差の平方和を

$$S = \sum_{i=1}^{n} \epsilon_i^2 = \sum_{i=1}^{n}(y_i - a - bx_i)^2 \tag{4.16}$$

と定義できる．ここで ϵ_i は x_i による予測値の残差を意味し，この S は「観測値と予測値との差の平方和」ということになる．

---

[5] 図書館情報学分野ではそのほか，指数曲線 $y = ae^{bx}$ が使われることがある (7.1.2 項参照)．ただし，両辺の対数をとれば，$\log y = \log a + bx$ なので，データ変換により回帰直線として取り扱うことができる．

4.3 回帰分析

この場合の残差は図 4.5 に示したように，データと回帰直線との間に，y 軸と平行な線を引いたときのその長さに相当し，それらの平方和が S である。例えば，回帰直線と直角に交わるようにデータから線を引くことも考えられるが，(4.15) 式では，y 軸に平行な線によって残差が定義されている。

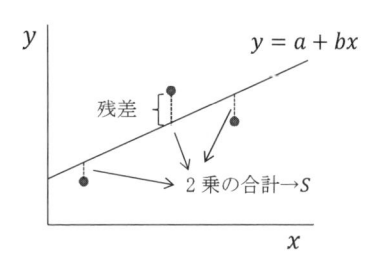

図 4.5 最小 2 乗法

S が最小となるような a と b を求めるには，a と b で S をそれぞれ偏微分し，それらを 0 と置いた方程式を解けば良い。項別微分になるため，i ごとに微分して，事後的に足し合わせれば，S の微分を計算できる。$g_i = \epsilon_i^2$ と置くと，例えば a での偏微分は，合成微分として，$\partial g_i/\partial a = (\partial g_i/\partial \epsilon_i) \times (\partial \epsilon_i/\partial a)$ で求められるから，$\partial g_i/\partial \epsilon_i = 2\epsilon_i$ と $\partial \epsilon_i/\partial a = \partial(y_i - a - bx_i)/\partial a = -1$ より，$\partial g_i/\partial a = -2\epsilon_i = -2(y_i - a - bx_i)$ を得る。したがって，解くべき方程式の 1 つは

$$\frac{\partial S}{\partial a} = -2\sum_{i=1}^n (y_i - a - bx_i) = 0 \tag{4.17}$$

である。-2 は消去でき，結局，$\sum_i y_i - \sum_i a - b\sum_i x_i = 0$ なので，$\sum_i a = na$ に注意すれば，最終的に，$a = \bar{y} - b\bar{x}$ が導かれる。

一方，$\partial g_i/\partial b = -2(y_i - a - bx_i)x_i$ であるから，もう 1 つの方程式は，

$$\frac{\partial S}{\partial b} = -2\sum_{i=1}^n (y_i - a - bx_i)x_i = 0 \tag{4.18}$$

より，$\sum_i x_i y_i - a\sum_i x_i - b\sum_i x_i^2 = 0$ となるが，既に得られている $a = \bar{y} - b\bar{x}$ を代入して整理すれば，

$$\sum_i x_i y_i - \bar{y}\sum_i x_i - b\left(\sum_i x_i^2 - \bar{x}\sum_i x_i\right) = 0 \tag{4.19}$$

と変形できる。さらに両辺を n で割れば，

$$\frac{1}{n}\sum_i x_i y_i - \bar{x}\bar{y} - b\left(\frac{1}{n}\sum_i x_i^2 - \bar{x}^2\right) = 0 \tag{4.20}$$

を得る。ここで，(2.17) 式や (4.4) 式を導いたのと同じ手順で，

$$\begin{aligned}\frac{1}{n}\sum_i (x_i - \bar{x})(y_i - \bar{y}) &= \frac{1}{n}\sum_i x_i y_i - \bar{x}\frac{1}{n}\sum_i y_i - \bar{y}\frac{1}{n}\sum_i x_i + \frac{1}{n}\sum_i \bar{x}\bar{y} \\ &= \frac{1}{n}\sum_i x_i y_i - \bar{x}\bar{y}\end{aligned} \tag{4.21}$$

および，

$$\frac{1}{n}\sum_i (x_i - \bar{x})^2 = \frac{1}{n}\sum_i x_i^2 - 2\bar{x}\frac{1}{n}\sum_i x_i + \frac{1}{n}\sum_i \bar{x}^2 = \frac{1}{n}\sum_i x_i^2 - \bar{x}^2 \tag{4.22}$$

が成り立つので，これらの最左辺を使って (4.20) 式を書き直し，b について解けば，最終的に

$$\hat{b} = \frac{n^{-1}\sum_{i=1}^n (x_i - \bar{x})(y_i - \bar{y})}{n^{-1}\sum_{i=1}^n (x_i - \bar{x})^2} = \frac{\sum_{i=1}^n (x_i - \bar{x})(y_i - \bar{y})}{\sum_{i=1}^n (x_i - \bar{x})^2} \tag{4.23}$$

が導かれる（推定量であることを明示するため，$\hat{b}$ と表記する）。

以上の議論により，$\hat{b}$ を算出した上で，

$$\hat{a} = \bar{y} - \hat{b}\bar{x} \tag{4.24}$$

とすれば，最小 2 乗法により回帰係数を推定したことになる。なお，(4.23) 式の最右辺の分子と分母を $n-1$ で割れば，

$$\hat{b} = cov(x, y)/s_x^2 \tag{4.25}$$

と書き表すこともできる。さらに，標本相関係数の定義式 (4.5) より，相関係数と最小 2 乗法による回帰係数とは，

$$\hat{b} = rs_y/s_x \tag{4.26}$$

の関係にある。

4.3.2 決定係数

一方，上で挙げたもう 1 つの問題である「近似の精度をいかに測るか」については，「観測値 y の分散のうち予測値 $\hat{y} = \hat{a} + \hat{b}x$ が説明している割合」をその指標として用いることが考えられる。これは，観測値とその平均との差の平方和が，

$$\sum_{i=1}^{n}(y_i - \bar{y})^2 = \sum_{i=1}^{n}(\hat{y}_i - \bar{y})^2 + \sum_{i=1}^{n}\hat{\epsilon}_i^2 \qquad (4.27)$$

のように分解できるためである（後述）。ここで，右辺第 1 項は「予測値 $\hat{y}_i = \hat{a} + \hat{b}x_i$ と観測値の平均との差」の平方和，第 2 項は残差 $\hat{\epsilon}_i = y_i - \hat{a} - \hat{b}x_i$ の平方和になっている。(4.27) 式の左辺に対する右辺第 1 項の比を**決定係数** (coefficient of determination) と呼び，ここでは r^2 と表記しておく。すなわち，

$$r^2 = \frac{\sum_{i=1}^{n}(\hat{y}_i - \bar{y})^2}{\sum_{i=1}^{n}(y_i - \bar{y})^2} \qquad (4.28)$$

であり，この r^2 が「データへの回帰式のあてはまりの良さ」を測定する指標として，よく利用されている。

(4.27) 式の残差平方和（右辺第 2 項）は負の値にはならないため，$0 \leq r^2 \leq 1$ であり，データが直線上に完全に並べば，すべての残差が 0 なので，$r^2 = 1$ となる。また，r^2 という記号が示しているように，決定係数は標本相関係数の 2 乗に相当する。実際，(4.24) 式を参照すれば，

$$\hat{y}_i - \bar{y} = (\hat{a} + \hat{b}x_i) - (\hat{a} + \hat{b}\bar{x}) = \hat{b}(x_i - \bar{x}) \qquad (4.29)$$

なので，決定係数の分子を $\hat{b}^2 \sum_i (x_i - \bar{x})^2$ と書き表すことができ，ここに $\hat{b}$ の計算式 (4.23) の最右辺を代入して (4.28) 式に戻せば，

$$r^2 = \frac{(\sum_i (x_i - \bar{x})(y_i - \bar{y}))^2}{\sum_i (x_i - \bar{x})^2 \sum_i (y_i - \bar{y})^2} \qquad (4.30)$$

を得る。この式の右辺はちょうど標本相関係数の定義式 (4.1) の 2 乗になっている。

なお，5.2 節で説明する重回帰分析では，決定係数を R^2 と表記することが多い。そのため，図書館情報学の文献では，「決定係数を R^2 で表す」という説

明なしに，この記号が使われる場合もあり，注意を要する．また，(4.27) 式が成り立つことは次のように示される．まず，

$$\sum_i (y_i - \bar{y})^2 = \sum_i ((y_i - \hat{y}_i) + (\hat{y}_i - \bar{y}))^2 = \sum_i (\hat{\epsilon}_i + (\hat{y}_i - \bar{y}))^2 \quad (4.31)$$

より，

$$\sum_i (y_i - \bar{y})^2 = \sum_i \hat{\epsilon}_i^2 + 2\sum_i \hat{\epsilon}_i(\hat{y}_i - \bar{y}) + \sum_i (\hat{y}_i - \bar{y})^2 \quad (4.32)$$

を得る．ここで右辺第 2 項は 0 となって消える．なぜなら，

$$\sum_i \hat{\epsilon}_i(\hat{y}_i - \bar{y}) = \sum_i \hat{\epsilon}_i \left((\hat{a} + \hat{b}x_i) - (\hat{a} + \hat{b}\bar{x})\right) = \hat{b}\sum_i \hat{\epsilon}_i x_i - \bar{x}\hat{b}\sum_i \hat{\epsilon}_i \quad (4.33)$$

と変形されるが，$\hat{a}$ と $\hat{b}$ は (4.17) 式と (4.18) 式の条件を満たすため，$\sum_i \hat{\epsilon}_i = \sum_i (y_i - \hat{a} - \hat{b}x_i) = 0$，$\sum_i \hat{\epsilon}_i x_i = \sum_i (y_i - \hat{a} - \hat{b}x_i)x_i = 0$ となるからである．(4.32) 式の右辺第 2 項が消えれば，(4.27) 式に一致する．

表 4.1 のデータに回帰直線をあてはめた例を図 4.6(a) に示す．ここでは，独立変数を館外貸出回数，従属変数を館内利用回数とし ($n = 10$)，その結果，最小 2 乗法で推定された回帰係数は $\hat{a} = -4.4534$, $\hat{b} = 1.5806$, 決定係数は 0.88 であった（図 4.6(b) については後述）．

4.3.3　単純回帰モデル

図 4.6(a) はデータに対して回帰直線を単にあてはめた結果に過ぎない．もし館外貸出回数 x からの館内利用回数 y の予測を考えるならば，もう少し精密な「モデル」を考える必要がある．

館外貸出回数 x は，貸出処理記録から正確に集計できるのに対して，館内利用回数を標本調査で把握しようとすれば，標本誤差が生じることになる (2.1 節参照)．仮に全数調査を実施できたとしても，館外貸出回数と館内利用回数には厳密な因果関係が成立するわけではないので，偶然の変動による誤差が混入せざるを得ない．そのため回帰式中の残差は，これらの誤差に影響を受けることになるが，それらが系統的なものでなければ，各 ϵ_i を確率変数と見なして (2.2.2 項参照)，

$$E(\epsilon_i) = 0, \quad i = 1, \ldots, n \quad (4.34)$$

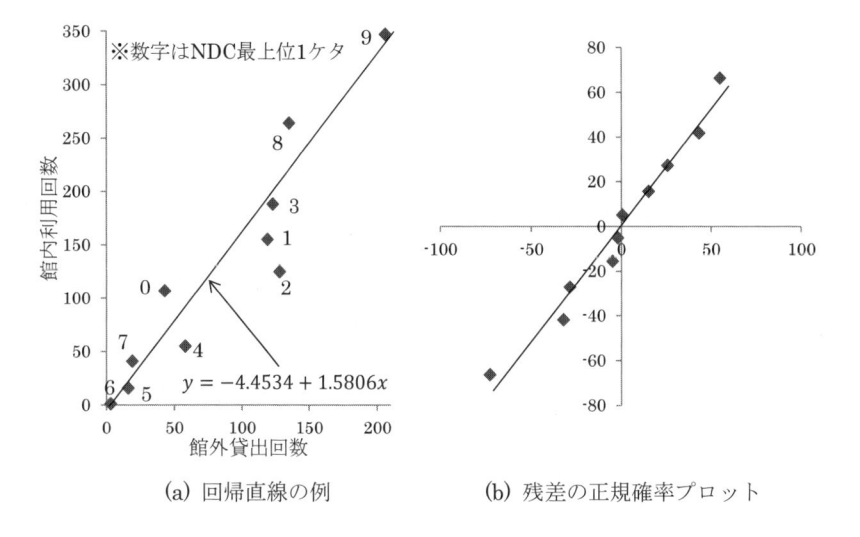

(a) 回帰直線の例   (b) 残差の正規確率プロット

図 4.6 回帰分析の例

が成立すると考えられる。

一方，残差の分散については，$E(\epsilon_i) = 0$ より，$V(\epsilon_i) = E((\epsilon_i - E(\epsilon_i))^2) = E(\epsilon_i^2)$ となり，ここではこの大きさが $i = 1, \ldots, n$（すべての主題分野）で同一であると仮定する。すなわち，これを σ^2 と表記して，

$$V(\epsilon_i) = E(\epsilon_i^2) = \sigma^2, \quad i = 1, \ldots, n \tag{4.35}$$

と置く。さらに，$\epsilon_1, \epsilon_2, \ldots, \epsilon_n$ が統計的に独立とすれば，これは典型的な**回帰モデル**（regression model）であり，特にこの場合には，回帰直線 $y_i = a + bx_i + \epsilon_i$ を想定するので，**線型回帰モデル**（linear regression model）と呼ばれる。通常，独立変数 x_i $(i = 1, \ldots, n)$ は，館外貸出回数の例が示すように，誤差を含まない（すなわち確率変数ではない）と考える[6]。なお，4.3.4 項で説明す

---

[6] 独立変数が確率変数でも，残差と統計的に独立であれば，後述する回帰係数の推定量の不偏性などの一部の結果は成立するが，これについては本書の範囲外とする。ただし，独立変数の測定に誤差が含まれていて，確率変数と見なさざるを得ない場合，直ちに回帰分析を使ってはならないというわけではない。本節で説明するいくつかの事柄が数学的に成立しなくなるだけである。例えば，回帰係数の推定の精度が実際よりも悪くなるかもしれず，その点に留意して回帰分析を進め，「慎重」な結論を導けば良い（もちろん，測定誤差があまりに大きな変数を使用するのは危険である。6.3.4 項参照）。また，確証的因子分析の測定モデル（5.4.5 項参照）では，明示的に，独立変数の測定に誤差を設定する。

るように，ϵ_i が正規分布に従うという仮定を加えた場合には「正規回帰モデル」となるため，それに対して，ここでのモデルは，**単純回帰モデル**と称されることがある。

このモデルの下では，最小 2 乗法による推定値 $\hat{a}$ と $\hat{b}$ の平均はそれぞれ，$E(\hat{a}) = a$，$E(\hat{b}) = b$ となるので（後述），$\hat{a}$, $\hat{b}$ は両方とも不偏推定量である。また，これらの分散は

$$\sigma_{\hat{a}}^2 \equiv E((\hat{a} - E(\hat{a}))^2) = \left(\frac{1}{n} + \frac{\bar{x}^2}{\sum_i (x_i - \bar{x})}\right)\sigma^2 \tag{4.36}$$

および

$$\sigma_{\hat{b}}^2 \equiv E((\hat{b} - E(\hat{b}))^2) = \frac{\sigma^2}{\sum_i (x_i - \bar{x})^2} \tag{4.37}$$

と書ける（後述）。$\hat{a}$, $\hat{b}$ の分散にはともに σ^2 が含まれており，これが大きくなるほど，$\sigma_{\hat{a}}^2$ と $\sigma_{\hat{b}}^2$ の値が増加する。つまり，残差の母分散が大きければ，パラメータ推定の精度は下がってしまい，当然，予測の精度も落ちることになる（これはある意味，当然である）。

(4.36) 式および (4.37) 式の形から明らかなように，標本から残差の母分散 σ^2 を推定して，これらの式に代入すれば，$\sigma_{\hat{a}}^2$ と $\sigma_{\hat{b}}^2$ の推定値を得ることができる。通常，この σ^2 の不偏推定量として，標本における残差平方和を $n - 2$ で割ったもの，すなわち，

$$\hat{\sigma}^2 = \frac{1}{n-2}\sum_{i=1}^n \hat{\epsilon}_i^2 = \frac{1}{n-2}\sum_{i=1}^n (y_i - \hat{a} - \hat{b}x_i)^2 \tag{4.38}$$

が使われる（岩田 (1983) [4] の p.210〜211 を参照）。これをそのまま (4.36) 式および (4.37) 式に代入して得られる $\hat{\sigma}_{\hat{a}}^2$ と $\hat{\sigma}_{\hat{b}}^2$ は，それぞれ $\sigma_{\hat{a}}^2$ と $\sigma_{\hat{b}}^2$ の不偏推定量であり[7]，$\hat{\sigma}_{\hat{a}}$ と $\hat{\sigma}_{\hat{b}}$ は，回帰係数の推定量の**標準誤差**に相当する[8]。例えば，ここでの回帰モデルに基づけば，上記の図 4.6(a) の場合，これらの標準誤差は，それぞれ，$\hat{\sigma}_{\hat{a}} = 21.39$ および $\hat{\sigma}_{\hat{b}} = 0.20$ である（また，$\hat{\sigma} = 40.35$）。もちろん，予測の精度の点では，これらの値が小さいほど良い。

実際，(4.36) 式と (4.37) 式は次のように導かれる。$y_i - \bar{y} = (a + bx_i + \epsilon_i) - (a + b\bar{x} + \bar{\epsilon}) = b(x_i - \bar{x}) + (\epsilon_i - \bar{\epsilon})$ なので，これを (4.23) 式の最右辺に代入

---

[7] 例えば，$E(\hat{\sigma}_{\hat{b}}^2) = E(\hat{\sigma}^2 / \sum_i (x_i - \bar{x})^2) = E(\hat{\sigma}^2) / \sum_i (x_i - \bar{x})^2 = \sigma^2 / \sum_i (x_i - \bar{x})^2 = \sigma_{\hat{b}}^2$.
[8] $\hat{\sigma}$ も標準誤差の一種であり，MS Excel の分析ツールでも，回帰分析を実行すると，$\hat{\sigma}$ と，$\hat{\sigma}_{\hat{a}}$ および $\hat{\sigma}_{\hat{b}}$ との 2 種類の「標準誤差」を出力する。

すれば，

$$\hat{b} = \frac{\sum_{i=1}^n (x_i - \bar{x})(b(x_i - \bar{x}) + (\epsilon_i - \bar{\epsilon}))}{\sum_{i=1}^n (x_i - \bar{x})^2} = b + \frac{\sum_{i=1}^n (x_i - \bar{x})(\epsilon_i - \bar{\epsilon})}{\sum_{i=1}^n (x_i - \bar{x})^2} \quad (4.39)$$

となり，$\sum_i (x_i - \bar{x})\bar{\epsilon} = \sum_i x_i \bar{\epsilon} - \sum_i \bar{x}\bar{\epsilon} = 0$ に注意すれば，$A_i = (x_i - \bar{x})/\sum_i (x_i - \bar{x})^2$ と置いて $(i = 1, \ldots, n)$，

$$\hat{b} = b + \frac{\sum_{i=1}^n (x_i - \bar{x})\epsilon_i}{\sum_{i=1}^n (x_i - \bar{x})^2} = b + \sum_{i=1}^n A_i \epsilon_i \quad (4.40)$$

と変形できる．したがって，回帰モデルの仮定 (4.34) 式より，$E(\hat{b}) = b + \sum_i A_i E(\epsilon_i) = b$ を得る[9]．さらにこの結果を使えば，(4.24) 式より，$E(\hat{a}) = E(\bar{y} - \hat{b}\bar{x}) = E(\bar{y}) - E(\hat{b}\bar{x}) = E(a + b\bar{x} + \bar{\epsilon}) - E(\hat{b}\bar{x}) = a + b\bar{x} - b\bar{x} = a$ となる．

次に，(4.40) 式を用いれば，

$$E((\hat{b} - b)^2) = E\left(\left(\sum_{i=1}^n A_i \epsilon_i\right)^2\right) = \sum_{i=1}^n \sum_{j=1}^n A_i A_j E(\epsilon_i \epsilon_j) \quad (4.41)$$

と書けるが，$\epsilon_1, \ldots, \epsilon_n$ は統計的に独立と仮定しているので，$i \neq j$ ならば $E(\epsilon_i \epsilon_j) = E(\epsilon_i) E(\epsilon_j) = 0$ である．一方，$i = j$ の場合には，(4.35) 式より，$E(\epsilon_i^2) = \sigma^2$ なので，

$$\sigma_{\hat{b}}^2 = E((\hat{b} - b)^2) = \sum_i A_i^2 E(\epsilon_i^2) = \sum_i A_i^2 \sigma^2 = \frac{\sum_i (x_i - \bar{x})^2}{(\sum_i (x_i - \bar{x})^2)^2} \sigma^2 \quad (4.42)$$

のように整理でき，(4.37) 式が成り立つ[10]．

最後に，(4.24) 式より $\hat{a} - a = \bar{y} - \hat{b}\bar{x} - a$ であるが，これに $\bar{y} = a + b\bar{x} + \bar{\epsilon}$ を代入すれば，a が消えて，$(b - \hat{b})\bar{x} + \bar{\epsilon}$ となる．したがって，$\hat{a}$ の分散は

$$\begin{aligned} E((\hat{a} - a)^2) &= E((b - \hat{b})^2 \bar{x}^2 - 2(\hat{b} - b)\bar{x}\bar{\epsilon} + \bar{\epsilon}^2) \\ &= E((\hat{b} - b)^2 \bar{x}^2) - 2E((\hat{b} - b)\bar{x}\bar{\epsilon}) + E(\bar{\epsilon}^2) \end{aligned} \quad (4.43)$$

---

[9] 仮定により，x は確率変数ではなく，期待値を計算する際に定数として扱えることに注意．
[10] 例えば $n = 2$ ならば $(\sum_i x_i)^2 = (x_1 + x_2)^2 = x_1^2 + 2x_1 x_2 + x_2^2 = \sum_i \sum_j x_i x_j$ と書ける．ここで期待値を計算して，もし $E(x_1 x_2) = 0$ となれば，2 乗の項だけが残る．

から求めれば良い。最右辺第 1 項は $\sigma_b^2 \bar{x}^2$，第 3 項は残差 ϵ_i の標本平均の分散なので，再び (4.35) 式を使って，σ^2/n である。第 2 項は 0 となって消えるので[11]，第 1 項の σ_b^2 に (4.37) 式を使えば，最終的に (4.36) 式を得る。

4.3.4 正規回帰モデル

(1) 正規回帰モデルに基づく推定と検定

回帰係数の推定量の標準誤差 (4.36) 式および (4.37) 式は，回帰式による予測の精度を考える上で重要である（すなわち，標準誤差が小さいことが望ましい）。さらに，残差 ϵ_i が正規分布に従うという仮定を加えると，種々の統計的な推測が可能になる。このモデルを**正規回帰モデル**（normal regression model）と呼ぶ。

本書では，正規回帰モデルとして，

- 残差 $\epsilon_1, \epsilon_2, \ldots, \epsilon_n$ は，互いに独立に平均 0，分散 σ^2 の正規分布に従う

のみを仮定する。これは，前項の単純回帰モデルに沿いつつ，正規分布の仮定のみを追加した最も簡単なモデルである。

回帰式は同様に $y_i = a + bx_i + \epsilon_i$ であり，なおかつ，独立変数 x は確率変数ではなく，統計的な計算の際に定数として扱えるため，左辺の y もそのまま正規分布に従う。そしてこれにより，さらに，最小 2 乗法で推定された回帰係数について，(4.36) 式と (4.37) 式の分散に基づき，

- $\hat{a}$ は平均 a，分散 $\sigma_{\hat{a}}^2$ の正規分布
- $\hat{b}$ は平均 b，分散 $\sigma_{\hat{b}}^2$ の正規分布

に従うことが導かれる[12]。それに加えて，

- $\sum_{i=1}^{n} \hat{\epsilon}_i^2 / \sigma^2$ が自由度 $n - 2$ の χ^2 分布に従う

---

[11] (4.40) 式を使えば $(\hat{b}-b)\bar{x}\bar{\epsilon} = (\sum_i A_i \epsilon_i)\bar{x}(\sum_i \epsilon_i/n) = (\bar{x}/n)(\sum_i A_i \epsilon_i)(\sum_i \epsilon_i)$。2 つの Σ の掛算は，$\sum_i \sum_j A_i \epsilon_i \epsilon_j$ なので，$E((\hat{b}-b)\bar{x}\bar{\epsilon}) = (\bar{x}/n) \sum_i \sum_j A_i E(\epsilon_i \epsilon_j)$。$\epsilon_1, \ldots, \epsilon_n$ が統計的に独立であることを使い，同時に A_i を元に戻すと，この式の右辺は結局，$(\bar{x}\sigma^2/n) \sum_i ((x_i - \bar{x})/\sum_i (x_i - \bar{x})^2)$ となる。この式中で，$\sum_i (x_i - \bar{x})$ は 0 なので，$E((\hat{b} - b)\bar{x}\bar{\epsilon}) = 0$ が導かれる。

[12] 詳細については，岩田 (1983) [4] の p.406 などを参照。

という命題も成り立つ.

2.3.2 項で説明したように，標準正規分布に従う変数 z, 自由度 m の χ^2 分布に従う変数 u に対して, $t = z/\sqrt{u/m}$ は自由度 m の t 分布に従う. そこで, $z = (\hat{b} - b)/\sigma_{\hat{b}}$, $u = \sum_i \hat{\epsilon}_i^2/\sigma^2$ と置けば, これらを代入した統計量 $t_0 = z/\sqrt{u/m}$ の分布は自由度 m の t 分布になるので, これを利用して仮説検定を行うことができる. 実際に, $m = n - 2$ とすれば,

$$t_0 = \frac{(\hat{b} - b)\sigma}{\sigma_{\hat{b}} \sqrt{\sum_i \hat{\epsilon}_i^2/(n-2)}} \tag{4.44}$$

となり, (4.38) 式より $\sqrt{\sum_i \hat{\epsilon}_i^2/(n-2)} = \hat{\sigma}$ なので, これと (4.37) 式とを代入すれば, 最終的に,

$$t_0 = \frac{(\hat{b} - b)\sigma}{\sqrt{\sigma^2/\sum_i (x_i - \bar{x})^2}\hat{\sigma}} = \frac{\hat{b} - b}{\hat{\sigma}_{\hat{b}}} \tag{4.45}$$

を得る ($\sigma_{\hat{b}}$ を定義した (4.37) 式中の σ を $\hat{\sigma}$ に置き換えた量が $\hat{\sigma}_{\hat{b}}$ である点に注意).

同様な手続きにより, $t_0 = (\hat{a} - a)/\hat{\sigma}_{\hat{a}}$ が自由度 $n - 2$ の t 分布に従うので, これらの結果を使って, 回帰係数の信頼区間の構成や仮説の検定が可能になる. 例えば, 自由度 $n - 2$ の t 分布に従う変数 t に対して, $P(-t_{0.05} < t < t_{0.05}) = 0.95$ の値 $t_{0.05}$ を使えば, 回帰係数に対する 95%信頼区間として $\hat{a} \pm t_{0.05}\hat{\sigma}_{\hat{a}}$ および $\hat{b} \pm t_{0.05}\hat{\sigma}_{\hat{b}}$ が導かれる[13]. また, $H_0 : b = 0$, $H_1 : b \neq 0$ の検定を行うには, $b = 0$ として

$$t_0 = \hat{b}/\hat{\sigma}_{\hat{b}} \tag{4.46}$$

を計算し, $t_{0.05}$ などと比較すれば良い. (4.46) 式の値は **t 値** (t value) と呼ばれる.

上記の図 4.6(a) の場合には, 95%信頼区間の下限と上限は, a については, -53.78 と 44.87 でかなり広く (標準誤差が大きいため), b については 1.11 と 2.05 である. また, 回帰係数 b の t 値は 7.83 なので,「自由度 8」における $t_{0.05} = 2.306$ と比較すれば, 帰無仮説 $H_0 : b = 0$ は有意水準 5%で棄却される (1%でも棄却). 一方, a の t 値は -0.21 であり, その絶対値はたいへん

---
[13] $P(-t_{0.05} < (\hat{a} - a)/\hat{\sigma}_{\hat{a}} < t_{0.05}) = 0.95$ より $P(\hat{a} - t_{0.05}\hat{\sigma}_{\hat{a}} < a < \hat{a} + t_{0.05}\hat{\sigma}_{\hat{a}}) = 0.95$. b についても同様.

小さく，この場合の回帰式は切片を 0 として $y = bx + \epsilon$ にすべきだと考えられる。なお，ソフトウェアによっては，$P(t > |t_0|)$ の値を直接表示することがある。この種の確率を一般に **P 値**（P value）と呼ぶ（回帰係数以外の統計量に対しても，この確率が出力される場合がある）。ここでの例では，a の P 値は 0.84，b の P 値は 0.0001 であった。当然，P 値が 0.05 よりも小さければ，帰無仮説 $H_0 : b = 0$ は有意水準 5% で棄却されることになる。

回帰係数 b が 0 であれば，x は y に対して独立変数としての説明力を持たない。このため，帰無仮説 $H_0 : b = 0$ が棄却された場合，要因 x が変量 y に対して影響を与えていることを結論できそうであるが，3.1.4 項でも注意したように，統計的検定の範囲内では，「b は 0 でない」という結論が，第 1 種の過誤の確率が存在するという注釈付きで得られただけであって，それから直ちに「影響を与える」と言えるかどうかは，慎重に検討しなければならない。例えば，b の真の値は 0.01 かもしれず，確かに $b \neq 0$ ではあるが，その程度の大きさの回帰係数から「要因 x が影響する」と結論できるかどうかは，問題に依存する。

さらに，独立変数の特定の値 x_0 に対する従属変数の値を $\hat{y}_0 = \hat{a} + \hat{b}x_0$ として予測する場合にも，同様な手続きに基づいて，その信頼区間を構成できる。結果だけを記せば，95% 信頼区間は，

$$\hat{y}_0 \pm t_{0.05} \sqrt{\frac{n+1}{n} + \frac{(x_0 - \bar{x})^2}{\sum_i (x_i - \bar{x})^2}} \; \hat{\sigma} \qquad (4.47)$$

となる（岩田 (1983) [4] の p.218 を参照）。ここで，t 分布の自由度は $n-2$ である。標本 $\mathcal{D}_s = \{x_1, \ldots, x_n\}$ の最小値と最大値をそれぞれ x_{min}，x_{max} と表記すれば，$x_{min} < x_0 < x_{max}$ ならば，x_0 をデータの範囲内に挿入していることになる（内挿）。それに対して，$x_0 < x_{min}$ または $x_{max} < x_0$ は外挿であり，内挿に比べれば，その信頼区間は通常，広くなる（予測の精度が下がる）。

(2) 正規性の確認

以上の検定結果が正当であるためには，標本における残差が正規分布に従っていなければならない。これを確認するために，上記の例に対して**正規確率プロット**を描いてみると，79 ページの図 4.6(b) のようになる。横軸は残差そ

のものの値（観測値）であるのに対して，縦軸は，残差が正規分布に従うと仮定した場合に，理論的にとるべき値（理論値）となっている．したがって，もし残差の分布が完全に正規分布であるならば，縦軸と横軸との値が同一になって，そのプロットは直線上に並ぶ．すなわち，各残差がその直線からずれているかどうかを見ることで，残差の正規性を確認できるわけである．図4.6(b) の例では，残差はほぼ直線の周囲に位置しており，正規分布に従っていると考えられる[14]．

図 4.6(b) では，以下の手順で縦軸の値を計算している．

1. 残差を大きさの順に並べ，小さいほうから順位 r を付与する（$r = 1, 2, \ldots, n$）．
2. 残差ごとに $k = (r - 0.5)/n$ を計算する（$0 < k < 1$）．
3. 残差ごとに，累積正規分布 $F_x(b)$ においてその確率が k となる値 b を調べて，それを縦軸の値とする．

ここで，手順 2. では，3.3.4 項で説明した経験分布を求めていることになる．つまり，r 位の残差の値を b として，$\hat{F}_x(b) = k$ である．(3.28) 式と異なるのは順位（すなわち「その値が b 以下となる残差の個数」）から「0.5」を差し引いている点であり，これは，何らかの数を引いておかないと，最後の n 位の残差で手順 3. の b が計算できなくなるという理由による．ただし，「0.5」とすることに理論的根拠は特にない．

手順 3. においては，具体的には，平均 0，標準偏差 40.35（$=\hat{\sigma}$）の累積正規分布の逆関数から y 軸の値を求めている[15]．この手順で作成された図は，通常「正規 Q-Q プロット」と呼ばれる．このほか，両軸を累積確率とした「正規 P-P プロット」も利用されている（直線からのずれを見る点は同じ）．

なお，標本が何らかの層に分かれている場合（例えば，調査世帯が所得層によって区分されるなど），残差の分散 σ^2 の大きさが層ごとに異なる可能性がある．これを**分散不均一性**（heteroscedasticity）と呼ぶ．さらには，観測値が時間順に並んだ時系列データなどでは，残差間に相関（「**自己相関**（autocorrelation）」）が観察されることもある．分散不均一性や自己相関が存在する際には，回帰モデルにおける基本的な仮定が成立せず，何らかの対処が必

---

[14] さらに，3.3.4 項で説明した，適合度検定の一種である K-S 検定や A-D 検定を使って，残差の正規性を確認することもできる．
[15] 作図にあたっては，MS Excel の NORM.INV 関数を使用した．

要になる。この対処法については，本書の範囲を超えるので省略する[16]。

(3) 最小 2 乗法と最尤法

既に述べたように，正規回帰モデルでは，従属変数 y もまた正規分布に従う。したがって，3.3.2 項で説明した尤度関数を設定することが可能となり回帰係数の最尤推定量を算出できる。つまり，正規回帰モデルでの回帰係数の主要な推定法として，最小 2 乗法と**最尤法**（maximum likelihood estimation）の 2 つが存在することになる。ちなみに，回帰係数の推定量は両者で一致するが，残差の分散の推定量はわずかに異なる。

本項で説明した範囲内での回帰分析ならば，多くの場合，最小 2 乗法で回帰係数を推定すると思われるが，ロジスティック回帰モデル（次項）や構造方程式モデル（5.5 節）では，最尤法が通常使われる（それぞれのモデルで尤度関数の定義が異なる点には注意）。ただし，最小 2 乗法は，変数自体の正規性を仮定しなくても適用可能なので，データが正規分布に従わない場合に，一般化最小 2 乗法（5.5.2 項参照）などの推定法が，構造方程式モデル等で利用されることがある。

4.3.5　ロジスティック回帰モデル

ここまでの回帰モデルでは，独立変数と従属変数の両方が連続的であることを仮定している。独立変数が離散的な場合でも，従属変数が連続的ならば枠組みをそれほど変えずに回帰分析を実行できるが（具体例は 5.2.4 項を参照），それに対して，従属変数が離散的，独立変数が連続的な場合には，別の仕組みが必要になる。

例えば，「インターネットの利用と読書量との関連」に関して，インターネットの 1 日での平均利用時間を独立変数とし，「先月 1 冊以上本を読んだかどうか」を従属変数とするならば，この場合，従属変数は「読んだ」「読まない」という分類尺度（離散），独立変数は比尺度（連続）となる（例えば「時間」で測定し，$x = 0, 1, 2, 3, \ldots$ とする）。このデータに対して回帰分析を適用するための手段の 1 つは，それぞれのインターネット利用時間ごとに，回答者

---

[16]岩田 (1983) [4] の第 17 章や，そのほかの計量経済学の教科書を参照。

をまとめて，そのうちの何％の人が先月1冊以上本を読んだかどうかを集計することである．

具体的には，利用時間を $x = x_1, x_2, \ldots, x_K$ と表記し，各 x_k に対して，回答者の総数を n_k，そのうち1冊以上本を読んだ人の数を y_k とすれば，独立変数 x の各値を x_k，それに対応する従属変数の各値を割合 $p_k = y_k/n_k$ として回帰モデルを設定できる（$k = 1, \ldots, K$）．つまり，ここでのデータの形式は，通常の回帰分析とは異なり，

$$(x_1, n_1, y_1), (x_2, n_2, y_2), \ldots, (x_K, n_K, y_K) \tag{4.48}$$

の K 個の組となる（$n_1 + \cdots + n_K = n$）．この場合の x を**プロファイル**（profile）と呼ぶ．

従属変数が割合 p の場合には，$p = a + bx$ のように回帰モデルの左辺に p を直接置いてしまうと，データから推定された回帰係数を使って算出した予測値 $\hat{p}$ が，0から1の範囲にうまく収まらない可能性がある．そこで，いわゆるオッズ「$p/(1-p)$」の対数である**ロジット**（logit）を利用して，回帰式を

$$\log \frac{p}{1-p} = a + bx + \epsilon \tag{4.49}$$

のように設定することが多い．ここで，この式の左辺がロジットであり，(4.49)式は**ロジスティック回帰モデル**（logistic regression model）と呼ばれる．

例えば，$p = 0.9$ ならば $p/(1-p) = 9$ なので，ロジットの値は2.197となる．同様に，$p = 0.5$ では，ロジットは0.0，$p = 0.1$ の場合には -2.197 である．すなわち，$0 < p < 1$ に対して，ロジットへの変換の結果は $-\infty$ から ∞ の間の値になり（$-\infty < \log(p/(1-p)) < \infty$），通常の連続変量として扱うことができる．

ここでは，このロジット変換を $y = \Phi(p)$ と表記する．例えば，$p = 0.9$ ならば $\Phi(0.9) = 2.197$ である．この逆関数は $p = \Phi^{-1}(y) = e^y/(1+e^y)$ なので[17]，割合のデータをロジット変換した後に回帰係数を求めれば，

$$p = \frac{\exp(a+bx)}{1+\exp(a+bx)} \tag{4.50}$$

---

[17] $y = \log(p/(1-p))$ の両辺を指数変換すれば，$e^y = p/(1-p)$．よって，$1/e^y = (1-p)/p = (1/p) - 1$ となり，それゆえ $1/p = (1/e^y) + 1 = (e^y + 1)/e^y$．逆数をとれば，与式を得る．$\Phi^{-1}$ の「-1」は逆関数であることを示している．

の a と b にそれぞれの推定値を代入して，$\hat{p}$ を算出できる[18]。

なお，残差を省略し，(4.49) 式の両辺の対数をとれば，

$$\frac{p}{1-p} = \exp(a + bx) \quad (4.51)$$

となる。ここで，あるデータを解析した結果，$\hat{b} = 0.04054$ になったと仮定し，さらに $x_1 = 20$ の場合の p を $\hat{p}(x_1)$，$x_2 = 10$ の場合を $\hat{p}(x_2)$ と表記する。このとき 2 つのオッズの比，すなわち**オッズ比** (odds ratio) を求めると (この比を φ と書く)，

$$\begin{aligned}\varphi &= \frac{\hat{p}(x_1)}{1-\hat{p}(x_1)} \div \frac{\hat{p}(x_2)}{1-\hat{p}(x_2)} = \exp\left(\hat{a} + \hat{b}x_1 - (\hat{a} + \hat{b}x_2)\right) \\ &= \exp\left(\hat{b}(x_1 - x_2)\right) \end{aligned} \quad (4.52)$$

であるから，$\varphi = \exp(0.04054 \times 10) = 1.5$ を得る。これは x が 10 増加するとそのオッズが 1.5 倍になることを意味している。

回帰係数の推定には最尤法を使うことができる。上記の例で，利用時間が x_k である人が本を月に 1 冊以上読む確率として p_k を捉えれば，それに該当する人の数 y_k は 2 項分布 (1.6) 式に従う。したがって，観測値 $\{y_1, \ldots, y_K\}$ が得られる確率は，それぞれが独立ならば，2 項分布の積として，

$$P(y_1, \ldots, y_K) = \prod_{k=1}^{K} \binom{n_k}{y_k} p_k^{y_k}(1-p_k)^{n_k - y_k} \quad (4.53)$$

と書けるので，この確率を最大にする p_k を求めれば良い。ただし，ロジスティック回帰モデルの場合には，そのような値 p_k を個別に計算するのではなく，それらが x_k の値に応じて (4.50) 式から求められるような回帰係数 a と b を推定する必要がある。具体的には，(4.53) 式の対数をとり，p_k についての最大化には無関係な 2 項係数をはずしてから，(4.50) 式を代入すれば，

$$\log P \propto \sum_{k=1}^{K} \left(y_k(a + bx_k) + n_k \log(1 - p_k)\right) \quad (4.54)$$

---

[18] なお，標準正規分布の累積分布が，確率変数 $-\infty < z < \infty$ に対して 0 から 1 までの値をとることを利用して，累積分布の逆関数 (任意の p に対応する z の値を返す関数) をロジット変換の代わりに使うことがある。この場合にはプロビットモデル (probit model) と呼ばれる。

表 4.2 検索の利用者研究における典型的データ (A)

	検索が成功	検索が不成功	合計
主題知識を持つ	23	12	35
主題知識を持たない	16	21	37
合計	39	33	72

注：数値は人数

が導かれる[19]。したがって，これを最大にする a と b とを求めることになる（詳細については，丹後ほか (2013) [29] の p.243 以降を参照）。なお，最尤法による推定結果の評価については，5.2.4 項で説明する。

4.4 分散分析

4.4.1 分散分析の考え方

情報検索の利用者研究として被験者による実験を試み，表 4.2 および表 4.3 の結果を得たと仮定する（いずれも架空の数値）。表 4.2 では，72 人の被験者に，ある同一の主題で検索を実行してもらって，それが成功したかどうかを何らかの基準を設定して判別し（適合文書を見つけられたかどうかなど），さらに，各被験者がその検索の主題に関する知識を「持つ」「持たない」とで仕分けした上で[20]，人数をクロス集計している。これは 51 ページの表 3.2 と同様に分割表であり，被験者の集合を無作為抽出による標本と仮定すれば，分類基準の独立性の検定（3.3.1 項参照）によって，「検索の成功／不成功」と「主題知識の有無」との間に関連があるかどうかを調べることができる。なお，表 4.2 の分類基準はそれぞれ 2 区分ずつであり，この場合一般に，「2 × 2 の分割表」と呼ばれる。

---

[19] (4.50) 式を簡略にして，単に $p = e/(1+e)$ と書けば，$1 - p = 1/(1+e)$ であり，
$$p^y(1-p)^{n-y} = (e/(1+e))^y(1/(1+e))^{n-y} = e^y/(1+e)^n = e^y(1-p)^n$$
となる（実際にはこの e の右肩に $a + bx$ が乗っている）。また，$\log x^y = y \log x$ および $\log(\exp(x)) = x$ に注意。

[20] 各被験者に自己申告してもらうのが最も簡便であるが，当該主題に関するテストを実施することも考えられる。

表 4.3 検索の利用者研究における典型的データ (B)

被験者	各人が検索した適合文書数（件）	平均
大学教員（6 人）	10,14,21,15,16,18	15.7
大学院生（8 人）	15,11,13,18,11,8,14,14	13.0
学部学生（9 人）	8,10,5,12,7,8,7,10,12	8.8

　一方，表4.3は，3種類の被験者（「大学教員」「大学院生」「学部学生」）に同一の主題に対して検索を実行してもらい，それぞれが検索できた適合文書の数を集約したものである。「教員／院生／学部生」という属性の差異が「適合文書数の多寡」に影響するとの仮説を立てれば，前者が独立変数，「適合文書数」が従属変数となる。「適合文書数」は連続変量と見なすことができるので，このデータに対する分析方法は，表4.2のそれとは異なってくる。

　もし属性値が2つならば（例えば「学部生／教員」），3.2.2項で説明した平均値の差の検定を利用できる。しかし，表4.3では属性値が3つあり，この検定を直接的には適用することはできない。「学部生／院生」「学部生／教員」「院生／教員」の組み合わせで平均値の差の検定を3回繰り返せば良いと考える人がいるかもしれないが，単一の結果を出す際に，平均値の差の検定を反復してはならない。第1種の過誤の確率が変化してしまうためであり[21]，これは**検定の多重性**の問題と呼ばれる。

　そこで通常，従属変数が連続的，独立変数が離散的で，その区分（カテゴリ）が3以上の場合には，**分散分析**（analysis of variance: ANOVA）が使われる。分散分析では，「教員」「院生」「学部生」の3つの群（級）のそれぞれの内部で従属変数の値（適合文書数）が均一で，なおかつ群（級）の間での差が大きければ，群（級）への分割が有効であると考える（従って，この場合には被験者の区分が適合文書数の多寡に影響していることになる）。例えば，図4.7の左側のように，各群の度数分布（この例では，横軸は適合文書数，縦軸は人数）が重なり合っている場合には，群への分割は有効でないのに対して，右側のように分布が離れていれば，分割には意味がある。具体的には，「群（級）に分けることには効果がない」を帰無仮説として，検定を行

---

[21] 有意水準 α の検定を m 回繰り返し，どれか1つで棄却されれば「差がある」と結論することにした場合，帰無仮説が正しいにもかかわらず，たまたまそのような標本が得られてしまう確率は，2項分布より，$1 - {}_mC_0 \times (1-\alpha)^m$ となり（「どれも棄却されない確率」を1から引く），これは α よりも大きい。例えば，$\alpha = 0.05$ かつ $m = 3$ ならば 0.143 である。

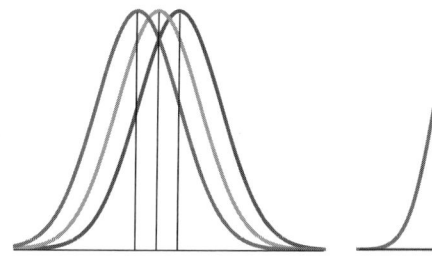

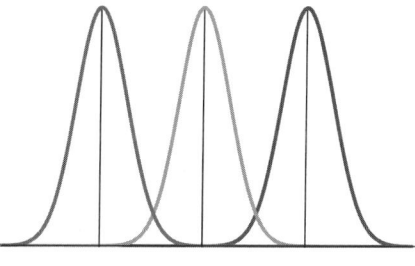

(a) 群への分割が効果を持たない場合　　(b) 群への分割が効果を持つ場合

図 4.7　群に分割した場合の度数分布の例

う（詳細は後述）。

4.4.2　1 元配置モデル

一般に分散分析では，ある要因（または因子）に対して m 個の**水準**（level）が存在する場合に，k 番目の水準における j 番目の個体の観測値（従属変数の値）である y_{kj} が

$$y_{kj} = \alpha_0 + \alpha_k + \epsilon_{kj}, \qquad k = 1, ..., m; j = 1, ..., n_k \qquad (4.55)$$

で説明されると仮定する。ここで，α_0 はすべての観測値に共通の定数，α_k は k 番目の水準に該当する観測値についての定数，n_k は k 番目の水準に該当する観測値の個数（個体の数）である（$k = 1, \ldots, m$）。この α_k は特に k 番目の水準の**効果**とも呼ばれる。また，$\epsilon_{kj}(k = 1, \ldots, m; j = 1, \ldots, n_k)$ は**誤差項**（error term）であり，互いに独立に平均 0，分散 σ^2 の正規分布に従うと仮定しておく[22]。例えば，表 4.3 では，適合文書の検索件数を教員 6 人，院生 8 人，学部生 9 人に対して集計しているので，水準の数は $m = 3$ であり，それぞれ $n_1 = 6$, $n_2 = 8$, $n_3 = 9$ となる。そして，教員の効果が α_1，院生の効果が α_2，学部生の効果が α_3 に相当する。つまり，例えばある 1 人の学

---

[22]回帰式（4.3 節参照）での残差 ϵ_i もまた誤差項の一種である。回帰分析においても「誤差項」という用語が使われることがあり，また，撹乱項（disturbance term）という呼称もある。

部生が見つけた適合文書数は,「共通の定数＋学部生の効果＋誤差」で相加的に説明されることを (4.55) 式は意味している。なお，観測値の個数の合計を n と表記する ($n = \sum_{k=1}^{m} n_k$)。表 4.3 の例では $n = 23$ である。

すべての観測値の平均を $\bar{\bar{y}}$ と書くことにすると，$\bar{\bar{y}} = n^{-1} \sum_{k=1}^{m} \sum_{j=1}^{n_k} y_{kj}$ である。ここに (4.55) 式を代入すると，

$$\bar{\bar{y}} = \frac{1}{n}\sum_k\sum_j \alpha_0 + \frac{1}{n}\sum_k\sum_j \alpha_k + \frac{1}{n}\sum_k\sum_j \epsilon_{kj} \tag{4.56}$$

となる。したがって，効果に関して

$$\sum_{k=1}^{m}\sum_{j=1}^{n_k} \alpha_k = \sum_{k=1}^{m} n_k \alpha_k = 0 \tag{4.57}$$

を仮定すれば，$\bar{\bar{y}} = \alpha_0 + n^{-1}\sum_k\sum_j \epsilon_{kj}$ であり，もし式中の誤差の総和が 0 になれば，α_0 は「全体での平均」に一致する。

さらに，この仮定により，誤差の平方和 $\sum_k\sum_j \epsilon_{kj}^2 = \sum_k\sum_j (y_{kj} - \alpha_0 - \alpha_k)^2$ を，

$$Q_1 = \sum_k\sum_j (y_{kj} - \bar{y}_k)^2 \tag{4.58}$$

$$Q_2 = \sum_k n_k(\bar{y}_k - \alpha_k - \bar{\bar{y}})^2 \tag{4.59}$$

$$Q_3 = n(\bar{\bar{y}} - \alpha_0)^2 \tag{4.60}$$

と定義して，

$$\sum_k\sum_j \epsilon_{kj}^2 = Q_1 + Q_2 + Q_3 \tag{4.61}$$

のように分割できる（詳細は後述）。ここで，$\bar{y}_k$ は k 番目の水準における観測値の平均，すなわち，

$$\bar{y}_k = \frac{1}{n_k}\sum_{j=1}^{n_k} y_{kj}, \quad k = 1,\ldots,m \tag{4.62}$$

を意味している。

Q_1, Q_2, Q_3 がいずれも平均との偏差の平方和であることから類推されるように，Q_1/σ^2, Q_2/σ^2, Q_3/σ^2 はそれぞれ自由度 $n-m$, $m-1$, 1 の χ^2

分布に従う（岩田 (1983) [4] の p.256 を参照）。さらに，4.4.5 項で説明するように，以下の統計量

$$F_0 = \frac{Q_2/(m-1)}{Q_1/(n-m)} = \frac{\sum_k n_k(\bar{y}_k - \alpha_k - \bar{\bar{y}})^2/(m-1)}{\sum_k \sum_j (y_{kj} - \bar{y}_k)^2/(n-m)} \quad (4.63)$$

の分布は，自由度 $m-1$, $n-m$ の **F 分布**（F distribution）となる。この統計量 F_0 を使って，観測値を群に分割することに効果があるのかどうかを検定できる（後述）。

なお，(4.55) 式には要因が 1 つのみ含まれているため，特に，**1元配置**（one-way）モデルと呼ばれる。また，表 4.3 に例示されているように，各水準で複数の観測値が得られていることから，以上のモデルに基づく分析は，より正確には，「繰り返しのある 1 元配置分散分析」に相当する。

誤差の平方和が Q_1, Q_2, Q_3 の 3 つに分割されることは次のように示される（関心のない読者は読み飛ばしても差し支えない）。$\epsilon_{kj}^2 = (y_{kj} - \alpha_0 - \alpha_k)^2 = ((y_{kj} - \bar{y}_k) + (\bar{y}_k - \alpha_k - \bar{\bar{y}}) + (\bar{\bar{y}} - \alpha_0))^2$ と変形してから，2 乗を開くと，

$$\begin{aligned}\epsilon_{kj}^2 &= (y_{kj} - \bar{y}_k)^2 + (\bar{y}_k - \alpha_k - \bar{\bar{y}})^2 + (\bar{\bar{y}} - \alpha_0)^2 \\ &\quad + 2(y_{kj} - \bar{y}_k)(\bar{y}_k - \alpha_k - \bar{\bar{y}}) + 2(y_{kj} - \bar{y}_k)(\bar{\bar{y}} - \alpha_0) \\ &\quad + 2(\bar{y}_k - \alpha_k - \bar{\bar{y}})(\bar{\bar{y}} - \alpha_0) \end{aligned} \quad (4.64)$$

となる。したがって，誤差の平方和を計算するには，この式の 6 つの項に対して個別に総和を計算し（すなわち $\sum_k \sum_j$），それらを合計すれば良い。まず，前半の 3 つの項についての総和は，それぞれ，Q_1, Q_2, Q_3 である。そして，後半の 3 つの項は 0 となって消える。すなわち，

$$2\sum_k \sum_j (y_{kj} - \bar{y}_k)(\bar{y}_k - \alpha_k - \bar{\bar{y}}) = 2\sum_k \left((\bar{y}_k - \alpha_k - \bar{\bar{y}}) \sum_j (y_{kj} - \bar{y}_k) \right) = 0$$

$$2\sum_k \sum_j (y_{kj} - \bar{y}_k)(\bar{\bar{y}} - \alpha_0) = 2(\bar{\bar{y}} - \alpha_0) \sum_k \sum_j (y_{kj} - \bar{y}_k) = 0$$

と計算され（平均の定義から $\sum_j y_{kj} = n_k \bar{y}_k$ であることに注意），同様に，最後の項は，

$$2\sum_k \sum_j (\bar{y}_k - \alpha_k - \bar{\bar{y}})(\bar{\bar{y}} - \alpha_0) = 2(\bar{\bar{y}} - \alpha_0) \sum_k \sum_j (\bar{y}_k - \alpha_k - \bar{\bar{y}})$$

なので，(4.57) 式を使えば，

$$\sum_k \sum_j (\bar{y}_k - \alpha_k - \bar{\bar{y}}) = \sum_k \sum_j (\bar{y}_k - \bar{\bar{y}}) - \sum_k \sum_j \alpha_k = 0$$

のように，やはり 0 になる．以上のことから，(4.61) 式が成立する．

4.4.3 分散分析表

具体的に，群への分割の効果を検定する場合，帰無仮説は

$$H_0 : \alpha_k = 0, \quad k = 1, \ldots, m \tag{4.65}$$

である．すなわち，各群の効果がすべて 0 と仮定しておき，これを棄却することによって，群への分割が何らかの効果を持つと結論する．この結論は，群への分割に使用された区分（ここでの例では，「教員／院生／学部生」）と観測値である連続変量（ここでの例では「検索された適合文書数」）との間に何らかの関連があることを意味している．なお対立仮説は，「少なくとも 2 個の α_k について $\alpha_k \neq 0$」となる．

帰無仮説では $\alpha_k = 0$ なので，Q_2 は $\sum_k n_k (\bar{y}_k - \bar{\bar{y}})^2$ となるが，これを特に S_2 と表記しておく．つまり，

$$S_2 = \sum_{k=1}^m n_k (\bar{y}_k - \bar{\bar{y}})^2 \tag{4.66}$$

であり，各群の平均が全体の平均に対して散らばっている程度を示していることから，S_2 は**群間平方和**（または処理間平方和，級間平方和；between-groups sum of squares）と呼ばれる．Q_1 は仮定 $\alpha_k = 0$ に影響を受けないが，S_2 に合わせて，

$$S_1 = \sum_{k=1}^m \sum_{j=1}^{n_k} (y_{kj} - \bar{y}_k)^2 \tag{4.67}$$

と定義する．S_1 は**群内平方和**（または誤差平方和，級内平方和；within-groups sum of squares）であり，それぞれの群内での散らばりの程度を表している．したがって，(4.63) 式の統計量は，

$$F_0 = \frac{S_2/(m-1)}{S_1/(n-m)} = \frac{\sum_k n_k (\bar{y}_k - \bar{\bar{y}})^2/(m-1)}{\sum_k \sum_j (y_{kj} - \bar{y}_k)^2/(n-m)} \tag{4.68}$$

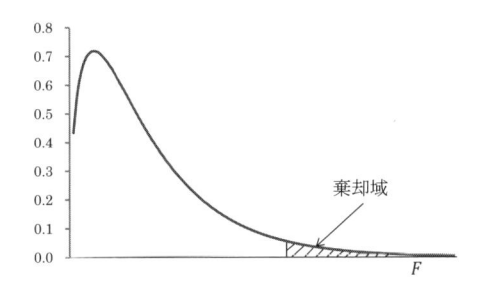

図 4.8　F 分布による片側検定

となる。

(4.68) 式の統計量 F_0 を使えば，検定を実行できるが，この場合，通常，片側検定とする（図 4.8 参照）。これは，$E(Q_2) = (m-1)\sigma^2$ および $E(S_2) = (m-1)\sigma^2 + \sum_k n_k \alpha_k^2$ であるため（岩田 (1983) [4] の p.257 参照），帰無仮説が真でないときには，(4.63) 式の F_0 よりも，(4.68) 式の F_0 のほうが傾向として大きくなるという理由による。

なお，**全平方和**（total sum of squares）を

$$S = \sum_{k=1}^{m}\sum_{j=1}^{n_k}(y_{kj}-\bar{\bar{y}})^2 \tag{4.69}$$

と定義するならば，$(y_{jk}-\bar{\bar{y}})^2 = ((y_{kj}-\bar{y}_k) + (\bar{y}_k-\bar{\bar{y}}))^2$ と置くことにより，

$$\begin{aligned}
S &= \sum_k\sum_j(y_{kj}-\bar{y}_k)^2 + \sum_k\sum_j(\bar{y}_k-\bar{\bar{y}})^2 + 2\sum_k\sum_j(y_{kj}-\bar{y}_k)(\bar{y}_k-\bar{\bar{y}}) \\
&= S_1 + S_2 + 2\sum_k\left((\bar{y}_k-\bar{\bar{y}})\sum_j(y_{kj}-\bar{y}_k)\right) \\
&= S_1 + S_2 \tag{4.70}
\end{aligned}$$

となるので，「全平方和＝群間平方和（処理）＋群内平方和（残差）」のように分解できることが分かる。ここで「残差」は，群に分けること（処理）では説明しきれなかった部分という意味で使われている。

以上の分析の結果は，表 4.4 のような形式で要約されることが多い。この表を**分散分析表**と呼ぶ。

表 4.4 分散分析表

要因	自由度	平方和	平均平方（分散）	分散比
処理	$m-1$	S_2	$S_2/(m-1)$	F_0
残差	$n-m$	S_1	$S_1/(n-m)$	
全体	$n-1$	S	$S/(n-1)$	

4.4.4 分散分析に関する補足

(1) 多重比較における補正

分散分析の結果として，帰無仮説が棄却され，群への分割に効果があることが示された際に，さらに進んで，m 個の水準のうちのどれがその効果に対して特に寄与するのかを突き止めたい場合がある．これには，水準の組（ペア）ごとの分析が必要になるが，単純に，平均値の差の検定を繰り返したのでは，上で述べた検定の多重性の問題が生じてしまう．

これは，例えば有意水準を 5% で設定した場合，検定を繰り返すことによって，実際の第 1 種の過誤の確率が 0.05 よりも大きくなるという問題であった．それならば，最終的な第 1 種の過誤の確率が 0.05 になるように補正すれば，この問題を回避できることになる．この種の**多重比較**のための補正法としては，Bonferroni（ボンフェロニ）法や Scheffé（シェフェ）法，Tukey（テューキー）法などが知られている．これらは，楠ほか (1995) [24] の p.54〜58 で解説されている．

(2) 共分散分析

独立変数として，連続変量 x_{kj}（例えば「検索システムに対する経験年数」）を組み込んで，モデルを

$$y_{kj} = \alpha_0 + \alpha_k + c(x_{kj} - \gamma) + \epsilon_{kj}, \quad k=1,\ldots,m; j=1,\ldots,n_k \quad (4.71)$$

とすることもできる（ここで γ は x_{kj} の全体での平均，c はパラメータ）．補助変数 x_{kj} の導入によって誤差が小さくなる可能性があり，この種の分析は**共分散分析**（analysis of covariance）と呼ばれる．

表 4.5　分散分析表の例：繰り返しのある 2 元配置モデルの場合

要因	自由度	平方和	平均平方（分散）	分散比（F_0）
処理 1	1	24.2	24.2	12.1**
処理 2	2	18.4	9.2	4.6
交互作用	2	9.6	4.8	2.4
残差	25	50.0	2.0	
全体	30	102.2		

**: $p < 0.01$

(3) 2 元配置モデル

群に分けるための離散変数が 2 つある場合（要因が 2 種類ある場合）には，2 元配置モデルとなる．例えば，表 4.3 の実験において，検索課題を 2 件用意し，それぞれ適合文書数を測定したとすれば，これは，「教員／院生／学部生」と「課題 1 ／課題 2」との 2 元配置モデルである（正確には「繰り返しのある 2 元配置モデル」）．

この場合のモデルは，添字 h を追加して，

$$y_{khj} = \mu + \alpha_k + \beta_h + (\alpha\beta)_{kh} + \epsilon_{khj}, k = 1, \ldots, m_1; h = 1, \ldots, m_2 \quad (4.72)$$

と書ける．ここで α_k は第 1 要因の k 番目の水準についての定数，β_h は第 2 要因の h 番目の水準についての定数，m_1 と m_2 はそれぞれの水準の数を意味している（ここでの例では $m_1 = 3, m_2 = 2$）．また，μ も定数で，(4.57) 式と同様の仮定を α_k および β_h に対して設定すれば，全体での平均として解釈できる．

さらに，$(\alpha\beta)_{kh}$ は 2 つの要因間での**交互作用**（interaction）の効果を示している．例えば，「課題 1」が高度な主題知識を要する検索ならば，「教員」と「課題 1」との間に特に相乗的な効果が認められるかもしれない．交互作用効果は，この種の関係を調べるときに組み込まれる．この交互作用を含んだ，繰り返しのある 2 元配置モデルに基づく分散分析表の例を表 4.5 に示す[23]．

---

[23] なお，交互作用を重回帰分析（5.2 節参照）に組み込むこともできるが，本書では説明を省略する．

(4) 実験計画法

検索課題を 2 つ用意して，被験者に常に「課題 1 → 課題 2」の順序で検索してもらったとすれば，学習効果などの予期しない要因が結果（検索された適合文書数）に混入するかもしれない。この場合には，検索する課題の順序を適宜入れ替えるなど，**無作為化**（randomization）を図る必要がある。

さらには，「検索システム A ／検索システム B」のような第 3 要因を組み入れた際には，3 元配置実験となり，モデルが一層複雑になるのに加えて，「検索課題の順序」と「使用するシステムの順序」の両方での無作為化を考えなければならない。一般に，この種の要因配置実験の方法は**実験計画法**（experimental design）と呼ばれる。本書では，その詳細にまで立ち入ることができないので，必要に応じて実験計画法の専門書（楠ほか (1995) [24] など）を参照することが望ましい。

4.4.5　F 分布に関する補足

x, y をそれぞれ自由度 m_1, m_2 の χ^2 分布に従う，統計的に独立な確率変数とすれば，それらの比

$$F = \frac{x/m_1}{y/m_2} \tag{4.73}$$

の分布は，自由度 m_1, m_2 の F 分布となる。その確率密度関数は，

$$f_p(F) = \frac{\Gamma((m_1+m_2)/2)}{\Gamma(m_1/2)\Gamma(m_2/2)} \left(\frac{m_1}{m_2}\right)^{\frac{m_1}{2}} \left(\frac{m_1}{m_2}F+1\right)^{-\frac{m_1+m_2}{2}} F^{\frac{m_1}{2}-1} \tag{4.74}$$

である（$0 \leq F < \infty$）。ここで $\Gamma(\cdot)$ はガンマ関数（(2.36) 式参照）を意味している。

確率密度関数の具体的な形状は図 4.8 に示したとおりである（ただし，この図では $m_1 = 3$, $m_2 = 50$）。自由度の組み合わせによっては，図 4.8 のような「峰」が現れない場合もある。以下，2 つの χ^2 分布から (4.74) 式が導かれることの概略のみ示す（関心のない読者は読み飛ばしても差し支えない）。

χ^2 分布の確率密度関数は (2.23) 式で与えられている。ここでの前提では x と y が独立なので，それらの同時確率密度関数 $f_p(x,y)$ は，単純に，それぞ

れの密度関数の積，すなわち

$$f_p(x,y) = (4\Gamma(m_1/2)\Gamma(m_2/2))^{-1} (x/2)^{m_1/2-1}(y/2)^{m_2/2-1}e^{-(x+y)/2} \tag{4.75}$$

となる．2.3.3 項で t 分布を導いたのと同じように，変数変換を利用して，$f_p(x,y)$ から F の密度関数を求めることができる．この場合の変換は $F = (x/m_1)/(y/m_2)$ および $u = y$ である．これらを x と y について解いた $x = (m_1/m_2)Fu$ および $y = u$ を (4.75) 式に代入し，さらにヤコビアンを掛け合わせると[24]，F と u との同時確率密度 $f_p(F,u)$ が得られる．これから，F の周辺確率密度を $f_p(F) = \int_0^\infty f_p(F,u)du$ で計算すれば，これが (4.74) 式に一致することになる[25]．

---

[24] ここでのヤコビアンは

$$J = \begin{vmatrix} \partial x/\partial F & \partial x/\partial u \\ \partial y/\partial F & \partial y/\partial u \end{vmatrix} = \begin{vmatrix} (m_1/m_2)u & (m_1/m_2)F \\ 0 & 1 \end{vmatrix} = (m_1/m_2)u$$

となる．

[25] t 分布の場合と同様に，この積分は適当に変数変換することにより，ガンマ関数となる．(4.74) 式の導出の詳細は，岩田 (1983) [4] の p.146〜148 を参照．

第5章 多変量解析

5.1 多変量解析の主な種類

4.4.4項で述べた分散分析の2元配置モデルでは，2個の独立変数が組み込まれている（3元配置モデルでは3個）。同様に，4.3節の回帰分析でも，複数の独立変数を設定できる（詳細は5.2節を参照）。このような複数の変数を組み込んだ統計的な分析は一般に，**多変量解析**（multivariate analysis）と呼ばれている。

多変量解析の手法には様々な種類がある。本書では，そのうち以下のものを取り上げる。

- 重回帰分析：1つの従属変数に対して，複数の独立変数を設定することにより，従属変数の値の予測や，その変動の説明を試みる。
- 主成分分析：観測された変数を合成して，数少ない変数への縮約を試みる。
- 因子分析：観測された変数の背後に存在する潜在的な共通因子の析出を試みる。探索的因子分析と確証的因子分析とがある。
- パス解析：従属変数と独立変数との間だけではなく，独立変数間にも明示的な影響関係を適宜設定し，これらの変数の変動の説明を試みる。
- 構造方程式モデリング（共分散構造分析）：パス解析と確証的因子分析との組み合わせなどを用いて，観測変数や潜在変数の間の関係から構成される構造を明らかにする。

そのほかにも，判別分析（discriminant analysis）や正準相関分析（canonical correlation analysis），多次元尺度構成法（multidimensional scaling），クラスタ分析（cluster analysis）など，いくつかの分析法がある（多次元尺度構成法については，7.2.3項で簡単に触れる）。

変数が数多く存在するために，本章では，例えば $x_1, x_2, \ldots, x_m$ は m 個の変数を表すものとし，i 番目の個体に対する変数 x_j についての観測値を x_{ij} と表記する（$i = 1, \ldots, n; j = 1, \ldots, m$）。このように記号が煩雑になるので，多変量解析の方法を説明するには，線型代数学（ベクトル・行列）が欠かせない。ベクトル・行列の表記や計算に不慣れな読者は，先に，章末の 5.6 節「ベクトルと行列に関する補足」に目を通しておくと良いと思われる。なお，多変量解析やベクトル・行列に関心がなければ，次節以降を読み飛ばしても，第 6 章を理解するのに，大きな問題は生じない（ただし，リッカート尺度などの離散変量を扱った 5.5.5 項だけは参考になるかもしれない）。

5.2 重回帰分析

5.2.1 偏回帰係数の推定

(1) 最小 2 乗法による推定

(4.14) 式では独立変数は 1 つだけであるが，複数の独立変数を含んだ回帰式を考えることもできる。すなわち m 個の独立変数 $x_1, \ldots, x_m$ を組み込むとすれば，回帰式は

$$y = b_0 + b_1 x_1 + b_2 x_2 + \cdots + b_m x_m + \epsilon \tag{5.1}$$

となり，これに基づく分析を**重回帰分析**（multiple regression analysis）と呼ぶ。ここでは，j 番目の変数 x_j に対応する回帰係数を b_j と表記し（$j = 1, \ldots, m$），またそれに合わせて，切片を a ではなく，b_0 で表してある。なお，重回帰分析の場合，これらに対して**偏回帰係数**（partial regression coefficient）という呼称が使われることがある。

標本サイズ n のデータからこれらの回帰係数を推定する場合，従属変数を含めて，$n \times (m+1)$ 個の観測値を扱わなければならない。そこで，既に述べたように，i 番目の個体に対する j 番目の変数の観測値を x_{ij} とし，これらを行列を使って表記する。従属変数に対する観測値および回帰係数も，それぞれベクトル $\mathbf{y} = [y_1, \ldots, y_n]^T$, $\mathbf{b} = [b_0, b_1, \ldots, b_m]^T$ で表せば，(5.1) 式を実際のデータに基づいて，

$$\mathbf{y} = \mathbf{Xb} + \boldsymbol{\epsilon} \tag{5.2}$$

のように書き直すことができる。ここで，$\mathbf{X}$ は $n \times (m+1)$ の**データ行列**

$$\mathbf{X} = \begin{bmatrix} 1 & x_{11} & x_{12} & \cdots & x_{1m} \\ 1 & x_{21} & x_{22} & \cdots & x_{2m} \\ \vdots & \vdots & \vdots & \ddots & \vdots \\ 1 & x_{n1} & x_{n2} & \cdots & x_{nm} \end{bmatrix} \quad (5.3)$$

として定義され[1]，またベクトル $\boldsymbol{\epsilon}$ の i 番目の要素は i 番目の個体についての残差（または誤差）ϵ_i である。

回帰係数ベクトル $\mathbf{b}$ をデータ行列から推定するには，「y と $b_0 + b_1 x_1 + \cdots + b_m x_m$ による予測値との差の平方和」が最小となる $\hat{\mathbf{b}}$ を求めれば良い（最小2乗法）。この平方和 S は，(5.2) 式を使えば，n 次元ベクトル $\mathbf{y} - \mathbf{X}\mathbf{b}$ の内積として

$$S = (\mathbf{y} - \mathbf{X}\mathbf{b})^T (\mathbf{y} - \mathbf{X}\mathbf{b}) = \mathbf{y}^T \mathbf{y} - (\mathbf{X}\mathbf{b})^T \mathbf{y} - \mathbf{y}^T \mathbf{X}\mathbf{b} + (\mathbf{X}\mathbf{b})^T \mathbf{X}\mathbf{b} \quad (5.4)$$

で計算できる（当然，右辺の各項も内積となる点に注意）。これを $\mathbf{b}$ で微分して 0 と置くと，$\mathbf{X}^T \mathbf{X}$ が対称行列であることに注意すれば（後述），

$$-2\mathbf{X}^T \mathbf{y} + 2\mathbf{X}^T \mathbf{X}\mathbf{b} = 0 \quad (5.5)$$

なので[2]，$\mathbf{b}$ 以外を右辺に移項して，最終的に，

$$\hat{\mathbf{b}} = (\mathbf{X}^T \mathbf{X})^{-1} \mathbf{X}^T \mathbf{y} \quad (5.6)$$

を得る。任意の行列 $\mathbf{X}$ に対して $\mathbf{X}^T \mathbf{X}$ が対称であることは，$\mathbf{X}$ を簡単な 2×2 行列として計算すれば，

$$\begin{bmatrix} x_{11} & x_{21} \\ x_{12} & x_{22} \end{bmatrix} \begin{bmatrix} x_{11} & x_{12} \\ x_{21} & x_{22} \end{bmatrix} = \begin{bmatrix} x_{11}^2 + x_{21}^2 & x_{11}x_{12} + x_{21}x_{22} \\ x_{11}x_{12} + x_{21}x_{22} & x_{12}^2 + x_{22}^2 \end{bmatrix} \quad (5.7)$$

となることから容易に理解できる。

---

[1] $\mathbf{X}$ の第 1 列目に 1 が並んでいるのは，切片 b_0 のためである。切片の存在を仮定しなければ，データ行列は単に $n \times m$ の行列になる。
[2] (5.4) 式の最右辺第 1 項は $\mathbf{b}$ を含まないので消える。第 2 項と第 3 項はともに内積であるから，$-(\mathbf{X}\mathbf{b})^T \mathbf{y} = -\mathbf{y}^T \mathbf{X}\mathbf{b}$ となり，これを $\mathbf{b}$ で微分すれば，$-(\mathbf{y}^T \mathbf{X})^T = -\mathbf{X}^T \mathbf{y}$（(5.91) 式を参照）。第 4 項 $\mathbf{b}^T \mathbf{X}^T \mathbf{X}\mathbf{b}$ は $\mathbf{X}^T \mathbf{X}$ を係数行列とする 2 次形式であり，さらに $\mathbf{X}^T \mathbf{X}$ は対称行列なので，これを $\mathbf{b}$ で微分すれば，$2\mathbf{X}^T \mathbf{X}\mathbf{b}$ となる（(5.92) 式を参照）。

(2) 多重共線性

(5.6) 式に示されているように,最小 2 乗法による偏回帰係数の推定式には,逆行列 $(\mathbf{X}^T\mathbf{X})^{-1}$ が含まれる.例えば相関の高い 2 つの独立変数が存在する場合などに,行列 $\mathbf{X}^T\mathbf{X}$ が「特異」になり,この $(\mathbf{X}^T\mathbf{X})^{-1}$ の値がその計算過程で,不安定になったり,過度に大きくなってしまうことがある[3].これは最小 2 乗法による推定の精度の悪化を意味し,**多重共線性** (multicollinearity) の問題と呼ばれる.

この問題を回避するには,回帰式に複数の独立変数を投入する前に,独立変数間の相関(すなわち「**内部相関**」)を確認しておく必要がある.さらには,特定の独立変数 x_j を従属変数とし,その他のすべての独立変数を用いた回帰式

$$x_j = b_0 + b_1 x_1 + \cdots + b_{j-1} x_{j-1} + b_{j+1} x_{j+1} + \cdots + b_m x_m \quad (5.8)$$

の決定係数をデータから求め,その値が 0.9 を超えるようであるならば,多重共線性の存在を疑ってみたほうが良い(Kline(2011) [60] の p.53 を参照).この手順をすべての独立変数に対して繰り返し ($j = 1, \ldots, m$),多重共線性が発見されれば,回帰式を見直すことになる.例えば,もし非常に高い相関を持つ x_j と x_k があるならば,どちらかを回帰式から削除する,あるいは,その値を合算して 1 つの変数にするなどの処置が考えられる.

(3) 決定係数

独立変数が複数の場合でも,当然,$\sum_{i=1}^{n}(y_i - \bar{y})^2$ の分解である (4.27) 式がそのまま成立するので,これに基づいて決定係数を求めることができる.やや表現を変えて再掲すれば,この分解は

$$\underbrace{\sum_{i=1}^{n}(y_i - \bar{y})^2}_{\text{全平方和 } S_T} = \underbrace{\sum_{i=1}^{n}(\hat{y}_i - \bar{y})^2}_{\text{回帰式による平方和 } S_R} + \underbrace{\sum_{i=1}^{n}(y_i - \hat{y}_i)^2}_{\text{回帰式からの残差平方和 } S_e} \quad (5.9)$$

と書ける.ここで,全平方和に対する回帰式による平方和の比が決定係数であり,重回帰分析では,通常これを R^2 と表記する.すなわち $R^2 = S_R / S_T$

---

[3] $\mathbf{X}^T\mathbf{X}$ が完全に特異行列ならば,そもそも逆行列は存在しない.5.6.3 項を参照.

と定義され，この平方根（$= R$）は**重相関係数**と呼ばれる。なお，決定係数は独立変数の数が多くなると自動的に高くなる性質があるので，独立変数の個数を割り引いた**自由度調整済み決定係数**が使われることも多い。具体的にはこの係数は $R^{2*} = 1 - ((n-1)/(n-m-1))(1-R^2)$ で求められ，同程度の説明力を持つならば，独立変数の個数が少ないほど，この係数の値は高くなる。

(4) 標準偏回帰係数

偏回帰係数の大きさは，変数 x_j を観測した際の単位や尺度に依存する。例えば，グラム単位とキログラム単位での測定では，変数の値の大きさが異なるので，偏回帰係数もそれに影響を受ける。そこで，独立変数間で回帰係数の大きさを比較する際，この種の影響を除去するために各変数をその平均と標準偏差で**標準化**（standardization）した上で偏回帰係数を求めることがある。すなわち，x_j の標本平均 $\bar{x}_j$，標本標準偏差 s_{x_j} を使って，各観測値 x_{ij} を

$$z_{ij} = (x_{ij} - \bar{x}_j)/s_{x_j} \tag{5.10}$$

と変換すれば（$i = 1, \ldots, n; j = 1, \ldots, m$），その平均と分散は

$$\bar{z}_j = \frac{1}{n}\sum_{i=1}^{n}\left(\frac{x_{ij} - \bar{x}_j}{s_{x_j}}\right) = \frac{1}{n}\frac{\sum_i x_{ij} - n\bar{x}_j}{s_{x_j}} = 0 \tag{5.11}$$

および

$$s_{z_j}^2 = \frac{1}{n-1}\sum_{i=1}^{n}\left(\frac{x_{ij} - \bar{x}_j}{s_{x_j}}\right)^2 = \frac{s_{x_j}^2}{s_{x_j}^2} = 1 \tag{5.12}$$

である。したがって，この変換をすべての変数に適用すれば，「平均 0，分散・標準偏差 1」に標準化されるので，単位や尺度とは無関係になる[4]。この標準化された変量を使って算出された偏回帰係数を**標準偏回帰係数**（standardized partial regression coefficient）と呼ぶ（竹内 (1989) [28] の p.336 を参照）。

---

[4] x_{ij} が正規分布に従う場合には，z 変換 (1.22) 式に相当し，z_{ij} は z 値に対応する。

(5) 偏回帰係数の大きさの意味

2つの独立変数を持つ回帰式 $y = b_1 x_1 + b_2 x_2$ を考える。この場合，標準偏回帰係数はそれぞれ，

$$\hat{b}_1 = \frac{r_{y1} - r_{y2} r_{12}}{1 - r_{12}^2}, \quad \hat{b}_2 = \frac{r_{y2} - r_{y1} r_{12}}{1 - r_{12}^2} \tag{5.13}$$

で推定される (Kline(2011) [60] の p.222 を参照)。ここで r_{y1} は y と x_1 との相関係数を示すものとする (r_{y2}, r_{12} も同様)。

例えば，ある公共図書館のデータを分析する際に，従属変数 y を貸出回数 (貸出延べ冊数)，蔵書冊数を x_1，受入冊数を x_2 として，標準偏回帰係数の推定を試みたところ，$r_{y1} = 0.8$，$r_{y2} = 0.6$，$r_{12} = 0.8$ だったことから，上式より $\hat{b}_1 = 0.889$，$\hat{b}_2 = -0.111$ のように算出されたと仮定する。この回帰式の中では，受入冊数が貸出回数に対して負の効果を持つことになってしまうが，実際に $r_{y2} = 0.6$ なので，全体的な傾向として，受入冊数が少ないほど貸出回数が多いわけではない。単に，貸出回数の値を予測しようとする場合に，受入冊数に負の値を掛けて，「蔵書冊数× 0.889」から差し引いたほうがうまくいくという結果が出たのに過ぎない[5]。

この例が示すように，偏回帰係数の推定値は，回帰式中に含まれる他の変数に大きく依存する（この問題は，パス解析および構造方程式モデリングに関する 5.4 節と 5.5 節を読めば，より一層明確になる）。したがって，研究者は，理論や経験，先行研究に基づいて，重回帰分析に投入する独立変数を慎重に検討しなければならない。ソフトウェアの中には「有効な」独立変数を自動選択する機能を持つものもあるが[6]，データに過度に依存する**帰納的** (inductive) な方法には限界がある。例えば，異なる標本を使った際に，選択される変数が大きく変わる可能性を否定することは難しい。この点で，重回

---

[5] かつて，公共図書館の利用の程度に影響を与える要因を探るために重回帰分析が利用されたことがある（岸田 (1986) [6] を参照）。当時の主な方法は，各人の図書館の利用の程度を y，教育水準や性別，個性などを独立変数 $x_1, \ldots, x_m$ として回帰式を設定し，データから推定された標準偏回帰係数の大きさを手がかりに，影響力のある独立変数を特定するというものであった。残念ながら，これらの研究は大きなインパクトを与えなかった。

[6] ステップワイズ (stepwise) 法と呼ばれる。例えば，独立変数を 1 つずつ追加していき，決定係数などの指標の値が増加しなくなったところで追加を打ち切って最終的な回帰式とする方法がある。このほか，すべての独立変数を投入してから効果の小さなものを削除していく場合や，追加変数と削除変数のどちらかを各段階で適宜選んでいく方法もあるが，ここでの議論に従えば，使用しないほうが賢明である。

帰分析に投入する独立変数の選択には，理論等に基づいた**演繹的**（deductive）な考察が不可欠となる．

5.2.2 重回帰分析における推定・検定

(1) 単純回帰モデル

4.3 節で説明した回帰分析における推定や検定の方法は，矛盾なく多変数の状況に拡張できる．まず 4.3.3 項の単純回帰モデルでの仮定 (4.34) 式および (4.35) 式に対応して，各残差を確率変数と見なし，

$$E(\epsilon) = \mathbf{0} \tag{5.14}$$

$$E(\epsilon\epsilon^T) = \sigma^2 \mathbf{I} \tag{5.15}$$

とする（**0** はすべての要素が 0 であるベクトル，**I** は対角要素がすべて 1 の対角行列）．

ここで，$\epsilon\epsilon^T$ は $n \times n$ 行列で，その (i,k) 要素は $\epsilon_i\epsilon_k$ である．(5.15) 式の右辺は σ^2 を対角要素とする対角行列で，なおかつ $E(\epsilon) = \mathbf{0}$ （(5.14) 式）なので，(4.35) 式と同じく $E(\epsilon_i^2) = \sigma^2$ であることと $(i = 1,\ldots,n)$，$i \neq k$ ならば，ϵ_i と ϵ_k との共分散が 0 であることがこの式によって仮定されている．一般に，h 個の確率変数を要素とするベクトル $\mathbf{u} = [u_1,\ldots,u_h]^T$ に対して，

$$\Sigma = E\left((\mathbf{u} - E(\mathbf{u}))(\mathbf{u} - E(\mathbf{u}))^T\right) \tag{5.16}$$

を **u** の**分散共分散行列**と呼ぶ．この行列における j 番目の対角要素は $E((u_j - E(u_j))^2) = V(u_j)$，非対角要素は $E((u_j - E(u_j))(u_k - E(u_k))) = Cov(u_j, u_k)$ に相当する（ただし $j \neq k$）．つまり，(5.14) 式と (5.15) 式は，残差ベクトル ϵ の分散共分散行列が $\sigma^2 \mathbf{I}$ であることを意味している．

(5.6) 式に (5.2) 式を代入すれば，

$$\hat{\mathbf{b}} = (\mathbf{X}^T\mathbf{X})^{-1}\mathbf{X}^T(\mathbf{X}\mathbf{b} + \epsilon) = \mathbf{b} + (\mathbf{X}^T\mathbf{X})^{-1}\mathbf{X}^T\epsilon \tag{5.17}$$

なので，(5.14) 式より，

$$E(\hat{\mathbf{b}}) = \mathbf{b} + E((\mathbf{X}^T\mathbf{X})^{-1}\mathbf{X}^T\epsilon) = \mathbf{b} + (\mathbf{X}^T\mathbf{X})^{-1}\mathbf{X}^T E(\epsilon) = \mathbf{b}$$

となり，$\hat{\mathbf{b}}$ が $\mathbf{b}$ の不偏推定量であることをここでも示すことができる[7]。一方，$\hat{\mathbf{b}}$ の分散共分散行列 $\Sigma_{\hat{b}}$ は，$E(\hat{\mathbf{b}}) = \mathbf{b}$ より，$E((\hat{\mathbf{b}} - \mathbf{b})(\hat{\mathbf{b}} - \mathbf{b})^T)$ で計算される。(5.17) 式を使えば，

$$(\hat{\mathbf{b}} - \mathbf{b})(\hat{\mathbf{b}} - \mathbf{b})^T = ((\mathbf{X}^T\mathbf{X})^{-1}\mathbf{X}^T\boldsymbol{\epsilon})((\mathbf{X}^T\mathbf{X})^{-1}\mathbf{X}^T\boldsymbol{\epsilon})^T \tag{5.18}$$

なので，結局，(5.15) 式より，

$$\begin{aligned}\Sigma_{\hat{b}} &= (\mathbf{X}^T\mathbf{X})^{-1}\mathbf{X}^T E(\boldsymbol{\epsilon}\boldsymbol{\epsilon}^T)\mathbf{X}(\mathbf{X}^T\mathbf{X})^{-1} \\ &= \sigma^2 (\mathbf{X}^T\mathbf{X})^{-1}\mathbf{X}^T\mathbf{X}(\mathbf{X}^T\mathbf{X})^{-1} \\ &= \sigma^2 (\mathbf{X}^T\mathbf{X})^{-1}\end{aligned} \tag{5.19}$$

となる（$\mathbf{X}^T\mathbf{X}$ が対称行列であることに注意）。

(2) 正規回帰モデル

残差ベクトル $\boldsymbol{\epsilon}$ が，ベクトル $\mathbf{0}$ と行列 $\sigma^2 \mathbf{I}$ をパラメータとして持つ多変量正規分布（後述）に従うならば，最小 2 乗法による推定量 $\hat{\mathbf{b}}$ もまた多変量正規分布に従い，そのパラメータは $\mathbf{b}$，$\sigma^2(\mathbf{X}^T\mathbf{X})^{-1}$ となる（岩田 (1983) [4] の p.404〜407 を参照）。この事実を用いて，偏回帰係数に関する推定や検定を行うことができる。

$(m+1) \times (m+1)$ 行列 $(\mathbf{X}^T\mathbf{X})^{-1}$ の $j+1$ 番目の対角要素を $X^{j'j'}$，ベクトル $\hat{\mathbf{b}}$ の $j+1$ 番目の要素を $\hat{b}_{j'}$ と表記する（すなわち $j' = j+1$）。残差の分散 σ^2 の推定値を

$$\hat{\sigma}^2 = s^2 = \frac{1}{n-m-1} \sum_{i=1}^{n}(y_i - (\hat{b}_0 + \hat{b}_1 x_{i1} + \cdots + \hat{b}_m x_{im}))^2 \tag{5.20}$$

とすれば，偏回帰係数 b_j の推定値の標準誤差は $s(X^{j'j'})^{1/2}$ によって計算される（$j = 0, \ldots, m$）。これを 4.3.4 項における $\hat{\sigma}_{\hat{a}}$ または $\hat{\sigma}_{\hat{b}}$ として考えれば，ほとんど同じように，回帰係数の信頼区間を構成できる。例えば，b_j の 95%信頼区間は

$$\hat{b}_{j'} \pm t_{0.05} s \sqrt{X^{j'j'}} \tag{5.21}$$

---

[7] この計算過程では，データ行列 $\mathbf{X}$ が確率変数ではなく定数であることが利用されている点に注意（この基本的な仮定は，当然，4.3 節と同じである）。

とすれば良い。ただし，この場合には，$t_{0.05}$ は自由度 $n-m-1$ の t 分布において $P(-t_{0.05} < t < t_{0.05}) = 0.95$ となる値である。

さらに，帰無仮説 $H_0 : b_j = 0$ に対して，統計量 $\hat{b}_{j'}/(s\sqrt{X^{j'j'}})$ は自由度 $n-m-1$ の t 分布に従い $(j = 0,\ldots,m)$，これが重回帰分析における t 値となる。ソフトウェアによっては，この統計量に基づいた P 値も出力され，これらによって偏回帰係数ごとに，上記の帰無仮説を検定できる。

この t 検定は偏回帰係数ごとに個別になされるが，回帰式全体の有効性を確認する場合には，既に述べた決定係数や，F 検定が用いられる。後者の場合，正規回帰モデルにおいては，帰無仮説

$$H_0 : b_1 = b_2 = \cdots = b_m = 0$$

の下で，(5.9) 式の S_R と S_e から計算される統計量 $F_0 = (S_R/m)/(S_e/(n-m-1))$ が自由度 $m, n-m-1$ の F 分布 (4.4.3 項参照) に従うことを利用する[8]。これによって回帰式全体の有効性を検定できる。このため，分散分析表 (96 ページの表 4.4) のように，「処理」として S_R および m，「残差」として S_e および $n-m-1$，「全体」として S_T および $n-1$ のそれぞれの値を集約して表示することがある。

(3) 多変量回帰分析

従属変数を 1 つではなく q 個設定して $(q > 1)$，i 番目の個体における k 番目の従属変数 $(k = 1,\ldots,q)$ の値を (i,k) 要素とする $n \times q$ 行列を $\mathbf{Y}$ と表記する。つまり，$\mathbf{Y}$ は，従属変数のベクトル $\mathbf{y}$ を横に q 個並べた行列に相当する。そして (5.2) 式を拡張し，

$$\mathbf{Y} = \mathbf{XB} + \mathbf{E} \tag{5.22}$$

と置く。ここで，$\mathbf{B}$ は $(m+1) \times q$ の係数行列，$\mathbf{E}$ は $n \times q$ の残差行列である ($\mathbf{E}$ の各列ベクトルは，互いに独立で，平均 $\mathbf{0}$，分散共分散行列 $\mathbf{\Sigma}$ を持つ同一の分布に従うと仮定)。(5.22) 式を**多変量回帰モデル** (multivariate regression

---

[8] このことは，偏回帰係数に対する線型制約の検定の理論から導かれる。この理論の詳細は岩田 (1983) [4] の p.410〜418 を参照。

model)と呼ぶ[9]。また、$\mathbf{X}$の要素が0または1のみをとる場合、(5.22)式は**多変量分散分析モデル**（MANOVA model）となる（この際には、$\mathbf{X}$は計画行列と呼ばれる）。

(4) 多変量正規分布

ここでは、重回帰分析での仮定とは離れて、$x_1, x_2, \ldots, x_m$ を m 個の連続的な確率変数と考え、その定義域を $-\infty < x_j < \infty$（$j = 1, \ldots, m$）とする。このとき、**多変量正規分布**（multivariate normal distribution）の確率密度関数は、

$$f_p(x_1, x_2, \ldots, x_m) = (2\pi)^{-\frac{m}{2}} |\mathbf{\Sigma}|^{-\frac{1}{2}} \exp\left(-\frac{1}{2}(\mathbf{x} - \boldsymbol{\mu})^T \mathbf{\Sigma}^{-1} (\mathbf{x} - \boldsymbol{\mu})\right) \quad (5.23)$$

で与えられる。式中の $\boldsymbol{\mu}$ は各変数の平均を要素とする m 次元ベクトル（すなわち $\boldsymbol{\mu} = [\mu_1, \ldots, \mu_m]^T$）を意味する。一方、$\mathbf{\Sigma}$ は、$m \times m$ の正値定符号行列で、

$$\mathbf{\Sigma} = \begin{bmatrix} \sigma_{11} & \sigma_{12} & \cdots & \sigma_{1m} \\ \sigma_{21} & \sigma_{22} & \cdots & \sigma_{2m} \\ \vdots & \vdots & \ddots & \vdots \\ \sigma_{m1} & \sigma_{m2} & \cdots & \sigma_{mm} \end{bmatrix} \quad (5.24)$$

と表記すれば、対角要素 σ_{jj} は変数 x_j の分散、非対角要素は共分散（$\sigma_{jk} = Cov(x_j, x_k)$）に相当する（$j, k = 1, \ldots, m$）[10]。すなわち、$\mathbf{\Sigma}$ は、変数 $\mathbf{x}$ の分散共分散行列である。

多変量正規分布に従う母集団から標本を無作為抽出した場合、標本平均のベクトル $\bar{\mathbf{x}} = [\bar{x}_1, \ldots, \bar{x}_m]^T$ が $\boldsymbol{\mu}$ の推定量となる。これは、データ行列(5.3)式から1のみで構成されている第1列を削除し、$\mathbf{X}$ を単純な $n \times m$ 行列とすれば、$\bar{\mathbf{x}} = n^{-1} \mathbf{X}^T \mathbf{1}$ で求められる（$\mathbf{1}$ はその要素がすべて1のベクトル）。

一方、$\mathbf{X}^T \mathbf{X}$ の j 番目の対角要素は、変数 x_j についての観測値の平方和である（(5.7)式参照）。さらに、(5.7)式を見れば明らかなように、非対角要素は、個体ごとに、異なる2つの変数の観測値を掛け合わせて、合計した量に

---

[9] 竹内 (1989) [28] の p.173～176、または Mardia ほか (1979) [64] の第6章を参照。後者では、パラメータ推定のための最小2乗法と最尤法が説明されている。
[10] $|\mathbf{\Sigma}|$ は $\mathbf{\Sigma}$ の行列式である。なお、「正値定符号行列」については、5.6.4項を参照。

相当する．したがって，$\mathbf{X}$ の j 番目の列から $\bar{x}_j$ を差し引いた上で，$\mathbf{X}^T\mathbf{X}$ を求め，その全要素を $n-1$ で割れば，**標本分散共分散行列**を得ることができる．より正確には，これを $\mathbf{S}$ と表記して，

$$\begin{aligned}\mathbf{S} &= \frac{1}{n-1}\left(\mathbf{X}-\mathbf{1}\bar{\mathbf{x}}^T\right)^T\left(\mathbf{X}-\mathbf{1}\bar{\mathbf{x}}^T\right) \\ &= \frac{1}{n-1}\left(\mathbf{X}^T\mathbf{X}-\mathbf{X}^T\mathbf{1}\bar{\mathbf{x}}^T-\bar{\mathbf{x}}\mathbf{1}^T\mathbf{X}+\bar{\mathbf{x}}\mathbf{1}^T\mathbf{1}\bar{\mathbf{x}}^T\right) \\ &= \frac{1}{n-1}\left(\mathbf{X}^T\mathbf{X}-n\bar{\mathbf{x}}\bar{\mathbf{x}}^T\right)\end{aligned} \quad (5.25)$$

であり ((2.17) 式および (4.4) 式を参照)，$\mathbf{\Sigma}$ の推定量として使われる (もちろん，行列 $\mathbf{S}$ の j 番目の対角要素は $s^2_{x_j}$，(j,k) 要素は $cov(x_j,x_k)$ になる)．

5.2.3 偏相関係数

他の変数の影響を除去した上で，2つの変数間の関連の程度を測定する目的で，**偏相関係数** (partial correlation) が用いられることがある．例えば，x_1，x_2，x_3 の 3 つの変数があった場合に，x_1 と x_2 がそれぞれ，x_3 によって説明されると仮定し，サイズ n の標本を用いて，

$$x_{i1} = b_0 + b_1 x_{i3} + \epsilon_{i1}, \ i=1,\ldots,n \quad (5.26)$$

$$x_{i2} = b'_0 + b_2 x_{i3} + \epsilon_{i2}, \ i=1,\ldots,n \quad (5.27)$$

の 2 つの回帰式を最小 2 乗法によって推定したとする．ここで x_{ij} はこれまでどおり，i 番目の個体における x_j の値 $(j=1,\ldots,3)$，ϵ_{i1} と ϵ_{i2} はそれぞれの残差である．ここで，これらの残差間の相関係数 $r_{\epsilon_1 \epsilon_2}$ が，x_3 の影響を除いた x_1 と x_2 との偏相関係数に相当する[11]．つまり，この偏相関係数を $r_{12\cdot 3}$ と書くことにすると，残差の平均は 0 なので，

$$r_{12\cdot 3} = r_{\epsilon_1 \epsilon_2} = \frac{\sum_i \epsilon_{i1}\epsilon_{i2}}{\sqrt{\sum_i \epsilon_{i1}^2 \sum_i \epsilon_{i2}^2}} \quad (5.28)$$

と定義される．なお，重相関係数 (5.2.1 項参照) や偏相関係数に対して，2 変数間の通常の相関係数を「単相関係数」と呼ぶことがある．

---
[11] 正確には，「標本偏相関係数」である．

回帰式 (5.26) および (5.27) 式の切片は, (4.24) 式より, $\bar{x}_j - b_j \bar{x}_3$ $(j = 1, 2)$ でそれぞれ推定されるから,これらを代入して整理すれば, $\epsilon_{ij} = (x_{ij} - \bar{x}_j) - b_j(x_{i3} - \bar{x}_3)$ となる $(j = 1, 2)$。また, $s_{jk} = \sum_i (x_{ij} - \bar{x}_j)(x_{ik} - \bar{x}_k)$ と定義すれば, (4.26) 式より, $b_j = r_{j3} \sqrt{s_{jj}/s_{33}}$ と書ける $(j = 1, 2)$。ここで r_{jk} は x_j と x_k との単相関係数を示している。したがって, (5.28) 式の最右辺の分子は,

$$\sum_{i=1}^n \epsilon_{i1}\epsilon_{i2} = \sum_{i=1}^n \prod_{j=1}^2 \left((x_{ij} - \bar{x}_j) - r_{j3}\sqrt{\frac{s_{jj}}{s_{33}}}(x_{i3} - \bar{x}_3) \right)$$

$$= s_{12} - r_{13}\sqrt{\frac{s_{11}}{s_{33}}}s_{23} - r_{23}\sqrt{\frac{s_{22}}{s_{33}}}s_{13} + r_{13}r_{23}\sqrt{s_{11}s_{22}}$$

で計算できる。さらに, 相関係数の定義より $r_{jk} = s_{jk}/\sqrt{s_{jj}s_{kk}}$ であるから, 右辺の第 2～4 項の絶対値はすべて等しく, また s_{12} を $r_{12}\sqrt{s_{11}s_{22}}$ で表せば,

$$\sum_i \epsilon_{i1}\epsilon_{i2} = \sqrt{s_{11}s_{22}}(r_{12} - r_{13}r_{23}) \tag{5.29}$$

のように整理される。

一方, x_3 が独立変数, x_1 および x_2 が従属変数である場合, その決定係数は, (4.27) 式より, $r_{j3}^2 = \sum_i(\hat{x}_{ij} - \bar{x}_j)^2/s_{jj} = 1 - \sum_i \epsilon_{ij}^2/s_{jj}$ なので $(j = 1, 2)$, これを使えば, (5.28) 式の最右辺の分母は

$$\sqrt{\sum_i \epsilon_{i1}^2 \sum_i \epsilon_{i2}^2} = \sqrt{s_{11}(1-r_{13}^2)}\sqrt{s_{22}(1-r_{23}^2)} \tag{5.30}$$

となる。(5.29) 式と (5.30) 式を (5.28) 式に代入すれば, 最終的に, 偏相関係数は

$$r_{12\cdot 3} = \frac{r_{12} - r_{13}r_{23}}{\sqrt{1-r_{13}^2}\sqrt{1-r_{23}^2}} \tag{5.31}$$

で計算されることが分かる。一般に, 変数が m 個存在する場合でも,

$$x_{i1} = b_0 + b_3 x_{i3} + \cdots + b_m x_{im} + \epsilon_{i1}, \; i = 1, \ldots, n \tag{5.32}$$

$$x_{i2} = b_0' + b_3' x_{i3} + \cdots + b_m' x_{im} + \epsilon_{i2}, \; i = 1, \ldots, n \tag{5.33}$$

の 2 つの回帰式の偏回帰係数を最小 2 乗法で推定した後に, 残差間の相関係数 $r_{\epsilon_1 \epsilon_2}$ として偏相関係数 $r_{12\cdot 3\cdots m}$ を算出できる。

従属変数 y と独立変数 x_1, x_2 を考え，x_2 の影響を除去した y と x_1 との偏相関係数を (5.31) 式に基づいて表記すると，

$$r_{y1\cdot 2} = \frac{r_{y1} - r_{y2}r_{12}}{\sqrt{1 - r_{y2}^2}\sqrt{1 - r_{12}^2}} \tag{5.34}$$

となる。一方，

$$r_{y(1\cdot 2)} = \frac{r_{y1} - r_{y2}r_{12}}{\sqrt{1 - r_{12}^2}} \tag{5.35}$$

によって定義される**部分相関係数**（part correlation または semipartial correlation）が使われることもある。

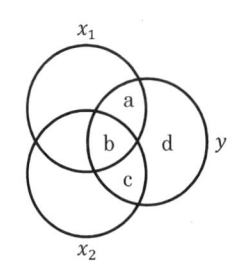

図 5.1 変数間の分散の関係（分散を 1 に標準化）：Kline(2011) [60] より

Kline(2011) [60] の p.30 では，回帰式 $y = b_1 x_1 + b_2 x_2$ の決定係数，偏相関係数，部分相関係数の間の関係が，図 5.1 により説明されている。この図の円は各変数の分散の大きさを模式的に表しており（ただし，分散が 1 になるように標準化されているものとする），円の重なり部分は変数間の共変動に相当する。この場合，決定係数 R^2，単相関係数の 2 乗，偏相関係数の 2 乗，部分相関係数の 2 乗は，それぞれ以下の部分または比を示していることになる。

決定係数： $R^2 = a + b + c = 1.0 - d$

単相関係数の 2 乗： $r_{y1}^2 = a + b, \quad r_{y2}^2 = b + c$

偏相関係数の 2 乗： $r_{y1\cdot 2}^2 = \dfrac{a}{a+d}, \quad r_{y2\cdot 1}^2 = \dfrac{c}{c+d}$

部分相関係数の 2 乗： $r_{y(1\cdot 2)}^2 = a, \quad r_{y(2\cdot 1)}^2 = c$

例えば，部分相関係数の 2 乗 $r_{y(1\cdot 2)}^2$ は，y の分散のうち，x_1 が単独で説明している部分の大きさである（分散を 1 に標準化した場合）。

5.2.4 回帰分析における離散変数

(1) ダミー変数の利用

性別（「男」「女」）や資料種別（「図書」「雑誌」「視聴覚資料」）のような離散変量を独立変数として回帰式に組み込むには，**ダミー変数**（dummy variable）を用いる。例えば，この3区分の資料種別を，連続変量の独立変数 x_1 に加える場合，x_2 を「図書ならば1，そうでなければ0」とするダミー変数，x_3 を「雑誌ならば1，そうでなければ0」とするダミー変数として，回帰式 $y = b_0 + b_1 x_1 + b_2 x_2 + b_3 x_3$ を設定すれば，とりあえず分析が可能になる（「視聴覚資料」では両者のダミー変数がともに0となる）。

この例が示すように，a 個の区分があれば，いずれかの区分を落として，$a-1$ 個のダミー変数を設定する。もし上記の例で，「視聴覚資料」に相当するダミー変数 x_4 を投入してしまうと，$x_4 = 1 - x_2 - x_3$ が成立するので，行列 $\mathbf{X}^T \mathbf{X}$ が特異になる（東京大学教養学部統計学教室 (1994) [32] の p.55～56 を参照）。

なお，「中学生」「高校生」「大学生」のような順序関係がある際には，ダミー変数 x_2, x_3 を，中学生は「$x_2 = 0, x_3 = 0$」，高校生「$x_2 = 1, x_3 = 0$」，大学生「$x_2 = 1, x_3 = 1$」のように，いわば「1」が積み上がる形で設定すると，結果が解釈しやすくなるかもしれない（問題に依存する）。

(2) ロジスティック回帰モデルの利用

一方，従属変数が分類尺度の場合には，ロジスティック回帰モデル（4.3.5項参照）を適用する。当然，このモデルに2個以上の独立変数を設定することが可能であるし，また独立変数としてダミー変数も利用できる（丹後ほか (2013) [29] の p.28 を参照）。

例えば，4.3.5項での例（従属変数が「先月1冊以上本を読んだかどうか」，独立変数が「インターネットの1日での平均利用時間」）に，独立変数として性別（「男」「女」），および身分（「高校生」「大学生」「社会人」）を加えることを考える。まず，x_1 を「インターネット利用時間」，x_2 を性別のダミー変数（「男」ならば0,「女」ならば1）とする。次に，身分については3区分なので，x_3 を「高校生」ならば1，それ以外ならば0，x_4 を「大学生」ならば

，それ以外ならば 0 と設定してみる。この場合，ロジスティック回帰式は，$\mathbf{x} = [x_1, x_2, x_3, x_4]^T$ と表記して，

$$\log(p/(1-p)) = [1, \mathbf{x}^T]\mathbf{b} \tag{5.36}$$

となる（残差は省略。また [ ] はこれまでどおり，ベクトルを意味する）。ここで，$\mathbf{b} = [b_0, b_1, b_2, b_3, b_4]^T$ である。また，この場合，(4.50) 式は

$$p(\mathbf{x}) = \frac{\exp([1, \mathbf{x}^T]\mathbf{b})}{1 + \exp([1, \mathbf{x}^T]\mathbf{b})} \tag{5.37}$$

と書ける。

実際のプロファイルは，$[4, 0, 1, 0]^T$（4 時間，男，高校生），$[2, 1, 0, 0]^T$（2 時間，女，社会人）といったパターンになる。データからこのようなパターンをすべて析出し，番号を付与して $\mathbf{x}_k$ ($k = 1, \ldots, K$) とすれば，4.3.5 項の場合と同様に，n_k（パターンに該当する人数）と y_k（そのうち先月 1 冊以上本を読んだ人の数）を計数できるので ($k = 1, \ldots, K$)，$\{(\mathbf{x}_1, n_1, y_1), \ldots, (\mathbf{x}_K, n_K, y_K)\}$ を使って，最尤法で回帰係数ベクトル $\mathbf{b}$ を推定することが可能である（(4.54) 式中の $a + bx$ を $[1, \mathbf{x}^T]\mathbf{b}$ に置き換えれば良い）。

一般に，最尤法でパラメータを推定した場合には，(3.20) 式に基づく尤度比検定を使って，モデル全体やパラメータを評価できる[12]。尤度比の分子 $L(\Omega_0)$（帰無仮説に対応）は，この場合には，モデルに基づく対数尤度であり，(4.53) 式の p_k を (5.37) 式の最尤推定量 $\hat{p}(\mathbf{x}_k)$ で置き換えたもの ($k = 1, \ldots, K$) の対数となる。一方，分母については，データを完全に予測した場合の対数尤度なので，(4.53) 式の p_k の代わりに y_k/n_k（多項分布での最尤推定量，3.3.3 項参照）を使った対数を $L(\Omega)$ とする。したがって，検定統計量 $-2\log\lambda$ は，

$$\begin{aligned} D(\hat{p}(\mathbf{x})) = & 2\sum_{k=1}^{K} (y_k \log(y_k/(n_k \hat{p}(\mathbf{x}_k)))) \\ & + (n_k - y_k)\log((n_k - y_k)/(n_k - n_k\hat{p}(\mathbf{x}_k)))) \end{aligned} \tag{5.38}$$

で算出される。これを**デビアンス**（deviance）と呼ぶ。

---

[12] そのほか，ワルド検定（Wald test）やスコア検定（score test）を利用することもある。ロジスティック回帰モデルにおけるこれらの検定については，丹後ほか (2013) [29] の p.256〜260 を参照。

デビアンスはモデルが正しいという帰無仮説の下に，漸近的に χ^2 分布に従う．つまり，適合度検定（3.3.4 項参照）と同様に，この場合には検定統計量（デビアンス）の値は小さいほど良く，検定を行うとすれば，帰無仮説を採択しなければならない．一方，デビアンスの差を利用して，通常の回帰分析のように，個別のパラメータおよびモデル全体の有意性を検定することもできる．帰無仮説を「j 番目の係数が 0（$b_j = 0$）」とし，$b_j = 0$ としたモデルのデビアンスを $D(\hat{p}^{\neg j}(\mathbf{x}))$ と表記する．この場合，帰無仮説の下に $D(\hat{p}^{\neg j}(\mathbf{x})) - D(\hat{p}(\mathbf{x}))$ は漸近的に自由度 1 の χ^2 分布に従うため，この統計量を使って回帰係数ごとの検定が可能である（$j = 0, \ldots, m$）．つまり，この検定統計量が大きいほど（x_j を除いたモデルの対数尤度が相対的に小さくなるほど），変数 x_j が「効いている」ことになるので，帰無仮説が棄却されやすくなる．同様に，帰無仮説を $H_0 : b_1 = \cdots = b_m = 0$ とするならば $D(\hat{p}^{\neg (1,\ldots,m)}(\mathbf{x})) - D(\hat{p}(\mathbf{x}))$ が自由度 m の χ^2 分布に漸近的に従うことを利用する（丹後ほか (2013) [29] の p.256 を参照）．

(3) 多項ロジスティック回帰分析

ロジスティック回帰モデル (5.36) 式では，従属変数は 2 値でなければならず，3 区分以上の場合には，直接には適用できない．しかし，h 個（$h > 2$）の区分に対しても，特定の 1 つの区分を基準として選び，それに対するその他の区分の対数オッズを設定して，ロジスティック回帰分析を $h - 1$ 回繰り返すことにより，有用な結果が得られる可能性がある．これを**多項ロジスティック回帰分析**と呼ぶ．

例えば，$h = 3$ ならば，分類区分を $y = 1, 2, 3$ と表記して，

$$\log \frac{P(y = 2)}{P(y = 1)} = [1, \mathbf{x}^T]\mathbf{b}_2, \quad \log \frac{P(y = 3)}{P(y = 1)} = [1, \mathbf{x}^T]\mathbf{b}_3$$

の 2 つのロジスティック回帰式が設定される．ここでは，第 1 の区分（$y = 1$）を基準として選んでおり，$y = 2$ と $y = 3$ の回帰係数を区別するため，それぞれ $\mathbf{b}_2$，$\mathbf{b}_3$ と表記してある．これらの比較から，何らかの結果を読み取ることができるかもしれない（具体例は，小杉・清水 (2014) [21] の p.136〜140 を参照）．

5.3 主成分分析と因子分析

5.3.1 主成分分析

重回帰分析では，1つの従属変数 y と独立変数 $x_1,...,x_m$ とを明示的に区別したが，ここでは単に m 個の変数 $x_1,...,x_m$ が観測されているものと仮定する。この際，その中に相関の高い複数の変数が存在したとすれば，それらは何らかのある共通した性質や傾向を示していると考えられるかもしれない。例えば，複数の市の図書館における蔵書冊数と受入冊数とが共変動していれば，それらは「蔵書構築」という活動における傾向を，それぞれ表しているものと想像できる。

このような状況で，m 個の変数が持つ情報をより少ない「次元 (dimension)」にまとめると便利な場合がある。これを**次元縮約** (dimensional reduction) と呼ぶ。次元縮約には，5.3.2項で述べる因子分析を使うこともできるが（この場合，「因子」が「次元」に相当），そのほか，**主成分分析** (principal component analysis: PCA) もよく利用される[13]。主成分分析では，変数 x_j $(j=1,...,m)$ の合成変数 z を

$$z = a_1 x_1 + a_2 x_2 + \cdots + a_m x_m \tag{5.39}$$

で定義する。ここで $a_1,...,a_m$ は係数（重み）である。係数を変化させることにより，無数の合成変数を定義できるが，主成分分析では，合成変数が元データの変動をできる限り多く説明するように，係数を算出する。

変数ベクトル $\mathbf{x} = [x_1,...,x_m]^T$ と，係数ベクトル $\mathbf{a} = [a_1,...,a_m]^T$ とを使えば，合成変数は $z = \mathbf{a}^T \mathbf{x}$ と表記できる。したがって，分散共分散行列 $\mathbf{\Sigma} = E((\mathbf{x} - E(\mathbf{x}))(\mathbf{x} - E(\mathbf{x}))^T)$ を導入すれば，z の分散は $V(z) = \mathbf{a}^T \mathbf{\Sigma} \mathbf{a}$ と書ける[14]。主成分分析では通常，係数の平方和が 1.0 となるように標準化するので，条件 $\mathbf{a}^T \mathbf{a} = 1$ の下に分散 $V(z)$ を最大にする係数ベクトル $\mathbf{a}$ を求めることになる。このためには，ラグランジュの未定乗数を λ として，

$$L = \mathbf{a}^T \mathbf{\Sigma} \mathbf{a} - \lambda(\mathbf{a}^T \mathbf{a} - 1) \tag{5.40}$$

---

[13]形式的には主成分分析を因子分析の特殊な場合として捉えることができるので（5.3.4項参照），主成分分析を因子分析の一種に含めている文献も多い。
[14]$V(z) = V(\mathbf{a}^T \mathbf{x}) = E((\mathbf{a}^T \mathbf{x} - E(\mathbf{a}^T \mathbf{x}))(\mathbf{a}^T \mathbf{x} - E(\mathbf{a}^T \mathbf{x}))^T) = E((\mathbf{a}^T(\mathbf{x} - E(\mathbf{x})))(\mathbf{a}^T(\mathbf{x} - E(\mathbf{x})))^T) = E(\mathbf{a}^T(\mathbf{x} - E(\mathbf{x}))(\mathbf{x} - E(\mathbf{x}))^T \mathbf{a}) = \mathbf{a}^T E((\mathbf{x} - E(\mathbf{x}))(\mathbf{x} - E(\mathbf{x}))^T) \mathbf{a} = \mathbf{a}^T \mathbf{\Sigma} \mathbf{a}$。

を a で微分し，それを 0 と置いた方程式を解けば良い．$\partial(\mathbf{a}^T\mathbf{\Sigma}\mathbf{a})/\partial\mathbf{a} = 2\mathbf{\Sigma}\mathbf{a}$，$\partial(\mathbf{a}^T\mathbf{a})/\partial\mathbf{a} = 2\mathbf{a}$ なので（5.6.5 項参照），$2\mathbf{\Sigma}\mathbf{a} - 2\lambda\mathbf{a} = 0$ より，

$$\mathbf{\Sigma}\mathbf{a} = \lambda\mathbf{a} \tag{5.41}$$

が導かれる．

すなわち，係数の算出は結局，固有値と固有ベクトルを求める問題（5.6.4 項参照）に帰着する．その結果として得られた固有値をその大きさの順に並べて番号を付けることとし，最大の固有値 λ_1 に対する固有ベクトル $\mathbf{a}_1$ によって計算される合成変数 z_1 を第 1 主成分とする．(5.41) 式の両辺に左から $\mathbf{a}^T$ を掛けると，$\mathbf{a}^T\mathbf{\Sigma}\mathbf{a} = \lambda\mathbf{a}^T\mathbf{a} = \lambda$ なので $V(z) = \lambda$ が成り立つ．つまり k 番目の固有値は変数 z_k の分散に相当し，第 1 主成分が最大の $V(z)$ を与えることになる（$V(z_1) = \max_{\{z\}} V(z)$）．次に，第 2 主成分 z_2 が 2 番目の大きさの固有値に対応し，同様に，第 3 主成分以下が定義される．

固有値が 0 でない主成分の総数を v（$v \leq m$）とすれば，第 k 主成分の**寄与率**（contribution ratio）を $\lambda_k / \sum_{h=1}^{v} \lambda_h$ で定義できる．これは元データの分散のうち，第 k 主成分がその説明に寄与する割合を意味している[15]．もし $v < m$ ならば，主成分分析によって，より少ない次元でデータを説明できたことになるし，$v = m$ の場合でも，寄与率の大きないくつかの主成分のみを採用すれば，次元の縮約が可能である．なお，第 1 主成分から第 k 主成分までの寄与率を合計したものを**累積寄与率**と呼ぶ．

なお，$\mathbf{\Sigma}$ が対称行列のため，固有ベクトルの性質により，$k \neq h$ ならば $\mathbf{a}_k^T\mathbf{a}_h = 0$ なので，z_k と z_h との共分散は，$Cov(z_k, z_h) = \mathbf{a}_k^T\mathbf{\Sigma}\mathbf{a}_h = \lambda_h\mathbf{a}_k^T\mathbf{a}_h = 0$ となる[16]．つまり，主成分は直交する（無相関）．また，各変数 x_j は j 番目の要素のみが 1 で，残りは 0 のベクトル $\mathbf{a} = [0, \ldots, 0, 1, 0, \ldots, 0]^T$ を使って $x_j = \mathbf{a}^T\mathbf{x}$ と書けることから，$Cov(z_k, z_h) = \lambda_h\mathbf{a}_k^T\mathbf{a}_h$ より，$Cov(x_j, z_k) = \lambda_k a_{kj}$ を得る（ここで a_{kj} は k 番目の合成変数に対する j 番目の変数の係数）．したがって，第 k 主成分と j 番目の変数との相関係数 r_{kj} は，変数 x_j の標準偏差を σ_{x_j} と表記すれば，$r_{kj} = \lambda_k a_{kj}/(\sqrt{\lambda_k}\sigma_{x_j}) = \sqrt{\lambda_k}a_{kj}/\sigma_{x_j}$ で計算される（Mardia ほか (1979) [64] の p.222～223 を参照）．

---

[15] 固有値の性質により，$\sum_{h=1}^{v} V(z_h) = \sum_{h=1}^{v} \lambda_h = \mathrm{tr}(\mathbf{\Sigma})$ となる（Mardia ほか (1979) [64] の p.215 を参照）．tr は行列のトレースであり（5.6.3 項参照），この最右辺は分散共分散行列の対角要素（すなわち分散）の合計を意味する．

[16] $Cov(z_k, z_h) = E((\mathbf{a}_k^T\mathbf{x} - E(\mathbf{a}_k^T\mathbf{x}))(\mathbf{a}_h^T\mathbf{x} - E(\mathbf{a}_h^T\mathbf{x}))^T)$ であることに注意すれば，$V(z) = \mathbf{a}^T\mathbf{\Sigma}\mathbf{a}$ を導いた手順を使って（前脚注参照），$Cov(z_k, z_h) = \mathbf{a}_k^T\mathbf{\Sigma}\mathbf{a}_h$ を示すことができる．

表 5.1　主成分分析の例：固有値の平方根と寄与率

成分	$\sqrt{\lambda}$	寄与率	累積	成分	$\sqrt{\lambda}$	寄与率	累積
1	508.17	0.73	0.73	6	50.53	0.01	0.99
2	234.14	0.15	0.88	7	45.09	0.01	1.00
3	137.18	0.05	0.96	8	33.85	0.00	1.00
4	109.99	0.03	0.97	9	8.23	0.00	1.00
5	69.20	0.01	0.98	10	3.34	0.00	1.00

以上の数値は，(5.25) 式の標本分散共分散行列 $\mathbf{S} = [s_{jl}]$ $(j, l = 1, \ldots, m)$ をデータから計算し，それを Σ の代わりに使うことによってすべて算出できる．実際の計算例を表 5.1 に示す．これは，2008 年における東京 23 区の図書館のデータ[17]に対して，主成分分析を行った結果である[18]．変数は「延床面積」「蔵書冊数」「受入冊数」「雑誌購入種数」「登録者数」「貸出回数」「予約件数」「図書借受冊数」「図書館費」「資料費」の 10 変数 ($m = 10$) で，適当に定住人口で割って，規模を補正してある[19]．ただし，このデータについて欠測値（欠損値）のあった 2 つの区を除いたので，実際には 21 の区を対象とした分析となっている ($n = 21$)．

表 5.1 では，固有値そのものではなく，その平方根（すなわち標準偏差）を示してある．このデータの場合，第 1 主成分と第 2 主成分の寄与率はそれぞれ 73%，15% であり（累積寄与率は 88%），これらの 2 つの主成分で元データの分散の多くを説明していることが分かる．この 2 つの主成分を使って各変数と各区（個体）を 2 次元空間にプロットした結果を図 5.2 に示す．変数のプロットでは各主成分の係数の値，区のプロットでは 2 つの主成分に対応する合成変数の値（(5.39) 式を参照）をそれぞれ使っている．

標本分散共分散行列ではなく，(j, l) 要素が変数 x_j と x_l との相関係数 r_{jl} である**相関行列**（correlation matrix）（正確には，標本相関係数の行列）を使って，主成分分析に必要な計算をする場合も多い．(5.10) 式に基づいて 2 つの変数を「平均 0，分散 1」に標準化すれば，これらの共分散は，(4.5) 式より，相関係数に一致する．したがって，$\mathbf{S}$ ではなく，Σ の代わりに相関行

---

[17] 日本図書館協会の『日本の図書館』による．
[18] 統計ソフトウェア R の prcomp 関数を使用した．
[19] 例えば，蔵書冊数は「100 人あたり」，受入冊数は「1000 人あたり」などのように換算した．当然，この換算の仕方が主成分分析の結果に影響する．

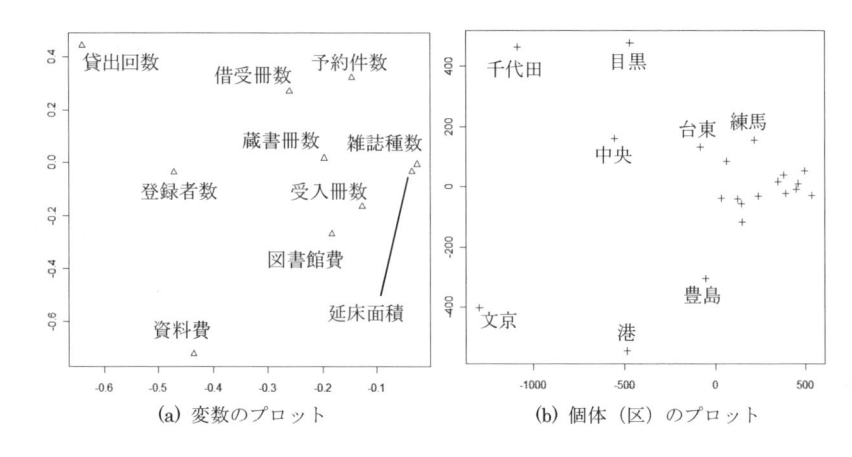

図 5.2 主成分分析によるプロット（横軸：第 1 主成分，縦軸：第 2 主成分）

列 $\mathbf{R} = [r_{jl}]$ を使うと，標準化された変数に対して主成分分析を実行したことになり，各変数の単位や尺度に依存しない結果を得ることができる。

5.3.2 因子分析の考え方

因子分析（factor analysis）では，変数を合成するのではなく，各変数 x_j が v 個の**共通因子**（common factor）$f_1, f_2, \ldots, f_v$ と 1 つの誤差項 ϵ_j から説明されると考える（$j = 1, \ldots, m$）。すなわち，

$$x_j = \mu_j + \gamma_{j1}f_1 + \gamma_{j2}f_2 + \cdots + \gamma_{jv}f_v + \epsilon_j, \ \ j = 1, \ldots, m \quad (5.42)$$

と置く。ここで，μ_j は変数 x_j の平均であり，また γ_{jk}（$j = 1, \ldots, m; k = 1, \ldots, v$）は**因子負荷量**（factor loading）と呼ばれ，各変数と各共通因子との間の関連の程度を示している。なお，誤差項 ϵ_j に対しては，因子分析においては，共通因子では説明されない部分という意味で，**独自因子**（unique factor）という呼称が使われることがある。

因子分析においては，$x_1, \ldots, x_m$ をその値が実際に観測される（測定される）変数とし，それに対して，$f_1, f_2, \ldots, f_v$ はその値が実際には観測されない**潜在変数**（latent variable）と考える。例えば，x_j（$j = 1, \ldots, 5$）を「英語」「国語」「社会」「数学」「理科」のテストの得点，f_k（$k = 1, 2, 3$）を「基

礎学力」「文系的学力」「理系的学力」と仮定する場合がその例である。つまり，共通因子は，何らかの理論や経験に基づいて設定された抽象的な概念であり，「hypothetical construct（仮説的なコンストラクト）」などとも呼ばれる（コンストラクトについては，6.1.1 項も参照）．

(5.42) 式は，ベクトルと行列を使って，簡単に

$$\mathbf{x} = \mathbf{\Gamma}\mathbf{f} + \boldsymbol{\epsilon} \tag{5.43}$$

と書ける．ここで $\mathbf{x}$ は $x_j - \mu_j$ を j 番目の要素とする m 次元ベクトル，$\mathbf{\Gamma}$ は γ_{jk} を (j,k) 要素とする $m \times v$ 行列，$\mathbf{f}$ は f_k を k 番目の要素とする v 次元ベクトル，$\boldsymbol{\epsilon}$ は ϵ_j を j 番目の要素とする m 次元ベクトルである．

実際にサイズ n の標本が得られた場合，これまでどおり各個体を示す添字を i として，(5.42) 式のモデルは，

$$x_{ij} = \mu_j + \gamma_{j1}f_{i1} + \cdots + \gamma_{jv}f_{iv} + \epsilon_{ij}, \quad i = 1,\ldots,n; \, j = 1,\ldots,m \tag{5.44}$$

と書き表すことができる．f_{ik} は，i 番目の個体における k 番目の共通因子の値であり，**因子得点**（factor score）と呼ばれる．

$\mathbf{x}$ の各要素は $x_j - \mu_j$ なので $E(\mathbf{x}) = \mathbf{0}$ となり，その分散共分散行列は，(5.43) 式より，

$$\begin{aligned} E(\mathbf{x}\mathbf{x}^T) &= E\left((\mathbf{\Gamma}\mathbf{f} + \boldsymbol{\epsilon})(\mathbf{\Gamma}\mathbf{f} + \boldsymbol{\epsilon})^T\right) \\ &= E\left((\mathbf{\Gamma}\mathbf{f})(\mathbf{\Gamma}\mathbf{f})^T + \boldsymbol{\epsilon}(\mathbf{\Gamma}\mathbf{f})^T + (\mathbf{\Gamma}\mathbf{f})\boldsymbol{\epsilon}^T + \boldsymbol{\epsilon}\boldsymbol{\epsilon}^T\right) \end{aligned} \tag{5.45}$$

と書ける．ここで，$\mathbf{O}$ をすべての要素が 0 の行列として，

$$E(\boldsymbol{\epsilon}\mathbf{f}^T) = \mathbf{O} \tag{5.46}$$

を仮定すれば（$E(\mathbf{f}\boldsymbol{\epsilon}^T)$ についても同様），

$$\begin{aligned} E(\mathbf{x}\mathbf{x}^T) &= \mathbf{\Gamma} E(\mathbf{f}\mathbf{f}^T)\mathbf{\Gamma}^T + E(\boldsymbol{\epsilon}\boldsymbol{\epsilon}^T) \\ &= \mathbf{\Gamma}\mathbf{\Phi}\mathbf{\Gamma}^T + \mathbf{\Psi} \end{aligned} \tag{5.47}$$

を得る（行列 $\mathbf{\Gamma}$ は変数ではなく定数であることに注意）．(5.46) 式は，$E(\mathbf{f}) = \mathbf{0}$（各共通因子の平均は 0）および $E(\boldsymbol{\epsilon}) = \mathbf{0}$（各独自因子の平均は 0）とすれば，「共通因子と独自因子は無相関」であることを意味している．この場合，

同様に，$\boldsymbol{\Phi}$，$\boldsymbol{\Psi}$ はそれぞれ，共通因子と独自因子の分散共分散行列として解釈できる。

以上の仮定に加えて，共通因子が互いに直交し（すなわち，共通因子間は無相関），なおかつ

$$V(f_k) = E(f_k^2) = 1, \quad k = 1, \ldots, v \tag{5.48}$$

と設定すれば（各共通因子の分散は 1），$\boldsymbol{\Phi} = \mathbf{I}$ なので[20]，(5.47) 式は，

$$E(\mathbf{x}\mathbf{x}^T) = \boldsymbol{\Gamma}\boldsymbol{\Gamma}^T + \boldsymbol{\Psi} \tag{5.49}$$

と書ける。これを**直交モデル**（orthogonal model）と呼ぶ。一方，共通因子が直交しない場合には，(5.47) 式は**斜交モデル**（oblique model）である。なお，$\boldsymbol{\Psi}$ もまた対角行列とし（すなわち，独自因子間も無相関），その対角要素を $\varphi_1, \ldots, \varphi_m$ で表記する。

ここで，与えられた $\boldsymbol{\Gamma}$ に対して，$\mathbf{T}\mathbf{T}^T = \mathbf{I}$ となる $v \times v$ 直交行列 $\mathbf{T}$ を使って $\boldsymbol{\Gamma}\mathbf{T}$ および $\mathbf{T}^T\mathbf{f}$ のように変換し，それぞれを $\boldsymbol{\Gamma}^*$，$\mathbf{f}^*$ と書く。このとき，

$$\boldsymbol{\Gamma}^*\mathbf{f}^* = \boldsymbol{\Gamma}\mathbf{T}\mathbf{T}^T\mathbf{f} = \boldsymbol{\Gamma}\mathbf{f} \tag{5.50}$$

であるから，モデル (5.43) 式は，$\boldsymbol{\Gamma}^*$ と $\mathbf{f}^*$ でも成立する。これは共通因子が無数に存在し，不定であること（**共通因子の不定性**）を示している。このため，データから $\boldsymbol{\Gamma}$ を推定する際には，その値を確定させるために，何らかの制約を加える必要がある（後述）。

5.3.3　因子負荷量の推定

直交モデルにおける因子負荷量の推定法の 1 つとして，**主因子法**（principal factor method）がある。この方法では，共通因子間の直交性を保ちつつ，共通因子と観測変数間の共分散の和がなるべく大きくなるように，反復計算により因子負荷量をデータから推定する。なお，共通因子と観測変数間の共分散 $Cov(x_j, f_k)$ は，直交モデルの場合，上記の平均や分散，無相関についての種々の仮定に従って計算すれば，

$$Cov(x_j, f_k) = Cov\left(\sum_{h=1}^{v}\gamma_{jh}f_h + \epsilon_j, f_k\right) = \gamma_{jk} \tag{5.51}$$

---

[20] $\mathbf{I}$ はこれまでどおり，すべての対角要素が 1 である対角行列。

のように，因子負荷量に一致する．

ここで，変数 x_j が共通因子で説明される部分を $t_j = \sum_{h=1}^{v} \gamma_{jh} f_h$ と表記し，なおかつ $\mathbf{t} = [t_1, \ldots, t_m]^T$ と定義しておく．これを使えば，因子分析モデルは $\mathbf{x} = \mathbf{t} + \boldsymbol{\epsilon}$ と書ける．$\mathbf{t}$ の分散共分散行列を $\boldsymbol{\Sigma}_t$ で表せば，共通因子と独自因子はともに平均 0 で，なおかつ無相関なので，$Cov(\mathbf{x}, \mathbf{t}) = Cov(\mathbf{t} + \boldsymbol{\epsilon}, \mathbf{t}) = \boldsymbol{\Sigma}_t$ を得る（$E(\mathbf{t}) = \mathbf{0}$ に注意）[21]．さらに，係数 $\mathbf{a} = [a_1, \ldots, a_m]^T$ を導入して，1 番目の共通因子が

$$f_1 = \mathbf{a}^T \mathbf{t} = a_1 t_1 + \cdots + a_m t_m \tag{5.52}$$

となるように変形すれば，各観測変数と共通因子 f_1 の共分散は，$Cov(\mathbf{x}, f_1) = E((\mathbf{t} + \boldsymbol{\epsilon})(\mathbf{a}^T \mathbf{t})^T) = \boldsymbol{\Sigma}_t \mathbf{a}$ と表現できる．

主因子法では，この共分散の平方和 $\|\boldsymbol{\Sigma}_t \mathbf{a}\|^2 = \mathbf{a}^T \boldsymbol{\Sigma}_t \boldsymbol{\Sigma}_t \mathbf{a}$ を（$\|\cdot\|$ はノルム），条件 $V(f_1) = E(\mathbf{a}^T \mathbf{t}(\mathbf{a}^T \mathbf{t})^T) = \mathbf{a}^T \boldsymbol{\Sigma}_t \mathbf{a} = 1$ の下で最大化するという基準に従って因子負荷量を推定する．すなわち，ラグランジュの未定乗数を λ として，

$$L = \mathbf{a}^T \boldsymbol{\Sigma}_t \boldsymbol{\Sigma}_t \mathbf{a} - \lambda(\mathbf{a}^T \boldsymbol{\Sigma}_t \mathbf{a} - 1) \tag{5.53}$$

を $\mathbf{a}$ で微分して，それを 0 と置いた方程式を解くことになる．これは，(5.41) 式を導いた場合と似たような計算手順となり，結局，固有値と固有ベクトルの式

$$\boldsymbol{\Sigma}_t \boldsymbol{\Sigma}_t \mathbf{a} = \lambda \boldsymbol{\Sigma}_t \mathbf{a} \tag{5.54}$$

が得られる．ここで，λ が $\boldsymbol{\Sigma}_t$ の固有値，$\boldsymbol{\Sigma}_t \mathbf{a}$ がその固有ベクトルに相当する．

(5.52) 式の f_1 を z に，t_j を x_j にそれぞれ置換すれば，(5.39) 式に一致することから明らかなように，主因子法では，共通因子を $\mathbf{t}$ の合成変数と見なして，主成分分析を行い（つまり，その主成分を共通因子とする），その結果として算出された共分散ベクトル $\boldsymbol{\Sigma}_t \mathbf{a}$ の要素を，直交モデルにおけるそれぞれの因子負荷量とするわけである（(5.51) 式を参照）．したがって，(5.54) 式の v 個の解を固有値の大きさの順に並べて，k 番目の固有値 λ_k とそれに対応する固有ベクトルとを k 番目の共通因子に割り当てれば良い（$k = 1, \ldots, v$）．ただし，通常の主成分分析とは異なり，$\mathbf{t}$ は確定しておらず，これ自体をデータから推計する必要がある．具体的には，(5.49) 式の $\boldsymbol{\Psi}$ も同時に求めなけれ

---

[21]ベクトル $\mathbf{x}$ と $\mathbf{y}$ に対して，$Cov(\mathbf{x}, \mathbf{y}) = E((\mathbf{x} - E(\mathbf{x}))(\mathbf{y} - E(\mathbf{y}))^T)$．

ばならない．ここに因子負荷量の推定の難しさがあり，このため，主因子法では，反復計算で解を求めることになる．

具体的な反復計算の手順は以下のとおりである（詳細は，柳井ほか (1990) [36] の p.51〜53 を参照）．まず，Σ_t の固有値を求める．つまり，変数 $\mathbf{x}$ の分散共分散行列 Σ は

$$\Sigma = \Sigma_t + \Psi \tag{5.55}$$

と分解できるので[22]，$\Sigma_t = \Sigma - \Psi$ より，Σ を標本分散共分散行列 $\mathbf{S}$ に置き換え，また Ψ に適当な初期値を設定した後に，

(a) 行列 $\mathbf{S}-\Psi$ の固有値 λ_k およびノルム 1 の固有ベクトル $\boldsymbol{\omega}_k$ $(k = 1, \ldots, v)$ を計算

する．

この計算結果から，$\mathbf{x}$ と f_k の共分散 $\Sigma_t \mathbf{a}$ を，$\sqrt{\lambda_k} \boldsymbol{\omega}_k$ として求めることができる[23]．(5.55) 式より，$\sigma_{jj} = V(x_j) = V(t_j) + V(\epsilon_j)$ であり，また，直交モデルの場合，

$$V(t_j) = \sum_{k=1}^{v} \sum_{h=1}^{v} \gamma_{jk} \gamma_{jh} E(f_k f_h) = \gamma_{j1}^2 + \cdots + \gamma_{jv}^2 \tag{5.56}$$

が成り立つことから，σ_{jj} の代わりに変数 x_j の標本分散 $s_{x_j}^2$ を用い，Ψ の対角要素を，

(b) $\varphi_j = s_{x_j}^2 - \sum_{k=1}^{v} \lambda_k \omega_{jk}^2$

として計算し直す ((5.51) 式に注意)．ここで ω_{jk} はベクトル $\boldsymbol{\omega}_k$ の j 番目の要素である．

この値を使って，Ψ を更新した後，上記 (a) の手順に戻れば，反復計算が可能となり，各値が収束した時点で，$\hat{\gamma}_{jk} = \sqrt{\lambda_k} \omega_{jk}$ とすれば良い $(j = 1, \ldots, m;\ k = 1, \ldots, v)$．その結果，(5.56) 式によって $V(t_j)$ を推定すれば，観測変数 x_j の分散に対する t_j の分散の比

$$h_j^2 = V(t_j)/V(x_j) \tag{5.57}$$

---

[22] $\Sigma = E(\mathbf{xx}^T) = E((\mathbf{t}+\boldsymbol{\epsilon})(\mathbf{t}+\boldsymbol{\epsilon})^T) = E(\mathbf{tt}^T) + E(\boldsymbol{\epsilon}\boldsymbol{\epsilon}^T) = \Sigma_t + \Psi$．
[23] (5.54) 式の両辺に左側から $\mathbf{a}^T$ を掛ければ，$\mathbf{a}^T \Sigma_t \Sigma_t \mathbf{a} = \lambda \mathbf{a}^T \Sigma_t \mathbf{a}$ となるが，条件 $\mathbf{a}^T \Sigma_t \mathbf{a} = 1$ より，$\mathbf{a}^T \Sigma_t \Sigma_t \mathbf{a} = \lambda$．したがって，各 k について $\boldsymbol{\omega}_k^T \boldsymbol{\omega}_k = 1$ なので，$\Sigma_t \mathbf{a} = \sqrt{\lambda_k} \boldsymbol{\omega}_k$ とすれば良い．

も推計できる．h_j^2 を**共通性**（communality）と呼ぶ．

主因子法以外にも，因子負荷量を推定するための様々な方法が考案されている．例えば，モデルから理論的な分散・共分散を計算し，それらと実際のデータにおける分散・共分散との比較に基づいて因子負荷量を計算する方法がある．すなわち，この方法では，

$$\mathrm{tr}\left((\mathbf{S}-\mathbf{\Sigma})^2\right) = \sum_{j=1}^{m}\sum_{l=1}^{m}(s_{jl}-\sigma_{jl})^2 \tag{5.58}$$

が最小になるように，$\mathbf{\Gamma}$ および $\mathbf{\Psi}$ の値を決める．これは一種の最小 2 乗法である．ただし，回帰分析の場合とは異なり，(5.58) 式を最小にする $\mathbf{\Gamma}$ と $\mathbf{\Psi}$ が解析的に求められるわけではなく，主因子法と同様に，ある仮定や基準に基づいて，ニュートン-ラフソン法 (5.6.5 項参照) などの反復的な数値計算法を使わなければならない (通常，その結果は，主因子法によるものと同じになる．柳井ほか (1990) [36] の p.51~53 を参照)．

一方，最尤法では，データ $\mathbf{x}$ を，平均 $\boldsymbol{\mu}$，分散共分散行列 $\mathbf{\Sigma}$ の正規母集団からの無作為抽出で得られたものと仮定して，尤度関数を最大にする $\mathbf{\Gamma}$ と $\mathbf{\Psi}$ を計算する．この場合にもやはり反復的な計算での推計にならざるを得ないものの，主因子法などとは異なり，(5.23) 式の多変量正規分布を仮定するために，推定や検定が可能になる．例えば，帰無仮説「$\mathbf{\Sigma}$ は因子数 v の共通因子分解を持つ」についての尤度比検定を行うことができる (詳細は，柳井ほか (1990) [36] の p.55~61 および p.74~75 を参照)．

なお，標本分散共分散行列 $\mathbf{S}$ ではなく，代わりに標本相関係数の行列 (相関行列) $\mathbf{R} = [r_{jl}]$ $(j, l = 1, \ldots, m)$ を使って，因子負荷量が推定されることも多い．主因子法では両者の結果は異なるが，最尤法の場合には同一となる (柳井 (1990) [36] の p.70~71 を参照)．

5.3.4 因子の解釈と因子得点の推定

以上の推定法では因子数 v は所与のものとして固定されており，したがって，ソフトウェアで因子分析を実行する際には，因子数を前もって決めておく必要がある．何らかの先験的な知見に基づいて v の値を設定するのが望ましく，もし，データから帰納的に推測する必要があるとすれば，それは多少

やっかいかもしれない。手がかりの1つは，データに対して主成分分析を実行してみることである。これは，主成分分析は「独自因子がすべて0」と仮定した場合の因子分析に相当するので，各主成分を近似的に共通因子と見なせば，そこからある程度の推測が可能という考え方に基づいている。

この場合，分散共分散行列ではなく，相関行列 $\mathbf{R}$ を対象に主成分分析を試み，固有値が1以上の成分の数を因子数として採用することが考えられる。これは，$\mathbf{R}$ を使った場合，固有値が1以上ならば，その成分は1つの観測変数よりも大きな分散を説明していると解釈できるためである。または，主成分の累積寄与率が一定値（例えば 80%）を超えるまでの成分数を用いたり，固有値を大きさの順にプロットして[24]，急激に減少する1つ手前までを採用する場合もある。

因子数を特定して因子負荷量を推定した後，主成分分析と同様に，共通因子の寄与率を計算できる。具体的には，因子 f_k に対して，m 個の観測変数の因子負荷量の平方和 $c_k = \gamma_{1k}^2 + \cdots + \gamma_{mk}^2$ を求め，$c_k / \sum_{k'} c_{k'}$ を寄与率とすれば良い（$k = 1, \ldots, v$）。さらに，直交モデルの場合には，固有値の大きさの順に共通因子を並べて，各順位までの寄与率を合計すれば，累積寄与率も算出可能である。

因子負荷量は元の観測変数との関連の程度を示しているので，これに基づいて，潜在的な因子の意味的な解釈を行うことができる。特に，データの背後に存在する潜在的要因が不明なまま因子分析を実行し，因子負荷量を使って事後的に因子の意味を「探る」場合も多い。この点で，ここで説明した因子分析を**探索的因子分析**（exploratory factor analysis: EFA）と呼び，後述する確証的因子分析と明示的に区別することがある。

この際には通常，(5.50) 式に示されている因子の不定性を利用して，共通因子の解釈が容易になるよう，変換が施される。つまり，変換 $\mathbf{T}$ によって，共通因子ごとに特定の観測変数の因子負荷量を特に大きくまたは小さくすることができれば，それらの観測変数が，各因子を特徴付けるための材料となる。もし $\mathbf{T}$ が直交行列ならば，この変換に際して共通因子の直交性はそのまま保持される（すなわち $E((\mathbf{T}^T \mathbf{f})(\mathbf{T}^T \mathbf{f})^T) = \mathbf{I}$）。この種の変換は**直交回転**（orthogonal rotation）と呼ばれ，具体的にはバリマックス回転などの方法がある。

---

[24] スクリープロット（scree plot）と呼ばれる。

一方，$\mathbf{T}$ が直交行列でなくとも，$\mathbf{\Gamma T}$，$\mathbf{T}^{-1}\mathbf{f}$ という変換で，モデル (5.43) 式は保持される．この種の変換は**斜交回転**（oblique rotation）と呼ばれ，この場合には，共通因子の直交性は失われる（直交性のような強い仮定を置かないほうが「探索的な」因子分析としては都合の良いときもある）．具体的な斜交回転としては，プロマックス回転などがある．実際には，共通因子の直交性を維持するかどうかを決めた後，ソフトウェアで用意されている回転をいくつか試して，解釈しやすいものを採用すれば良い（なお，斜交回転では，共通因子間に相関が生じるので，累積寄与率は計算できない点に注意）．

主因子法の説明から明らかなように，残念ながら，因子負荷量の推定と同時に因子得点が決まるわけではない．因子得点は，因子負荷量の推定により $\mathbf{\Gamma}$ と $\mathbf{\Psi}$ の値が確定した後（斜交モデルでは $\mathbf{\Phi}$ が加わる），別の方法で推計する必要がある．

例えば，$\mathbf{x}$ は観測されているので，$v \times m$ の係数行列 $\mathbf{W} = [w_{kj}]$ を設定して $(k = 1, \ldots, v; j = 1, \ldots, m)$，

$$E\left((\mathbf{W}\mathbf{x} - \mathbf{f})^T(\mathbf{W}\mathbf{x} - \mathbf{f})\right) = \mathrm{tr}\left(\mathbf{W}\mathbf{\Sigma}\mathbf{W}^T - 2\mathbf{\Gamma}^T\mathbf{W}^T + \mathbf{I}\right) \quad (5.59)$$

を最小とする $\mathbf{W}$ を求め（直交モデルの場合）[25]，個体ごとに $\hat{\mathbf{f}}_{(i)} = \mathbf{W}\mathbf{x}_{(i)}$ で因子得点を推定することが考えられる．ここで，$\mathbf{x}_{(i)} = [x_{i1}, x_{i2}, \ldots, x_{im}]^T$ は，i 番目の個体における観測変数の値のベクトル，$\hat{\mathbf{f}}_{(i)}$ は同様にその因子得点の推定値を要素とする v 次元ベクトルである．実際，(5.59) 式を $\mathbf{W}$ で微分して 0 と置いた方程式を解くと，$\hat{\mathbf{W}} = \mathbf{\Gamma}^T\mathbf{\Sigma}^{-1}$ を得るので[26]，$\mathbf{\Sigma}$ を $\mathbf{S}$ に置き換えれば $\hat{\mathbf{W}}$ を求めることができる．したがって，これにより因子得点の計算が可能となる．以上の方法による因子得点は「回帰推定量」と称されることがある[27]．

主成分分析の例示に使用したデータに対して，因子分析を適用した結果が表 5.2 である[28]．主成分分析の結果（表 5.1）から，因子数を 2 とすべきことは明らかであるが，念のため，相関行列 $\mathbf{R}$ の固有値を求めてみたところ，1.0

---
[25]内積のため，$\mathbf{f}^T(\mathbf{W}\mathbf{x}) = (\mathbf{W}\mathbf{x})^T\mathbf{f}$ であることと，内積とトレースの関係により，例えば，$(\mathbf{W}\mathbf{x})^T\mathbf{f} = \mathbf{x}^T\mathbf{W}^T\mathbf{f} = \mathrm{tr}(\mathbf{f}\mathbf{x}^T\mathbf{W}^T)$ と変形できる点に注意．また，$E(\mathbf{x}) = \mathbf{0}$ と $E(\mathbf{f}) = \mathbf{0}$ により，$E(\mathbf{f}\mathbf{x}^T) = \mathbf{\Gamma}^T$．
[26]この計算に必要なトレースの微分については，Kishida(2013) [58] の p.146〜147 を参照．
[27]詳細は，柳井ほか (1990) [36] の p.78〜82 を参照．そこで解説されているように，このほか，バートレット推定量（Bartlett's estimator）などもある．
[28]統計ソフトウェア R の factanal 関数を用いた．

表 5.2 因子分析の例：因子負荷量と独自性

観測変数	第1因子	第2因子	独自性
延床面積	0.947	0.312	0.005
蔵書冊数	0.589	0.746	0.097
受入冊数	0.394	0.365	0.711
雑誌購入種数	0.638	0.557	0.283
登録者数	0.704	0.544	0.208
貸出回数	0.476	0.731	0.240
予約件数		0.675	0.541
図書借受冊数	0.211	0.962	0.029
図書館費	0.921		0.144
資料費	0.879	0.220	0.179

注：値の小さな因子負荷量は省略した

を超えたのは第1主成分と第2主成分のみであった。表 5.2 には，これに基づいて（$v=2$），「最尤法・バリマックス回転」の組み合わせで推定した因子負荷量と独自性（1.0 から共通性の値を引いたもの）が示されている。

第1因子と第2因子の因子負荷量の平方和はそれぞれ 4.196，3.367，寄与率は 0.420，0.337 であった（累積寄与率は 0.757）。このように累積寄与率は比較的高いものの，残念ながら，尤度比検定の結果では有意水準 5% で帰無仮説（因子数 2 のモデル）が棄却される結果となった（ただし，5.5.2 項で述べるように，いくつかの変数が正規分布からずれているため，その点も割り引いて，検定結果を解釈する必要がある）。

それでも，因子負荷量から 2 つの因子をいちおう解釈してみると，第1因子に対する負荷量が「延床面積」「図書館費」で高く，第2因子では「図書借受冊数」「蔵書冊数」「貸出回数」で高いことから，前者を「図書館への投入」，後者を「図書館活動・サービス」などとラベル付けできるかもしれない。「受入冊数」は，両因子とも負荷量が低く，独自性が高いので，このような潜在的な共通因子では説明されない観測変数であると解釈できる。最後に，回帰推定量としての因子得点のプロットを図 5.3 に示す。

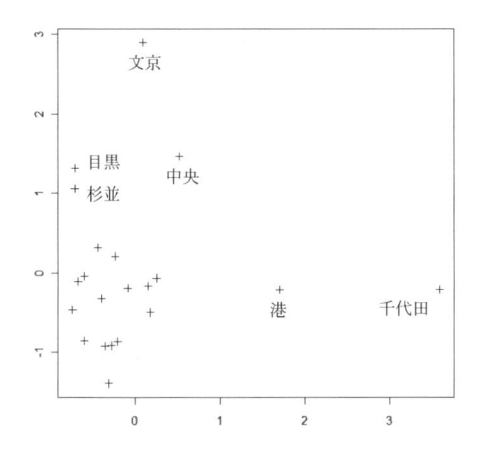

図 5.3　因子得点によるプロット（横軸：第 1 因子，縦軸：第 2 因子）

5.4　パス解析と確証的因子分析

5.4.1　パス解析とパス図

5.2.1 項で議論したように，2 つの独立変数を含んだ回帰式 $y = b_1x_1 + b_2x_2 + \epsilon_1$ では（残差に添字「1」を付けておく），独立変数間の内部相関の程度に応じて，偏回帰係数の値が変化する．さらに，もし独立変数 x_2 が x_1 によって $x_2 = c_1x_1 + \epsilon_2$ のように明示的に説明されると仮定できるならば，これを前者のモデルに代入して，

$$y = b_1x_1 + b_2(c_1x_1 + \epsilon_2) + \epsilon_1 = b_1x_1 + b_2c_1x_1 + b_2\epsilon_2 + \epsilon_1 \tag{5.60}$$

を得る．この式は x_1 から y への影響が，x_1 からの直接的な経路での b_1x_1 と，x_2 を経由した間接的な $b_2c_1x_1$ とに分解できることを示している（図 5.4 参照）．ここで b_1 を**直接効果**（direct effect），b_2c_1 を**間接効果**（indirect effect）と呼ぶ．後者は**媒介効果**（mediator effect）と称される場合もある[29]．

パス解析（path analysis）では，図 5.4 のように，観測変数間の影響関係または因果関係を明示的に経路（パス）として設定した上で分析が進められ

---

[29] なお，「moderator effect（調整効果）」は，4.4 節の分散分析で説明した交互作用による効果（interaction）を意味し，ここでの「mediator effect」とは別概念である．文献を読む際などに注意．

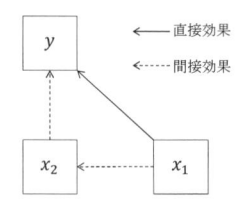

図 5.4　直接効果と間接効果

る。このための第一歩は，理論や経験，あるいは先行研究に照らして，**パス図**（path diagram）を描くことである。図 5.4 も一種のパス図と言えなくもないが，より標準的な記法に従い，厳密に描けば，図 5.5(a) のようになる。

図 5.5 にて使用されている記法は以下のとおりである。

- 観測変数は四角，潜在変数は丸で囲む。
- 直線の矢印で変数間の影響関係または因果関係を示す。
- 曲線の双方向矢印は 1 つの変数の変動あるいは変数間の共変動を意味する。

この記法は，RAM（McArdle-McDonald reticular action model）に基づいており（Kline(2011) [60] の p.95 を参照），一般には，別の表記法が使用される場合も多い。

(a) 間接効果　　(b) 内部相関のある因果関係

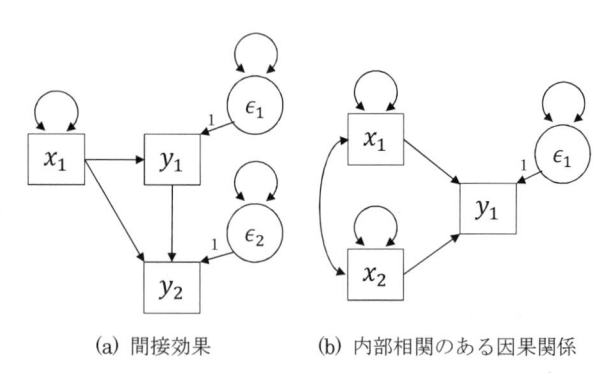

図 5.5　パス図の例

さらに図 5.5(a) では，図 5.4 における x_2 がモデル内で他の変数（x_1）に

よって説明される**内生変数**（endogenous variable）であるため，記号 y を使って $x_2 \Rightarrow y_1$ と置き換え，それに伴い，$y \Rightarrow y_2$ のように修正している（これらの変数は「outcome variable」と呼ばれることもある）。それに対して，x_1 は，モデル内では他の変数から影響を受けておらず（モデルの外からは何らかの影響があるのかもしれないが），この種の変数を**外生変数**（exogenous variable）と呼ぶ。

図 5.5 には「(b) 内部相関のある因果関係」として，通常の回帰式 $y = b_1 x_1 + b_2 x_2 + \epsilon$ に相当するパス図も示してある。これらの図では，$\boxed{y_1} \rightleftharpoons \boxed{y_2}$ といった双方向での影響関係は含まれておらず，また誤差項 ϵ_1 と ϵ_2 は無相関である。このようなモデルを**逐次モデル**（recursive model），そうでないモデルを非逐次モデル（non-recursive model）と呼ぶ[30]。図 5.5(a) と (b) は両方とも逐次モデルである。非逐次モデルの解析は一般に難しく，本書では逐次モデルのみを議論する。

なお，図 5.5 において，誤差項から内生変数に出ている矢印に付されている「1」は，この影響の大きさの単位または尺度をそれぞれの内生変数と同じにすることを意味している。このように値の大きさを揃えれば，内生変数の分散と誤差項の分散とを単純比較できる。また，モデルに含まれるいくつかの係数を固定すると，自由なパラメータ（free parameter）の数が減り，モデルの推定（後述）の負担が減少する。

5.4.2　パス解析における構造方程式

内生変数の数を q，外生変数の数を m とする。また，q 個の内生変数と m 個の外生変数を，それぞれ要素として並べたベクトルを $\mathbf{y}$, $\mathbf{x}$ で表す。さらに，q 次元の定数ベクトル $\boldsymbol{\alpha}$ と，誤差項を要素とするベクトル $\boldsymbol{\epsilon}$ を導入すれば，パス図で描かれたモデルを，

$$\mathbf{y} = \boldsymbol{\alpha} + \mathbf{B}\mathbf{y} + \mathbf{C}\mathbf{x} + \boldsymbol{\epsilon} \tag{5.61}$$

と書くことができる。ここで $\mathbf{B}$ は $q \times q$ の係数行列で，内生変数間の影響関係を示す。特定の変数間で影響関係を想定しなければ，それに該当する要素

---

[30] 誤差項が共変動する場合でも，ある条件が成り立てば逐次モデルと解釈できることもある。詳細は，Kline(2011) [60] の p.106〜110 を参照。

の値は 0 となる。なお，逐次モデルのみを取り扱うので，$\mathbf{B}$ は，対角要素および右上の非対角要素を 0 とした下三角行列であると仮定する。また，(5.61) 式中の $\mathbf{C}$ は $q \times m$ の係数行列で，その (k, j) 要素 c_{kj} は，内生変数 x_j が外生変数 y_k に影響する程度を意味している。

例えば，図 5.5(a) のパス図では，$\mathbf{y} = [y_1, y_2]^T$，$\mathbf{x} = [x_1]$，

$$\mathbf{B} = \begin{bmatrix} 0 & 0 \\ b_{21} & 0 \end{bmatrix}$$

および $\mathbf{C} = [c_{11}, c_{21}]^T$，$\boldsymbol{\epsilon} = [\epsilon_1, \epsilon_2]^T$ である。これらを (5.61) 式に代入して，定数ベクトル $\boldsymbol{\alpha}$ を無視すれば，

$$\begin{bmatrix} y_1 \\ y_2 \end{bmatrix} = \begin{bmatrix} 0 & 0 \\ b_{21} & 0 \end{bmatrix} \begin{bmatrix} y_1 \\ y_2 \end{bmatrix} + \begin{bmatrix} c_{11} \\ c_{21} \end{bmatrix} [x_1] + \begin{bmatrix} \epsilon_1 \\ \epsilon_2 \end{bmatrix} \quad (5.62)$$

を得る。さらに，ベクトルと行列を展開すれば

$$y_1 = c_{11}x_1 + \epsilon_1 \quad (5.63)$$

$$y_2 = b_{21}y_1 + c_{21}x_1 + \epsilon_2 \quad (5.64)$$

の同時方程式（simultaneous equations）が導かれる。

このほか，図 5.5(a) では，x_1 と誤差項の分散がそれぞれ設定されているので，これを

$$\boldsymbol{\Phi} = [\sigma_{x_1}^2], \quad \boldsymbol{\Psi} = \begin{bmatrix} \sigma_{\epsilon_1}^2 & 0 \\ 0 & \sigma_{\epsilon_2}^2 \end{bmatrix}$$

と表記しておく。一般には，$\boldsymbol{\Phi}$ は $m \times m$ 行列，$\boldsymbol{\Psi}$ は $q \times q$ 行列である（ともに分散共分散行列）。

通常，(5.61) 式は**構造方程式**（structural equation），それに含まれる係数（すなわち，$\mathbf{B}$ および $\mathbf{C}$）はパス解析の場合，特に**パス係数**（path coefficient）と呼ばれる。ここまでの議論から明らかなように，パス解析におけるモデルは，4 つの行列 $\{\mathbf{B}, \mathbf{C}, \boldsymbol{\Phi}, \boldsymbol{\Psi}\}$ によって特徴付けられることになる。

5.4.3 モデルの識別可能性

行列 $\{\mathbf{B}, \mathbf{C}, \boldsymbol{\Phi}, \boldsymbol{\Psi}\}$ をデータから推定する場合，図 5.5(a) のような比較的単純なモデルならば，条件を調整した上で，通常の最小 2 乗法（ordinary least square: OLS）を使うこともできる．しかし，現在では，モデルから導かれる分散・共分散とデータから得られるそれらの推定量との比較に基づいて計算するのが一般的となっている．これはちょうど，因子分析における (5.58) 式と同じ考え方に基づく方法である．

$E(\mathbf{x}) = \mathbf{0}$ および $E(\mathbf{y}) = \mathbf{0}$, $E(\boldsymbol{\epsilon}) = \mathbf{0}$ を仮定すれば，図 5.5(a) のモデルにおけるパラメータは次のように推定される（Mueller(1996) [67] の p.48〜50 を参照）．まず，x_1 と ϵ_1 とは無相関であるから，(5.63) 式より，

$$Cov(y_1, x_1) = c_{11}V(x_1) = c_{11}\sigma_{x_1}^2 \tag{5.65}$$

$$V(y_1) = c_{11}Cov(y_1, x_1) + Cov(y_1, \epsilon_1) = c_{11}Cov(y_1, x_1) + \sigma_{\epsilon_1}^2 \tag{5.66}$$

を得る（$V(\epsilon_1) = \sigma_{\epsilon_1}^2$ に注意）．例えば (5.65) 式は，モデルにおける仮定に基づいて，$Cov(y_1, x_1) = Cov(c_{11}x_1 + \epsilon_1, x_1)$ を計算することによって導かれる．同様に，(5.64) 式を使えば，

$$Cov(y_2, x_1) = b_{21}Cov(y_1, x_1) + c_{21}V(x_1) \tag{5.67}$$

$$V(y_2) = b_{21}Cov(y_2, y_1) + c_{21}Cov(y_2, x_1) + \sigma_{\epsilon_2}^2 \tag{5.68}$$

$$Cov(y_2, y_1) = b_{21}V(y_1) + c_{21}Cov(y_1, x_1) \tag{5.69}$$

である．パラメータは 6 個存在し（b_{21}, c_{11}, c_{21}, $\sigma_{x_1}^2$, $\sigma_{\epsilon_1}^2$, $\sigma_{\epsilon_2}^2$），一方，方程式の数は，$V(x_1) = \sigma_{x_1}^2$ を含めれば 6 本なので，$V(y_1)$, $V(y_2)$, $V(x_1)$, $Cov(y_2, y_1)$, $Cov(y_2, x_1)$, $Cov(y_1, x_1)$ のところに標本分散・標本共分散の実際の値をそれぞれ代入すれば，この連立方程式は解を持つことになる．すなわち，パラメータは一意に定まる．なお，分散と共分散を方程式モデルのパラメータで表現したものを**共分散構造**（covariance structure）と呼ぶ（豊田 (1998) [33] の p.55）[31]．

この例より，m 個の観測変数における分散と共分散の総数 $m(m+1)/2$ とパラメータの総数との関係が，モデルの推定にとって重要であることが分かる．これは，方程式モデルの**識別**（identification）の問題であり，一般に，連立方程式を解く際に，未知パラメータの数と方程式の数が同じならば，一意に解が定まる（「just-identified」）．一方，未知パラメータの数が多ければ，

---

[31] 上で注意したように，(5.62) 式では，定数ベクトル $\boldsymbol{\alpha}$ を落としている．定数項を設定して，「平均構造（mean structure）」を分析することもあるが，本書ではこれについては省略する．

解は「不定」となって(「unidentified」), モデルは失敗である。逆に, 方程式の数が多ければ解は「不能」(「overidentified」) となる可能性があるものの[32], この場合には, 何らかの推定法によって近似的な解を求めることができる[33]。

パラメータの総数を K とすれば, 観測変数の総数 m に対して構造方程式の自由度を

$$d_f = (m(m+1)/2) - K \tag{5.70}$$

と定義できる。したがって, 方程式中のパラメータが推定可能な場合(「just-identified」または「overidentified」の場合)には,

$$d_f \geq 0 \tag{5.71}$$

が成り立っていることになる。つまり, (5.71) 式が成立しなければ, パラメータを推定できず, その構造方程式には意味がない。

ただし, $d_f \geq 0$ は必要条件であって, 十分条件ではないことに注意が必要である[34]。すなわち, モデルが識別できる場合には必ずこの条件が成り立っているのに対して, この条件が成立していても, モデルが識別できないことがある。なお, パス解析においては, 逐次モデル($\mathbf{B}$ が下三角行列かつ $\boldsymbol{\Psi}$ が対角行列)は識別される。

5.4.4 パス解析の特徴

実際にパス解析を適用するには, まず, 研究上の課題に対して, 構造方程式で示されるモデルを**特定**(specification)する。その際に, 上記の識別可能性を確認しなければならない。その上で, データを収集して, ソフトウェア

---
[32] 例えば, $3 = x + y$, $4 = 2x + y$, $5 = 2x + 2y$ の場合には解は存在しない。
[33] もちろん, 識別の問題は, 最小 2 乗法による偏回帰係数の推定にも存在する。係数の数を m, 標本サイズを n とすれば, $n < m$ ならば, 解は存在しない。一方, $n = m$ ならば「just-identified」であり, すべての残差を 0 として連立方程式を解くことになるので, 決定係数は 1.0 となる。しかし, これは通常, 回帰モデルを適用する問題において求められていることではなく, 残差の分散の大きさを推定したいのであるから, n をなるべく大きくするのが望ましいわけである ($m < n$)。同様に, 探索的因子分析の場合にも, 共通因子の数が増え過ぎれば識別できず, ソフトウェアは因子負荷量の推定結果を出力できない(因子分析モデルの識別可能性について, より詳しくは, 柳井ほか (1990) [36] の p.40〜48 を参照)。
[34] 命題 A と B に対して「A ならば B」という含意 (implication) が成り立つとき, A が B の十分条件, B は A の必要条件である。ここでの議論では, A が「モデル識別される」, B が「$d_f \geq 0$」に相当する。

でパス係数や分散・共分散の大きさを推定する（5.5.2 項参照）。最尤法を使う場合には，収集されたデータの正規性を確認し，必要に応じて，変換を施す。

パス解析では，通常の重回帰分析とは異なり，変数間の影響関係または因果関係をきめ細かく指定する。逐次モデルの場合には，その関係の方向性（directionality）を確定しなければならない。これは，理論や経験，先行研究に基づいて演繹的になされるが，実験的な環境で測定されるような変数でないときには，2 つの変数間の「単一の方向性（unidirectionality）」を定めることは難しい。

共変動する 2 つの変数 x と y とがあり，この際に，「x が y の原因となっている」以外にはこれといった影響関係の説明が見当たらず，なおかつ $x \leftarrow y$ 方向の影響関係を完全に否定できるならば（例えば x が y に時間的に先行しているなど），$x \rightarrow y$ が設定可能かもしれない。また，常にその影響関係が生じるのではなく，確率的に x が y の原因になるような場合には，その確率分布が既知でなければならない（Kline(2011) [60] の p.98〜99 を参照）。以上の確定が難しければ，パス解析の採用を断念し，相関分析などの明示的な影響の方向性を仮定しない分析を検討すべきである（ただし，研究目的に照らして，その種の分析に価値があるかどうかは別問題）。

なお，例えば「大学 1 年次の学力」と「大学 2 年次の学力」の間の影響関係を取り扱う場合には，同じ変数を異なる 2 時点で測定することになる。この種の複数時点での標本について測定したデータを**縦断的データ**（longitudinal data）[35]，それに対応したモデルを**パネルモデル**（panel model）と呼ぶ（この詳細については Kaplan(2009) [55] の第 8 章などを参照）。

後述する確証的因子分析と比較したときのパス解析の特徴は，誤差項以外には，観測変数のみがモデルに含まれる点である。つまり，研究上の 1 つの概念に対して 1 つの観測変数のみが対応し，さらにそのうちの外生変数には誤差項が付随しないため（誤差項が付くのは内生変数のみ），その値には誤差が含まれないと仮定されていることになる。

---

[35]それに対して，通常の 1 時点でのデータを「横断的データ（cross-sectional data）」と呼ぶことがある。

5.4.5 確証的因子分析

探索的因子分析（EFA）の場合には，分析の前提としては，すべての共通因子がすべての観測変数に対して 0 でない係数（因子負荷量）を持つことができる．それに対して，**確証的因子分析**（または確認的因子分析；confirmatory factor analysis: CFA）では，何らかの理論や経験，あるいは先行研究に従い，いくつかの係数をあらかじめ 0 に固定することによって，特定の観測変数だけが特定の共通因子（潜在変数）に関わるように限定する．典型的な確証的因子分析のモデルを図 5.6 に示す．

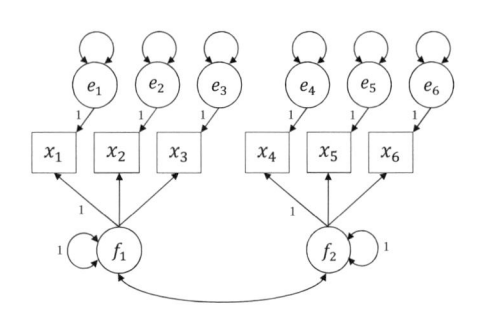

図 5.6　確証的因子分析の例

図 5.6 においては，探索的因子分析と同様に共通因子 f_1 と f_2 が導入され，それらがそれぞれ 3 個ずつの観測変数に影響を与えているほか，さらに，観測変数に誤差項 e が付随している．また，2 つの共通因子は共変動し（すなわち直交しない），それぞれの分散は 1 に標準化されている．因子負荷量（共通因子から観測変数への矢印）については，f_1 と x_1，f_2 と x_4 とが 1 に固定され，それぞれの共通因子の大きさの程度（尺度）がそれによって確定することになる．

観測変数に誤差項を設定する点がパス解析とは異なっており，図 5.6 では，例えば共通因子 f_1 は，変数 x_1, x_2, x_3 によって測定され，その測定には誤差が含まれるとの仮定が置かれていると解釈できる．この点で，図 5.6 は 1 つの**測定モデル**（measurement model）を示している．実際には，個々の誤差項 e_k の分散 $\sigma^2_{e_k}$ には，測定誤差（6.3 節参照）のほか，モデルの外側からの何らかの影響による変動が含まれる可能性がある．なお，測定モデルにお

ける観測変数は「指標（indicator）」とも呼ばれる。

測定モデルを利用する際には，**収束妥当性**（convergent validity）と**弁別妥当性**（discriminant validity）に留意することが重要である（Kline(2011) [60] の p.116 を参照）。つまり，1 つの共通因子に対する各観測変数の因子負荷量はそれなりに高くなければならず（収束妥当性），同時に，共通因子間では観測変数に高い相関があってはならない（弁別妥当性）[36]。

各観測変数が 1 つの共通因子だけから影響を受け，さらに，観測変数の誤差項が無相関の場合，その確証的因子分析は「標準的」であり，以下のルールが成り立つ[37]。

- 共通因子が 1 つの場合には，観測変数が 3 以上あれば識別される。
- 共通因子が 2 つ以上の場合には，それぞれ観測変数が 2 つ以上あれば識別される。

ただし，測定誤差の推定という点では，1 つの共通因子に対して 3〜5 個の観測変数を設定するのが望ましいと考えられる（Kline(2011) [60] の p.114〜115 を参照）。

5.5 構造方程式モデリング

5.5.1 構造回帰モデル

潜在的な共通因子間に影響関係または因果関係を設定し（例えば，$f_1 \to f_2 \to f_3$），それぞれの因子が観測変数に影響を与えると仮定すれば，より複雑な**構造回帰モデル**（structural regression model）となる（$f_1 \to f_2$ の場合を図 5.7 に示す）[38]。これは，パス解析における構造モデルと確証的因子分析モデル（測定モデル）とを組み合わせた，一般的な**構造方程式モデル**（structural equation model: SEM）である。この種のモデルを構築して分析を進めることは「構造方程式モデリング」と呼ばれるが，ほぼ同義的に**共**

---

[36] Kline(2011) [60] の p.116 では，「例えば」と断った上で，収束妥当性は，標準化された因子負荷量がすべて 0.7 以上，弁別妥当性は，相関係数の絶対値が 0.9 未満とされている。
[37] この条件があてはまらない「非標準的」な確証的因子分析の識別についても，Kline(2011) [60] などを参照。
[38] 多重指標モデル（multiple indicator model）とも呼ばれる。

分散構造分析（covariance structural analysis）という呼称が使われる場合もある。

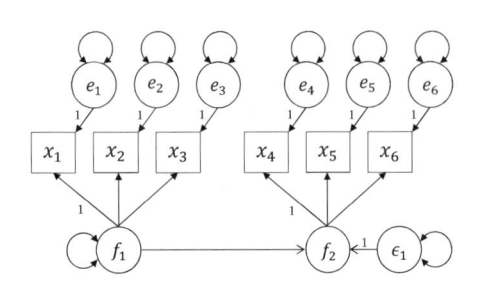

図 5.7　構造回帰モデルの例

もし「$f_1 \to f_2 \to f_3$」ならば，f_2 と f_3 が内生的な潜在変数，f_1 が外生的な潜在変数である．そこで，前者を g_1, g_2 と書き直して，両者の間を区別することにする．$g_1, \ldots, g_u$ を要素とする u 次元ベクトルを $\mathbf{g}$ とすれば，パス解析の構造方程式 (5.61) をそのまま転用して

$$\mathbf{g} = \mathbf{B}\mathbf{g} + \mathbf{C}\mathbf{f} + \boldsymbol{\epsilon} \tag{5.72}$$

と書ける（定数ベクトル $\boldsymbol{\alpha}$ は省略）．この場合には，$\mathbf{B}$ は $u \times u$ の係数行列，$\mathbf{C}$ は $u \times v$ の係数行列となる（v は外生的な潜在変数の数）．

この構造モデルに対して，潜在的な内生変数に対応した観測変数 $y_1, \ldots, y_{m_1}$ から構成される m_1 次元のベクトルを $\mathbf{y}$，潜在的な外生変数に対応した観測変数 $x_1, \ldots, x_{m_2}$ から構成される m_2 次元のベクトルを $\mathbf{x}$ とすれば，測定モデルは，(5.43) 式に基づいて，

$$\mathbf{y} = \boldsymbol{\Gamma}_y \mathbf{g} + \mathbf{e} \tag{5.73}$$

$$\mathbf{x} = \boldsymbol{\Gamma}_x \mathbf{f} + \boldsymbol{\delta} \tag{5.74}$$

となる．ここで，$\boldsymbol{\Gamma}_y$ と $\boldsymbol{\Gamma}_x$ はそれぞれ，因子負荷量を要素とする $m_1 \times u$ 行列，$m_2 \times v$ 行列である．また，$\mathbf{e}$ と $\boldsymbol{\delta}$ はそれらに対応した誤差項のベクトルを意味している．

このモデルの分散共分散行列は，$\mathbf{z} = [\mathbf{y}^T, \mathbf{x}^T]^T$ として，$E(\mathbf{z}) = \mathbf{0}$ を仮定

すれば，

$$\Sigma = E(\mathbf{z}\mathbf{z}^T) = \begin{bmatrix} \Sigma_{yy} & \Sigma_{yx} \\ \Sigma_{xy} & \Sigma_{xx} \end{bmatrix} \tag{5.75}$$

で定義されるが，(5.72) 式を，$\mathbf{g} = (\mathbf{I} - \mathbf{B})^{-1}(\mathbf{Cf} + \boldsymbol{\epsilon})$ と変形し，(5.73) 式に代入して整理すれば，

$$\Sigma_{yy} = \boldsymbol{\Gamma}_y (\mathbf{I} - \mathbf{B})^{-1}(\mathbf{C}\boldsymbol{\Phi}\mathbf{C}^T + \boldsymbol{\Theta}_\epsilon)(\mathbf{I} - \mathbf{B})^{-1T}\boldsymbol{\Gamma}_y^T + \boldsymbol{\Psi}_e \tag{5.76}$$

$$\Sigma_{yx} = \boldsymbol{\Gamma}_y (\mathbf{I} - \mathbf{B})^{-1}\mathbf{C}\boldsymbol{\Phi}\boldsymbol{\Gamma}_x^T = \Sigma_{xy}^T \tag{5.77}$$

$$\Sigma_{xx} = \boldsymbol{\Gamma}_x \boldsymbol{\Phi} \boldsymbol{\Gamma}_x^T + \boldsymbol{\Psi}_\delta \tag{5.78}$$

を得る。ここで，$\boldsymbol{\Phi} = E(\mathbf{ff}^T)$, $\boldsymbol{\Theta}_\epsilon = E(\boldsymbol{\epsilon}\boldsymbol{\epsilon}^T)$, $\boldsymbol{\Psi}_e = E(\mathbf{ee}^T)$, $\boldsymbol{\Psi}_\delta = E(\boldsymbol{\delta}\boldsymbol{\delta}^T)$ である（いずれも分散共分散行列）。すなわち，構造回帰モデルのパラメータ群は

$$\{\mathbf{B}, \mathbf{C}, \boldsymbol{\Gamma}_x, \boldsymbol{\Gamma}_y, \boldsymbol{\Phi}, \boldsymbol{\Theta}_\epsilon, \boldsymbol{\Psi}_e, \boldsymbol{\Psi}_\delta\}$$

となり，(5.76)〜(5.78) 式がこれらに対する共分散構造を与えている。

$\boldsymbol{\Gamma}_x, \boldsymbol{\Phi}, \boldsymbol{\Psi}_\delta$ 以外のパラメータをすべて 0 とすれば，これは因子分析モデルそのものである。また，$\boldsymbol{\Gamma}_y = \mathbf{I}$, $\boldsymbol{\Gamma}_x = \mathbf{I}$, $\boldsymbol{\Psi}_e = \mathbf{O}$, $\boldsymbol{\Psi}_\delta = \mathbf{O}$ ならば，(5.72) 式において，$\mathbf{g} \equiv \mathbf{y}$, $\mathbf{f} \equiv \mathbf{x}$ と定義したことになり，パス解析に縮退する。さらに，$\boldsymbol{\Gamma}_x, \boldsymbol{\Gamma}_y$ の設定によって，$\mathbf{g}$ あるいは $\mathbf{f}$ 中の要素の一部のみを観測変数そのものとすることもできる。

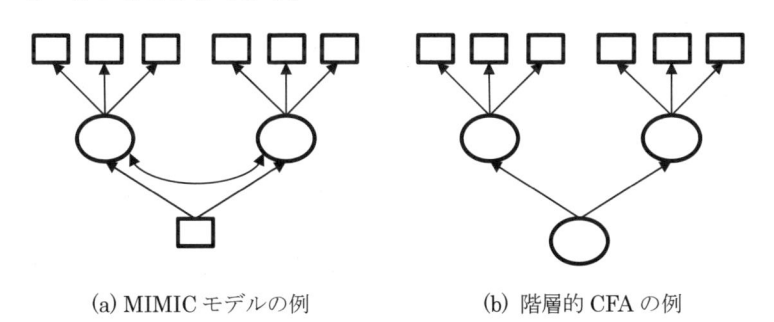

(a) MIMIC モデルの例　　　　(b) 階層的 CFA の例

図 5.8　MIMIC モデルと階層的 CFA の概略（誤差項等は省略）

特に，複数の観測変数から測定される潜在変数に対して，さらに別の観測変数が影響している場合には，**MIMIC モデル**と呼ばれる（豊田 (2014) [34] の

p.54 を参照)。ここで MIMIC は「multiple indicators and multiple causes」の略である。例えば，Kaplan(2009) [55] の p.76～80 では，単一の観測変数 (indicator) x_1 が，他の観測変数によって測定される 2 つの共通因子に影響を与え，しかも，x_1 が 2 値変数 (0 ならば「私立学校」，1 ならば「公立学校」) として設定されたモデルが議論されている (図 5.8(a) の一番下の観測変数がこの 2 値変数)。これは MIMIC モデルの一種であり，「私立」「公立」という群間の相違が，2 つの共通因子に基づく確証的因子分析の結果に影響を与えることを想定している。この場合には，パラメータ群において，$\Gamma_x = \mathbf{I}$，$\Psi_\delta = \mathbf{O}$，$\mathbf{B} = \mathbf{O}$ となる。

また，階層的な確証的因子分析 (hierarchical CFA) では，測定モデルに含まれる因子の上位にさらに高次の因子が設定される。図 5.8(b) は 2 次因子 (second-order factor) を設定したモデルの例である[39]。

5.5.2 構造方程式モデルのパラメータ推定

共分散構造に基づいてパラメータをデータから推定するには，5.4 節で簡単に説明したように，モデルから理論的に算出される分散・共分散と，データにおける標本分散・標本共分散との乖離度をなるべく小さくするパラメータの値を，ニュートン-ラフソン法などの数値計算の方法[40]によって算出すれば良い。この「乖離度」は，最尤法 (ML)，**重み付き最小 2 乗法** (weighted least square: WLS)，**一般化最小 2 乗法** (generalized least square: GLS) では，$\mathbf{S}$ を標本分散共分散行列として，それぞれ，

$$F_{ML} = \log|\mathbf{\Sigma}| + \mathrm{tr}(\mathbf{S}\mathbf{\Sigma}^{-1}) - \log|\mathbf{S}| - (m_1 + m_2) \tag{5.79}$$

$$F_{WLS} = (\mathbf{s} - \boldsymbol{\sigma})^T \mathbf{W} (\mathbf{s} - \boldsymbol{\sigma}) \tag{5.80}$$

$$F_{GLS} = \frac{1}{2}\mathrm{tr}\left((\mathbf{S}^{-1}(\mathbf{S} - \mathbf{\Sigma}))^2\right) \tag{5.81}$$

で定義される (Kaplan(2009) [55] の p.23～29 および豊田 (2014) [34] の p.206～209 を参照)[41]。ここで，$\mathbf{W}$ は重み行列，$\mathbf{s}$ と $\boldsymbol{\sigma}$ はそれぞれ，行列 $\mathbf{S}$ と $\mathbf{\Sigma}$

---
[39] 図書館情報学分野では，図書館サービスの品質に関する 2 次因子を組み込んだ階層的 CFA の事例がある。永田 (2003)[35] を参照。
[40] ニュートン-ラフソン法については，(5.95) 式を参照。共分散構造分析において使用されるその他の数値計算法は，豊田 (1998) [33] の p.143～145 に列挙されている。
[41] より厳密には，F_{ML} (最尤法) の場合，$\mathbf{S}$ は $n-1$ ではなく，n で割った標本分散共分散行列である。ここでは n が十分に大きいとして，この誤差を無視する。

の要素を一列に並べたベクトルである．なお，単に $\mathbf{W} = \mathbf{I}$ とした場合には，ULS（unweighted least square）と呼ばれる．

一般には，「観測変数が多変量正規分布に従う」と仮定した最尤法 (5.79) 式が利用される．実際に，多変量正規分布（(5.23) 式参照）に基づいた場合，n 個の個体についてのデータが与えられた際の対数尤度は，定数項を除けば，$\log L \propto -(n/2)(\log|\mathbf{\Sigma}| + \mathrm{tr}(\mathbf{S}\mathbf{\Sigma}^{-1}))$ となる．(5.79) 式では，他の基準に合わせて最小化問題とするために全体に -1 を乗じ（結果的に最大尤度を求めることになる），この最小化に無関係な $n/2$ を落としているほか，そこからさらに $\log|\mathbf{S}| + (m_1 + m_2)$ を差し引いている．この項にはモデルのパラメータが含まれないので最小化には無関係であるが，これを引いておくと $\mathbf{\Sigma}$ が $\mathbf{S}$ に完全に一致したときに F_{ML} が 0 になって分かりやすい[42]．

最尤法を適用すると，探索的因子分析の場合と同様に，種々の仮説検定が可能となって便利である．しかしながら，例えば，内生的な観測変数が正規分布に従っていなければ，第 1 種の過誤の確率が増加して帰無仮説が棄却されやすくなるなどの弊害が生じる可能性がある（Kline(2011) [60] の p.176～178 参照）．したがって，最尤法を用いる前に，観測変数の値をプロットするなどして，正規性を確認しておくことが望ましい（この確認方法については，4.3.4 項参照）．

この際に，歪度と尖度（1.1.3 項参照）を計算してみるのも 1 つの方法である．表 5.3 は，5.3 節での計算例で使用したデータのうち，5 つの変数を選んで歪度と尖度を算出した結果を示している．Kline(2011) [60] の p.63 では，歪度の場合は 3.0，尖度では 10.0 を超えると，正規性の仮定に問題が生じる可能性があるとされている．この示唆に従えば，正規分布の仮定を必要とする分析に，「延床面積」「図書館費」のデータをそのまま使うのは難しいかもしれない（この点で，表 5.2 の最尤法に基づく因子分析の結果には問題がある）．

明らかに正規分布に従っていないことが確認された場合には，通常の最尤法ではなく，正規性が成立しない際に調整を加えるロバスト最尤法（具体例は小杉・清水 (2014) [21] の p.94～100 を参照）や一般化最小 2 乗法などの別の推定法の利用を検討すべきである[43]．あるいは，適当な**データ変換**（data

---

[42]Kaplan(2009) [55] の p.24～26 を参照．また F_{ML} に基づく尤度比検定については後述する．

[43]ただし，ULS の場合には，(5.80) 式の形から明らかなように，すべての変数の大きさの程度（尺度）が同じでなければ，特定の分散または共分散が影響してしまう．

表 5.3　歪度と尖度の計算例

	延床面積	蔵書冊数	受入冊数	雑誌種数	図書館費
歪度	2.21	0.67	1.11	0.50	3.35
尖度	5.58	-0.17	1.42	-0.93	13.01
変換後の歪度	1.29	-	-	-	1.58
変換後の尖度	1.55	-	-	-	4.64

注：$\lambda = 0$ でのボックスーコックス変換（すなわち対数変換）

transformation）により，最尤法が使えるかもしれない。よく知られた変換法としては，**ボックスーコックス変換**（Box-Cox transformation）がある。この方法では，x の各値が，

$$X^{(\lambda)} = \begin{cases} (x^\lambda - 1)/\lambda, & \lambda \neq 0 \text{ の場合} \\ \log x, & \lambda = 0 \text{ の場合} \end{cases} \tag{5.82}$$

と変換される。表 5.3 には，特に歪度の大きな「延床面積」「図書館費」について，$\lambda = 0$ のボックスーコックス変換（つまり対数変換）を適用した後で計算し直したそれらの値も示してある（変換の結果，歪度と尖度がかなり小さくなっている）。そのほか，実際には，外れ値（4.2.1 項参照）や欠測値（6.4.2 項参照）に対する確認も必要である。

なお，2.3.5 項で議論したように（例えば (2.46) 式参照），標本分散は当然，母分散とは等しいとは限らず，このことは共分散にもあてはまる。標本における分散・共分散が母集団でのそれらからずれていれば，共分散構造に基づく推定値もまた真の値から乖離してしまう。このため，推定の結果が有効であるためには，標本がある程度大きくなければならない。

最尤法については，「$n:q$ ルール」と呼ばれる目安があり，ここで n は最低限の標本サイズ，q は推定が必要なパラメータの数を意味する。Kline(2011) [60] の p.12 では，「理想は 20:1」と述べられており，例えば，モデル中の未知パラメータ数が 10 ならば，標本サイズは 200 になる。一方，正規性が仮定できず，最尤法以外を使う場合には，それよりもさらに大きな標本を考えたほうが安全である。

5.5.3　モデルの評価 (1)：適合度の指標

　構造方程式モデルの評価は難しい。例えば，パラメータを増やせば，モデル全体がデータに適合する程度は自動的に増加するが，このことに意味があるのかどうかは，問題に依存する[44]。後述するように，データとの適合度を測定する指標には様々なものがあるが，これらの値での評価は，単なる「第一関門」と捉えたほうが良いかもしれない。つまり，指標の値が悪ければモデルを作成し直し，もし良好ならばさらなる妥当性の検討に進むという考え方である。

　具体的には，評価の手順は以下のようになる[45]。

1. モデルが理論や経験に整合しているかどうかの確認
2. モデル全体がデータに適合しているかどうかの確認
3. モデルの特定の部分に問題がないかどうかの確認
4. 代替となるモデルが存在するのかどうかの確認

実際には，1. の段階を通過してから，データの収集やパラメータの推定を行うので，評価は上記の 2. から始まることになる。この 2. のためには様々な指標が考案されているが，代表的なものとして，

a) 検定統計量：χ^2 統計量など
b) 適合指数（approximate fit index）：RMSEA，GIF，CFI，SRMR など

が挙げられる。

　まず a) に関しては，最尤法の場合，(5.79) 式に標本サイズを掛けたものがちょうど尤度比検定の統計量 $-2\log \lambda$（3.3.2 項参照）に相当する（Kaplan(2009) [55] の p.29〜30 を参照）。具体的には，この場合，帰無仮説は「母集団が，モデルから導かれる共分散構造を有する（モデルが母集団で成立する）」であ

---

[44]同じ程度の説明力があるならば，パラメータは少ないほうが良いとする「けちの原理（principle of parsimony）」に依拠する場合も多い。なお，「オッカムの剃刀」など，類似の考え方（基準または表現）は多数存在する。実際に，様々な要因が絡み合う社会科学的事象に対して変数を絞り込むことは，現実の事象に対するモデルの再現性の低下を意味しているが，社会科学的実在を完全に説明するモデルの構築は非現実的なようにも思われる。この立場からすれば，現実のすべてを説明するわけではないが，ある限定された目的に対して十分な予測力を持つモデルの構築を目指すべきということになる。これは一種の実用主義（プラグマティズム）であると捉えることもできる（豊田 (1998) [33] の p.163〜164 も参照）。

[45]Kline (2011) [60] での議論を参考にした。

り，この仮説の下に検定統計量 $n \times F_{ML}$ が，(5.70) 式で計算される自由度 d_f の χ^2 分布に従うことになる。

この検定では，適合度検定（3.3.4 項参照）などと同様に，帰無仮説を採択しなければならない点に注意が必要である（つまり，χ^2 統計量は小さいほど良い）。上で述べたように，構造方程式モデルの推定では標本サイズ n を大きくするので，一般に，帰無仮説は棄却される傾向になる（3.1.4 項参照）。また，帰無仮説が採択されたとしても，第 2 種の過誤の確率あるいは検定力が不明なので，結論が今一つ明確にならない（3.1.3 項参照）。

結局，構造方程式モデルでは，χ^2 統計量は決定版にはならず，他の適合指数を併用せざるを得ない。しかし，これらの指数にも一長一短があり，「これだけでほぼ十分」という指標が存在しないのが実情である。Klein (2011) [60] の p.212 では，ある構造方程式モデルの推定結果が，

$\chi^2 : 11.078,\ d_f : 5,\ p : .049,$ RMSEA (90% CI): .057 (.001-.103), $p_{\text{close-fit}H_0}$: .336, GFI: .988, CFI: .961, SRMR: .051

となっている。まず，モデルは，χ^2 統計量に基づく検定により，有意水準 5%で棄却されている（P 値が 0.049。P 値については 4.3.4 項を参照）。一方，RMSEA (root mean square error of approximation) は，χ^2 統計量から自由度 d_f を差し引くなどして，モデル中のパラメータ数で調整した指数であり，この値が小さいほど良い（ここではさらに，この値の 90% 信頼区間 (CI) が提示されている）。また，ソフトウェアによっては，「RMSEA の値が 0.05 よりも小さい」を帰無仮説とした場合の P 値を出力することがあり，上ではその値が「$p_{\text{close-fit}H_0}$」として示されている（ここでは，0.336 なので棄却されない）。

その次の GFI (goodness-of-fit index) と CFI (comparative fit index) は，ともに 0.0〜1.0 の範囲の値をとり，最も適合した場合に 1.0 となる（すなわち，大きいほど良い）。前者は，標本分散・標本共分散がモデルによって説明された割合に相当し，後者は，独立モデル（変数間が無相関のモデル）と比較したときの適合度を示す指数である。最後の SRMR (standardized root mean square residual) は，モデルによって変数間の相関係数がどれだけ説明されたか（後述）を測る指数で，小さいほど良い。

上で述べたように，モデル全体の適合度を評価するための「唯一の」指標はなく，複数の指標の値を併せて検討すべきである。例えば，2 つのモデル

を比較した際に，GFI の値はほとんど変わらなくても，他の指標の値を参照すると，差が一目瞭然になるかもしれない．なお，ソフトウェアによっては，さらに別の指標の値が結果として出力されることもある（Kaplan(2009) [55] の第 6 章では，ここで例示しなかった様々な指標が説明されている）．

さらに，指標の値の標準誤差や検定力（3.1.3 項参照）を計算するソフトウェアも開発されている（例えば，R については豊田 (2014)[34] の第 9 章や第 11 章を参照．第 9 章では RMSEA の検定力の算出方法が詳しく説明されている）．標準誤差を計算する際には，一般に，**ブートストラップ法**（bootstrapping）が利用される．この方法では，経験分布 $\hat{F}_x(b)$（3.3.4 項参照）が母集団における真の分布に一致すると仮定して，大きさ n の標本から，さらに，大きさ n の標本をいくつか「復元抽出」する（例えば，$B = 1000$ 回の抽出）．そして，これらの B 個の標本から統計量をそれぞれ算出し，最終的にその値の集合を使って標準誤差等をコンピュータで算出する．標準誤差等が解析的に計算できない場合に，コンピュータの力によって，数値計算的に求める方法であり，経験分布 $\hat{F}_x(b)$ を真の分布と見なせるかどうかが，その推定の精度に影響を与える（もちろん，B の設定も重要である）．ブートストラップ法は様々な問題に適用可能な一般的な仕組みであるが，特に，構造方程式モデリングでは，評価指標の値の確認に利用されることがある．

5.5.4 モデルの評価 (2)：係数の詳細な検討

モデル全体がデータに対して適合していても，部分的には問題が生じている場合があり，観測変数間のパス係数を丹念に確認しなければならない．例として，図 5.9 に示したパス解析の結果を考える（これは，Klein (2011) [60] での実例に基づいて作成した架空の例である）．このパス図の中では標準化された係数（すなわち，分散共分散行列ではなく，相関行列に基づいて推定された 0〜1 の範囲の値）のみが示されているが，ソフトウェアの出力にはもちろん，標準化されていない係数の値やその標準誤差，P 値なども含まれる．まず，この標準誤差の値や P 値を調べて，各パスの有意性を確認することが重要である．

さらにこのモデルには，例えば，$x_1 \to y_1 \to y_2$ などの間接効果が含まれている．この間接効果の有意性は，標本が十分に大きければ，**ソベル検定**（Sobel

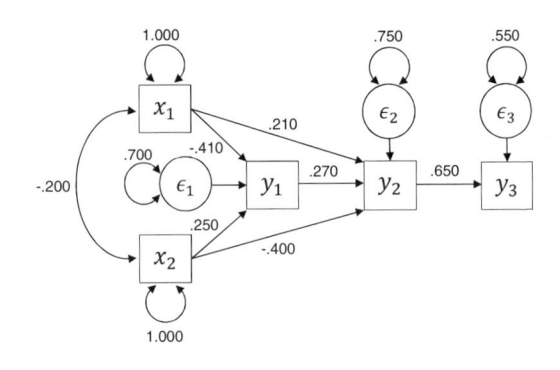

図 5.9　パス解析の結果の例（標準化された係数を表示）

test) により確認できる（詳細については，Kline(2011) [60] の p.165 を参照）。
x_1 から y_2 への経路の場合，直接効果の大きさは 0.210，間接効果は -0.410×0.270 なので，(5.60) 式より，x_1 から y_2 への効果の合計は，

$$0.210 + (-0.410 \times 0.270) = 0.210 - 0.1107 = 0.0993$$

となる。この効果の合計を**全効果**（total effect）と呼ぶ。これは，x_1 が標準偏差の大きさだけ増加すれば，それに応じて，y_2 の値がその標準偏差の約 10%（0.1）ほど増えることを意味している（ここでの係数は標準化されている点に注意）。

このように全効果は 2 つの変数間の因果的な関係の大きさを示しているが，それに加えて，構造方程式モデルに基づいて，2 つの変数間の相関係数（あるいは共分散）を算出できる。そこで，モデルから導出される相関係数（model-implied correlation）が，データから直接計算される実際の相関係数からあまりにも乖離している場合には，その部分のモデル化が妥当であるかどうかを考えてみたほうが良い。

例えば，図 5.9 で x_1 と y_1 の間の相関を考える際には，直接効果 -0.410 のほかにも，x_1 が x_2 と共変動するため（-0.200），x_2 から y_1 への経路（0.250）も含めなければならない。したがって，モデルから導出される相関係数は

$$-0.410 + (0.250 \times -0.200) = -0.410 - 0.05 = -0.460$$

となる。この値とデータにおける実際の相関係数の値との差を「相関係数の残差（correlation residual）」と呼ぶことにする。

このモデルでは，x_1 と y_1 の間には可能な経路がすべて含まれているので，実際の相関係数もこの値（-0.460）に近いことが予想される。それに対して，例えば x_1 と y_3 との間では，これらの間に直接効果が設定されていないため，相関係数の残差が大きくなるかもしれない（ここで，

$$x_1 \to y_3 : (0.210 + (-0.410 \times 0.270)) \times 0.650 = 0.0645$$

$$x_2 \to y_3 : (-0.400 + (0.250 \times 0.270)) \times 0.650 = -0.216$$

であり，モデルによる x_1 と y_3 との相関係数は $0.0645 + (-0.200 \times -0.216) = 0.108$ となる）。Kline(2011) [60] の p.171 に従えば，もし残差の絶対値が 0.1 より大きければ，モデルの妥当性を疑ってみるべきである。

係数の詳細な分析によってモデルの中で不適切な部分が見つかれば，その部分を変更した「代替モデル」を調べたほうが良い。実際に，例えば，ある直接効果を共変動に置き換えるなどして，いくつかの代替モデルを検討してみることは，モデルの評価にとって不可欠である。

5.5.5 離散変数の利用

分類尺度や順序尺度として測定される離散的な（カテゴリカルな）変数を因子分析や構造方程式モデリングで利用したい場合がある。例えば，図書館のあるサービスに対する満足度を測定する際には，通常，連続的な得点で答えてもらうのではなく，リッカート尺度（例：「満足」「満足でも不満でもない」「不満」）での回答をお願いすることになる（1.1.1 項参照）。この種の離散変数を分析にどのように組み込むのかは，それほど容易な問題ではない。

分類尺度を外生変数として組み込むには，MIMIC モデルの例で示したように，ダミー変数（5.2.4 項参照）が利用できるかもしれない。一方，離散的な内生変数の設定は，ロジスティック回帰モデル（4.3.5 項，5.2.4 項参照）のような仕掛けを使うことができず，たいへん難しい。

もし順序尺度のように，離散変数の値の間に大小関係があるならば，次の 2 つの方法が候補となる。

1. 各区分に得点を与え，そのまま連続変量と見なす。
2. 各区分の背後に潜在的な連続変量が存在すると仮定する。

1. の方法では，例えば「満足→3点」「満足でも不満でもない（ふつう）→2点」「不満→1点」のように得点化し，「1〜3」をそのまま変数の値として利用する。この場合，暗黙的に，「満足」と「ふつう」，「ふつう」と「不満」の間隔の大きさが等しいと仮定することになる。

ただし，連続変量と見なすには，ここでの例の3区分は少な過ぎる。このために必要な区分数について，Kline(2011) [60] は "少なくとも15 は必要であろう"（p.179）と述べている。一方，Raykov & Marcoulides(2011) [69] の p.91 では，確証的因子分析（CFA）においてリッカート尺度を連続変量として扱う際に，その区分数が "例えば3あるいは4"では明らかに問題が生じるとされている[46]。なお，必要な区分数を考慮する場合，データの正規性が仮定できるかどうかという要素もある。既に述べたように，正規性が仮定できなければ最尤法の適用に問題が生じる可能性があり，最尤法以外の方法を考えたほうが良いかもしれない。

ある単一の調査事項に対して，リッカート尺度での複数の観測変数を設定でき，なおかつそれらが十分に同質（homogeneous）であるならば，各値を合計することによって，単一の変数を構成できる場合がある。本書ではこれを**合成変数**（composite）と呼んでおく[47]。合成変数ではとり得る値が格段に増えるので（例えば7件法の項目を3個合計すれば，1〜21点の範囲となる），構造方程式モデリングのほかにも，分散分析などを無理なく適用できるかもしれない。ただし，各項目が単一の事柄・内容を測定しているという点での同質性が必須で，そのためには，変数としての信頼性の確認が必要になる（これについては 6.3.4 項で説明する）。

上記 2. の「潜在的な連続変量」とは，例えば，3件法で測定した変数 $x = 1, 2, 3$ に対して，$-\infty < x^* \leq b_1$ ならば $x = 1$，$a_2 < x^* \leq b_2$ ならば $x = 2$，$a_3 < x^* < \infty$ ならば $x = 3$ となるような x^* を指す。ここで，b_1, a_2, b_2, a_3 はそれぞれの区分の閾値である。つまり，2. の方法では，3区分の背後に連続変量 x^* が存在し，その値に従って，結果的に離散的な「1」「2」「3」が観測されていると仮定することになる。この方法の詳細は本書の範囲を超えるので省略する[48]。

---

[46] これを表層的に読めば，リッカート尺度での「5件法」ならば，何とか連続変量として CFA に組み込めることになる。豊田 (2014) [34] の第7章でも，数値例により，5件法ならば連続変量として使用しても CFA に問題はないことが指摘されている。
[47] パーセル（parcel）とも呼ばれる。Kline(2011) [60] の p.179〜182 を参照。
[48] CFA への適用については，Raykov & Marcoulides(2011) [69] の p.91〜98 を参照。構造方

5.6 ベクトルと行列に関する補足

5.6.1 ベクトルと行列

いくつかの数を並べたものを**ベクトル**（vector）と呼ぶ。例えば，実数 x_1 と x_2 を縦または横に並べて，ベクトル $\mathbf{x}$ を

$$\mathbf{x} = \begin{bmatrix} x_1 \\ x_2 \end{bmatrix} = [x_1, x_2]^T$$

と定義できる。縦方向が列（column），横方向が行（row）なので，数値が縦に並んでいる場合には列ベクトル，横に並んでいる場合には行ベクトルとも呼ばれる[49]。ここで T は転置記号で，行を列に並べ直す操作あるいは列を行に並べ直す操作を示している。なお，この場合の $\mathbf{x}$ は，2 つの数が並んでいるので，2 次元ベクトルである。一般に，N 個の数が並んでいれば，N 次元ベクトルで，N はいくつでも良い。

ベクトル間の加算と減算は，対応する数（要素）どうしの加算と減算として定義され，すなわち，

$$\begin{bmatrix} x_1 \\ x_2 \end{bmatrix} + \begin{bmatrix} y_1 \\ y_2 \end{bmatrix} = \begin{bmatrix} x_1 + y_1 \\ x_2 + y_2 \end{bmatrix}, \quad \begin{bmatrix} x_1 \\ x_2 \end{bmatrix} - \begin{bmatrix} y_1 \\ y_2 \end{bmatrix} = \begin{bmatrix} x_1 - y_1 \\ x_2 - y_2 \end{bmatrix}$$

である。それに対し乗算はやや複雑で，「行ベクトル×列ベクトル」と「列ベクトル×行ベクトル」では，見かけ上は計算の仕方が異なる。まず前者は，

$$\mathbf{x}^T \mathbf{y} = [x_1, x_2] \begin{bmatrix} y_1 \\ y_2 \end{bmatrix} = x_1 y_1 + x_2 y_2$$

で定義される。この「行ベクトル×列ベクトル」の乗算は**内積**（inner product）とも呼ばれ，その計算結果は単一の数値に戻る。このような単一の（普通の）数を，特に**スカラー**（scalar）と呼ぶ。なお，**ノルム**（norm）は，自分自身との内積を平方根で開いたものであり，$||\mathbf{x}||$ と表記される。すなわち，$||\mathbf{x}|| = \sqrt{\mathbf{x}^T \mathbf{x}}$ と計算され，ここでの例では，$||\mathbf{x}|| = \sqrt{x_1^2 + x_2^2}$ となる。

程式モデリングでの使用については，例えば，Kaplan(2009) [55] の p.88〜89 や豊田 (2014) [34] の第 7 章に説明がある。

[49] 通常，単に $\mathbf{x}$ と書けば，列ベクトルであるが，必ずしもそうでないことがあるので，文献を読む際には注意が必要である。

一方,「列ベクトル×行ベクトル」の場合には,

$$\mathbf{x}\mathbf{y}^T = \begin{bmatrix} x_1 \\ x_2 \end{bmatrix} [y_1, y_2] = \begin{bmatrix} x_1 y_1 & x_1 y_2 \\ x_2 y_1 & x_2 y_2 \end{bmatrix}$$

のように計算される。最右辺は,「列ベクトルが横に2つ並んだもの」あるいは「行ベクトルが縦に2つ並んだもの」となり,これを2行2列(2×2)の**行列**(matrix)と呼ぶ。行列では,i番目の行におけるj番目の列の要素を指し示すのに,「(i,j)」という表記法が用いられる。例えば,上の計算例における$x_2 y_1$は$i=2$かつ$j=1$の位置にあるので,$(2,1)$番目の要素ということになる。一般に,$N \times M$の行列$\mathbf{X}$は,

$$\mathbf{X} = \begin{bmatrix} x_{11} & x_{12} & \cdots & x_{1M} \\ x_{21} & x_{22} & \cdots & x_{2M} \\ \vdots & \vdots & \ddots & \vdots \\ x_{N1} & x_{N2} & \cdots & x_{NM} \end{bmatrix}$$

と表記される。ここでx_{ij}が$\mathbf{X}$の(i,j)番目の要素である[50]。

このように,「行ベクトル×列ベクトル」の計算結果はスカラー,「列ベクトル×行ベクトル」のそれは行列となるため,一見,乗算の仕方が異なるように見えるものの,実はこれらは同一の計算規則に基づいている(後述)。実際,スカラーは「1行1列の行列」と解釈することもでき,この点では,2つの乗算の計算結果の形式は同一である。なお,ベクトルにスカラーcを掛ける場合には,例えば$c[x_1, x_2]^T = [cx_1, cx_2]^T$のように,単に各要素を$c$倍する。

5.6.2　行列の乗算

行列間の加算と減算は,ベクトルと同様に,それぞれ,対応する要素間での加算・減算に帰着する(したがって,当然,2つの行列の行数・列数が一致しなければならない)。また,スカラーcを掛ける場合にも同じく,すべての要素をc倍すれば良い。

次に,2つの行列$\mathbf{X}$と$\mathbf{Y}$との乗算を$\mathbf{X}\mathbf{Y} = \mathbf{Z}$と表記する。ここで,$\mathbf{X}$の列数と$\mathbf{Y}$の行数が一致しなければこの計算は成立しない。つまり,$\mathbf{X}$が

---

[50] 簡単に,$\mathbf{X} = [x_{ij}]$($i=1,\ldots,N; j=1,\ldots,M$)で定義されることもある。

$N \times M$ 行列，$\mathbf{Y}$ が $M \times L$ 行列ならば乗算が可能で，その結果である $\mathbf{Z}$ は $N \times L$ 行列となる．このとき，行列 $\mathbf{Z}$ の (i,j) 番目の要素 z_{ij} は，行列 $\mathbf{X}$ の第 i 行と行列 $\mathbf{Y}$ の第 j 列とをそれぞれベクトルと見なしたときのそれらの内積の値に相当する．

例えば，$\mathbf{Y}$ を 3×2 の行列とすれば，3次元の列ベクトルを $\mathbf{y}_1$, $\mathbf{y}_2$ として，$\mathbf{Y} = [\mathbf{y}_1, \mathbf{y}_2]$ と書ける．一方，$\mathbf{X}$ を 2×3 の行列と仮定して，$\mathbf{x}_{(i)}^T$ をその i 番目の行ベクトルと定義すれば，乗算結果の行列の要素 z_{ij} は

$$z_{ij} = \mathbf{x}_{(i)}^T \mathbf{y}_j \tag{5.83}$$

で計算される（$i = 1, 2; j = 1, 2$）．より具体的には，

$$\begin{bmatrix} x_{11} & x_{12} & x_{13} \\ x_{21} & x_{22} & x_{23} \end{bmatrix} \begin{bmatrix} y_{11} & y_{12} \\ y_{21} & y_{22} \\ y_{31} & y_{32} \end{bmatrix} = \begin{bmatrix} \mathbf{x}_{(1)}^T \\ \mathbf{x}_{(2)}^T \end{bmatrix} \begin{bmatrix} \mathbf{y}_1 & \mathbf{y}_2 \end{bmatrix}$$

$$= \begin{bmatrix} \mathbf{x}_{(1)}^T \mathbf{y}_1 & \mathbf{x}_{(1)}^T \mathbf{y}_2 \\ \mathbf{x}_{(2)}^T \mathbf{y}_1 & \mathbf{x}_{(2)}^T \mathbf{y}_2 \end{bmatrix}$$

であり（$N = 2, M = 3, L = 2$），例えば

$$z_{21} = \mathbf{x}_{(2)}^T \mathbf{y}_1 = x_{21} y_{11} + x_{22} y_{21} + x_{23} y_{31}$$

となる．図 5.10 はこの計算を模式的に示している（例えば，横長の白い長方形が $\mathbf{x}_{(1)}^T$，縦長の灰色の長方形が $\mathbf{y}_2$）．実際，上記の「行ベクトル×列ベクトル」の計算結果も，「列ベクトル×行ベクトル」のそれも，(5.83) 式の規則に従っていることは明らかである（「行ベクトル×列ベクトル」の場合には $1 \times M$ と $M \times 1$ の行列間の掛算，「列ベクトル×行ベクトル」では $N \times 1$ と $1 \times L$ の行列間の掛算である点に注意）．

行列の乗算に関して，$\mathbf{XYZ}$ が計算可能ならば，$(\mathbf{XY})\mathbf{Z} = \mathbf{X}(\mathbf{YZ})$ が成り立つ．また，$\mathbf{X}(\mathbf{Y} + \mathbf{Z}) = \mathbf{XY} + \mathbf{XZ}$，および，$c\mathbf{XY} = \mathbf{X}c\mathbf{Y} = \mathbf{XY}c$ である（c はスカラー）．それに対して，上記の計算規則から容易に分かるように，必ずしも $\mathbf{XY} = \mathbf{YX}$ が成立するとは限らない．そもそも，$N \neq L$ ならば $\mathbf{YX}$ は計算不能であり，$N = L$ の場合でも，これらの値が M と同じでなければ，2 つの計算結果は明らかに異なる（結果となる行列の形自体が異なる）．さらに，$N = L = M$ でも，$\mathbf{XY} = \mathbf{YX}$ となることは保証されない．つまり，常

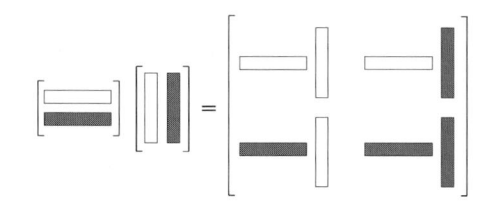

図 5.10　行列の乗算（概念図）

に $xy = yx$ が成立する通常の数（スカラー）とは違って，ある行列を別の行列に「左から掛ける」のと「右から掛ける」ことは同じではなく，乗算の際には「左右」に注意する必要がある。

一方，$(\mathbf{XY})^T = \mathbf{Y}^T\mathbf{X}^T$ が成り立つ。一般に，$\mathbf{X}^T$ は行列 $\mathbf{X}$ の**転置行列**（transposed matrix）と呼ばれる[51]。この転置行列に関する乗算の規則が成立することは，$\mathbf{Y}^T\mathbf{X}^T$ の場合には，例えば，内積 $\mathbf{y}_2^T\mathbf{x}_{(1)} = \mathbf{x}_{(1)}^T\mathbf{y}_2$ の値が計算結果の $(2,1)$ 番目の要素となることから，簡単に理解できる。

なお，$N = M$ のとき，$\mathbf{X}$ は**正方行列**（square matrix）である。この場合，行数・列数を特に次数と呼び，例えば，$N = M = 3$ ならば，その行列は「3次正方行列」ということになる。

5.6.3　対称行列・逆行列・直交行列

正方行列のうち，$\mathbf{X} = \mathbf{X}^T$ が成り立つならば，これを**対称行列**（symmetric matrix）と呼ぶ。例えば，

$$\begin{bmatrix} 1 & 4 & 5 \\ 4 & 2 & 6 \\ 5 & 6 & 3 \end{bmatrix}$$

は対称行列である。また，対称行列のうち，対角要素（上記の行列では $\{1,2,3\}$）以外の要素（非対角要素）がすべて 0 のものは，特に**対角行列**（diagonal ma-

---
[51]行と列を入れ替えた行列が転置行列であり，例えば，

$$\begin{bmatrix} 1 & 2 & 3 \\ 4 & 5 & 6 \end{bmatrix}^T = \begin{bmatrix} 1 & 4 \\ 2 & 5 \\ 3 & 6 \end{bmatrix}$$

となる。その性質として $(\mathbf{X}^T)^T = \mathbf{X}$，$(\mathbf{X} + \mathbf{Y})^T = \mathbf{X}^T + \mathbf{Y}^T$ は定義より自明である。

trix）と呼ばれる．対角要素がすべて1の対角行列を $\mathbf{I}$ と表記すれば，任意の行列 $\mathbf{X}$ に対して $\mathbf{XI} = \mathbf{IX} = \mathbf{X}$ となる．例えば，

$$\begin{bmatrix} 1 & 2 & 3 \\ 4 & 5 & 6 \\ 7 & 8 & 9 \end{bmatrix} \begin{bmatrix} 1 & 0 & 0 \\ 0 & 1 & 0 \\ 0 & 0 & 1 \end{bmatrix} = \begin{bmatrix} 1 & 0 & 0 \\ 0 & 1 & 0 \\ 0 & 0 & 1 \end{bmatrix} \begin{bmatrix} 1 & 2 & 3 \\ 4 & 5 & 6 \\ 7 & 8 & 9 \end{bmatrix} = \begin{bmatrix} 1 & 2 & 3 \\ 4 & 5 & 6 \\ 7 & 8 & 9 \end{bmatrix}$$

であり，$\mathbf{I}$ は通常の数1と同様な機能を持つことが分かる．

$\mathbf{XA} = \mathbf{I}$ が成立する場合，$\mathbf{A}$ を $\mathbf{X}$ の**逆行列**（inverse matrix）と呼び，$\mathbf{X}^{-1}$ と表記する（$\mathbf{XX}^{-1} = \mathbf{X}^{-1}\mathbf{X} = \mathbf{I}$）．また，$\mathbf{X}^T = \mathbf{X}^{-1}$ ならば，$\mathbf{XX}^T = \mathbf{X}^T\mathbf{X} = \mathbf{I}$ であり，$\mathbf{X}$ は**直交行列**（orthogonal matrix）と称される．

任意の正方行列に対して逆行列が常に存在するとは限らない．逆行列の存在する行列を**非特異行列**（non-singular matrix），存在しない行列を**特異行列**（singular matrix）と呼ぶ．例えば，

$$\mathbf{X} = [\mathbf{x}_1, \mathbf{x}_2, \mathbf{x}_3] = \begin{bmatrix} 2 & 1 & 1 \\ 4 & 2 & 2 \\ 6 & 3 & 1 \end{bmatrix} \tag{5.84}$$

は特異行列である．この行列をよく見ると，列ベクトル $\mathbf{x}_1$ と $\mathbf{x}_2$ との間に，$\mathbf{x}_1 = 2\mathbf{x}_2$ という相互的な依存関係があることが分かる．これは，「$\mathbf{y} = c_1\mathbf{x}_1 + c_2\mathbf{x}_2 + c_3\mathbf{x}_3$ という計算式を設定したとき，$c_1 = 1$, $c_2 = -2$, $c_3 = 0$ という係数の組み合わせで，$\mathbf{y} = \mathbf{0}$ になる」と表現できる（ここで，$\mathbf{0}$ はすべての要素が0であるベクトル）．

一方，$\mathbf{x}_1$ と $\mathbf{x}_3$ の2つのみを取り上げれば，$c_1\mathbf{x}_1 + c_3\mathbf{x}_3 = \mathbf{0}$ を成り立たせるには，$c_1 = c_3 = 0$ とする（すべての係数を0とする）しかない．この場合，これらのベクトルは**1次独立**であると言う．また，行列に含まれる1次独立なベクトルの最大個数をその行列の**階数**（またはランク；rank）と呼ぶ．実際に (5.84) 式の行列 $\mathbf{X}$ では，さらに1番目と2番目の行ベクトルの間にも相互的な依存関係があるため，階数は2となる．すなわち，この正方行列 $\mathbf{X}$ の次数は3でありながら，それよりも階数が小さいため，$\mathbf{X}$ は特異行列であり，その逆行列は存在しない．

階数が次数よりも小さければ，**行列式**（determinant）の値は0になる．例えば，行列 $\mathbf{A}$ の行列式は $|\mathbf{A}|$ と表記され，その値はスカラーである．具体

には，この **A** が 2 次正方行列

$$\mathbf{A} = \begin{bmatrix} a & b \\ c & d \end{bmatrix}$$

ならば，行列式は，

$$|\mathbf{A}| = ad - bc \tag{5.85}$$

で求められる（一般の場合については，線型代数学の教科書を参照）。「行列式の値が 0 である」ことは，その「その正方行列が特異である」ことの必要十分条件となっている。それぞれの行列が特異でなければ，逆行列に関して，$(\mathbf{X}^T)^{-1} = (\mathbf{X}^{-1})^T$, $(\mathbf{XY})^{-1} = \mathbf{Y}^{-1}\mathbf{X}^{-1}$ が成り立つ。

なお，行列の対角要素の合計を**トレース**（trace）と呼び，tr(·) で表す。例えば，(5.84) 式のトレースは

$$\mathrm{tr}(\mathbf{X}) = 2 + 2 + 1 = 5 \tag{5.86}$$

である。

5.6.4　固有値・固有ベクトルと 2 次形式

(1) 固有値と固有ベクトル

N 次正方行列 **A** に対して，ある実数（スカラー）λ と **0** でない N 次元ベクトル **x** とが存在し，

$$\mathbf{Ax} = \lambda \mathbf{x} \tag{5.87}$$

が成立するとき，λ を**固有値**（eigenvalue），**x** を**固有ベクトル**（eigenvector）と呼ぶ。実際に，N 次正方行列 **A** が与えられたときに，その固有値は，固有方程式の解として，求めることができる（固有方程式そのものについては線型代数学の教科書を参照）。この際，解としての固有値の個数は **A** の次数に等しくなる（ただし，この中で同一の解が重複することもある）。そこで，固有値の大きさの順に，$\lambda_1, \lambda_2, \ldots$ および，$\mathbf{x}_1, \mathbf{x}_2, \ldots$ のように番号を付与すれば，それぞれ，$\mathbf{Ax}_i = \lambda_i \mathbf{x}_i$ が成り立つことになる（$i = 1, 2, \ldots$）。例えば，2 次正方行列

$$\mathbf{A} = \begin{bmatrix} 1 & 2 \\ 4 & 3 \end{bmatrix} \tag{5.88}$$

の固有値と固有ベクトルは $\lambda_1 = 5$, $\lambda_2 = -1$, および $\mathbf{x}_1 = [1,2]^T$, $\mathbf{x}_2 = [1,-1]^T$ である（岩田 (1983) [4] の p.301〜302 を参照）．さらに，c, c_1, c_2 を 0 でないスカラーとして，$c\mathbf{x}_1$ も，$c_1\mathbf{x}_1 + c_2\mathbf{x}_2$ も固有ベクトルとなる．

なお，N 個の固有値 $\lambda_1, \ldots, \lambda_N$ を対角要素として並べた対角行列を $\mathbf{\Lambda}$，また，固有ベクトルを並べた行列を $\mathbf{X} = [\mathbf{x}_1, \ldots, \mathbf{x}_N]$ で定義すると，上記の複数の解をまとめて，

$$\mathbf{AX} = \mathbf{\Lambda X} \tag{5.89}$$

と表記できる．特に，$\mathbf{A}$ が対称行列で，すべての固有値が異なれば（解が重複していなければ），$\mathbf{X}$ は直交行列となる．すなわち，$i = j$ の場合には $\mathbf{x}_i^T \mathbf{x}_j = 1$, $i \neq j$ ならば，$\mathbf{x}_i^T \mathbf{x}_j = 0$ である．

(2) 2 次形式

$\mathbf{Ax}$ は N 次元の列ベクトルなので，さらに左から $\mathbf{x}^T$ を掛けると，スカラーになる．つまり，

$$\begin{aligned}
\mathbf{x}^T \mathbf{Ax} &= [x_1, x_2, \ldots, x_N] \begin{bmatrix} a_{11} & a_{12} & \cdots & a_{1N} \\ a_{21} & a_{22} & \cdots & a_{2N} \\ \vdots & \vdots & \ddots & \vdots \\ a_{N1} & a_{N2} & \cdots & a_{NN} \end{bmatrix} \begin{bmatrix} x_1 \\ x_2 \\ \vdots \\ x_N \end{bmatrix} \\
&= \sum_{i=1}^{N} \sum_{j=1}^{N} a_{ij} x_i x_j
\end{aligned} \tag{5.90}$$

であり，これを行列 $\mathbf{A}$ の **2 次形式**と呼ぶ．なお，$\mathbf{0}$ 以外のすべての $\mathbf{x}$ に対して，常に $\mathbf{x}^T \mathbf{Ax} > 0$ となる場合，$\mathbf{A}$ は**正値定符号行列**と呼ばれる．

5.6.5 ベクトル・行列の微分

(1) 微分の定義

ベクトルや行列の微分についての表記方法は以下のとおりである．まず，N 次元のベクトルに対して 1 つの実数を返す関数 $y = f(\mathbf{x}) = f(x_1, \ldots, x_N)$ に

ついての微分は

$$\frac{\partial y}{\partial \mathbf{x}} = \begin{bmatrix} \frac{\partial y}{\partial x_1} \\ \vdots \\ \frac{\partial y}{\partial x_N} \end{bmatrix}, \quad \frac{\partial y}{\partial \mathbf{x} \partial \mathbf{x}^T} = \begin{bmatrix} \frac{\partial^2 y}{\partial x_1^2} & \cdots & \frac{\partial^2 y}{\partial x_N \partial x_1} \\ \vdots & \ddots & \vdots \\ \frac{\partial^2 y}{\partial x_1 \partial x_N} & \cdots & \frac{\partial^2 y}{\partial x_N^2} \end{bmatrix}$$

と定義される。ここで例えば，$\partial^2 y/(\partial x_2 \partial x_1)$ は 2 階偏微分であり，y を最初に x_1 で偏微分し，その結果に対してさらに x_2 で偏微分した結果を示している（ただし，先に x_2 で偏微分しても結果は同一となる点に注意）。

例えば，定数のベクトル $\mathbf{c} = [c_1, \ldots, c_N]^T$ を使って，$f(\mathbf{x}) = \mathbf{c}^T \mathbf{x}$ と置けば，この関数はスカラー（内積の値）を返す。この場合，$c_1 x_1 + c_2 x_2 + \cdots + c_N x_N$ を x_1 で微分すれば c_1 のみが残るので，上の規則に従えば，

$$\partial \mathbf{c}^T \mathbf{x} / \partial \mathbf{x} = \mathbf{c} \tag{5.91}$$

と計算できる。また，2 次形式の計算結果もスカラーになるので，同様に微分が可能である。すなわち，(5.90) 式の最右辺を x_1 で微分すれば，$2a_{11}x_1 + \sum_{j=2}^{N} a_{1j}x_j + \sum_{i=2}^{N} a_{i1}x_i$ を得る。ここでもし，$\mathbf{A}$ が対称行列ならば $a_{1j} = a_{j1}$ ($j = 2, \ldots, N$) であるから，微分の結果は，$2\sum_{j} a_{1j}x_j$ となる。したがって，$\mathbf{A}$ が対称行列という条件の下に，

$$\partial(\mathbf{x}^T \mathbf{A} \mathbf{x})/\partial \mathbf{x} = 2\mathbf{A}\mathbf{x} \tag{5.92}$$

が成り立つ。

一方，関数が K 個存在する場合には，$y_k = f(x_1, \ldots, x_N)$ ($k = 1, \ldots, K$) に対して，$\mathbf{y} = [y_1, y_2, \ldots, y_K]^T$ とし，

$$\frac{\partial \mathbf{y}}{\partial \mathbf{x}^T} = \begin{bmatrix} \frac{\partial y_1}{\partial x_1} & \cdots & \frac{\partial y_1}{\partial x_N} \\ \vdots & \ddots & \vdots \\ \frac{\partial y_K}{\partial x_1} & \cdots & \frac{\partial y_K}{\partial x_N} \end{bmatrix} = \begin{bmatrix} \frac{\partial \mathbf{y}}{\partial x_1}, \ldots, \frac{\partial \mathbf{y}}{\partial x_N} \end{bmatrix}$$

と計算するのが一般的である。この行列はヤコビアン行列と呼ばれ，その行列式がヤコビアン J に相当する。また，$N \times M$ の行列 $\mathbf{Y} = [y_{ij}]$ の各要素がスカラーの変数 x でそれぞれ微分可能ならば，

$$\frac{\partial \mathbf{Y}}{\partial x} = \begin{bmatrix} \frac{\partial y_{11}}{\partial x} & \cdots & \frac{\partial y_{1M}}{\partial x} \\ \vdots & \ddots & \vdots \\ \frac{\partial y_{N1}}{\partial x} & \cdots & \frac{\partial y_{NM}}{\partial x} \end{bmatrix}$$

(2) 応用例：ニュートン–ラフソン法

関数 $f(x)$ が与えられたときに，この値が最大または最小になるような x の値を求めたいことがある．この種の**最適化**（optimization）の問題において，その解を解析的に計算できないときには，反復計算によって，解を導出することが考えられる．このための数値計算の方法には様々なものがあるが（Chong & Żak(2008) [44] などを参照），ここでは，ベクトルの微分の応用例として，関数 $f(\mathbf{x})$ を最大化または最小化するベクトル $\mathbf{x}_{opt}$ を求める場合の**ニュートン–ラフソン法**（Newton-Raphson method）を紹介する[52]．

関数 $f(\mathbf{x})$ が最大または最小ならば，その微分は 0 となる（「微分が 0」は「最大または最小」の必要条件）．ここでは，その計算の前にまずは $f(\mathbf{x})$ をテイラー展開（Taylor expansion）し，その 2 階微分の項までの和を $h(\mathbf{x})$ と定義して，$f(\mathbf{x})$ を近似しておく（テイラー展開の詳細については，Chong & Żak, 2008 [44] の p.70〜75 などを参照）．すなわち，$\mathbf{x}^{(s)}$ をある特定の $\mathbf{x}$ の値として，

$$f(\mathbf{x}) \simeq f(\mathbf{x}^{(s)}) + \left(\frac{\partial f}{\partial \mathbf{x}}(\mathbf{x}^{(s)})\right)^T (\mathbf{x} - \mathbf{x}^{(s)})$$
$$+ \frac{1}{2}(\mathbf{x} - \mathbf{x}^{(s)})^T \frac{\partial f}{\partial \mathbf{x} \partial \mathbf{x}^T}(\mathbf{x}^{(s)})(\mathbf{x} - \mathbf{x}^{(s)}) \equiv h(\mathbf{x}) \quad (5.93)$$

とする．ここで，例えば，

$$\frac{\partial f}{\partial \mathbf{x}}(\mathbf{x}^{(s)})$$

は，$f(\mathbf{x})$ を $\mathbf{x}$ で微分した結果として得られた式の中の変数 $\mathbf{x}$ に，特定の値 $\mathbf{x}^{(s)}$ を代入したものである．

この $f(\mathbf{x})$ の代わりに $h(\mathbf{x})$ を，(5.91) 式と (5.92) 式を使って $\mathbf{x}$ で微分すれば（$\mathbf{x}^{(s)}$ のほうは定数であることに注意），

$$\frac{\partial h(\mathbf{x})}{\partial \mathbf{x}} = \frac{\partial f}{\partial \mathbf{x}}(\mathbf{x}^{(s)}) + \frac{\partial f}{\partial \mathbf{x} \partial \mathbf{x}^T}(\mathbf{x}^{(s)})(\mathbf{x} - \mathbf{x}^{(s)}) \quad (5.94)$$

---

[52] $f(\mathbf{x}_{opt})$ が最大になるのか，それとも最小になるのかは関数 $f(\mathbf{x})$ の形状に依存する．ごく簡単に言えば，「山」型ならば最大値，「谷」型ならば最小値となる．

なので，$\partial h(\mathbf{x})/\partial \mathbf{x} = \mathbf{0}$ を解いて，さらに式中の $\mathbf{x}$ を $\mathbf{x}^{(s+1)}$ に置換すれば，

$$\mathbf{x}^{(s+1)} = \mathbf{x}^{(s)} - \left(\frac{\partial f}{\partial \mathbf{x} \partial \mathbf{x}^T}(\mathbf{x}^{(s)}) \right)^{-1} \frac{\partial f}{\partial \mathbf{x}}(\mathbf{x}^{(s)}) \qquad (5.95)$$

を得る。$s = 0$ として初期値 $\mathbf{x}^{(0)}$ を適当に与えた後に，この式を使って反復計算し（各段階で $\mathbf{x}^{(s)}$ を $\mathbf{x}^{(s+1)}$ に置き換え，微分の値をそれぞれ再計算する），値が無事収束したならば，それを $\mathbf{x}_{opt}$ とすれば良い（1変数の場合の具体例については，7.1.3項を参照）。

第6章 調査の実施

6.1 調査計画の立案と実施

6.1.1 調査の流れ

　図書館情報学での分析には，日本図書館協会による『日本の図書館』や毎日新聞社の『読書世論調査』のような既存の**統計資料**を使うこともできるが，研究の目的に照らして，その種の統計が使えない場合には，データを収集するための独自の**調査**（survey）を実施しなければならない[1]。その際には，その計画を慎重に立案する必要がある。そのおおよその流れを図6.1に示す（岸田 (2003) [15] の図5を一部修正）。

　最初に，調査の目的をしっかり決めておくことが重要である。調査の目的や対象が何であるのか，調査結果をどのように（何のために）使うのかをあらかじめ明確にしておかなければ，調査の実際の作業を進めていくうちに，何を何の目的で調べているのかが分からなくなるという事態になりかねない。

　その際には，調査・研究の対象となる概念の明確化が必須となる。例えば，ある図書館での計画立案（planning）において，「図書館資料の利用を促進する」という目標が設定され，その実態調査が企画されたとする。ここでは「図書館資料の利用」がその対象となる概念であるが，このままでは，抽象的すぎて，その量の**測定**（measurement）を実行できない。そこで，調査ではより具体的に，例えば「図書館に訪れた人が図書館資料を手にとって目を通した場合」のような**操作的定義**（operational definition）を抽象的な概念（「図書館資料の利用」）に対して設定することになる。なお，一般に，この調査対象となる抽象的な概念を**コンストラクト**（construct）と呼ぶ場合がある。

---

[1] ここまで何度か「検索実験」の例を挙げたように，図書館情報学分野では，実験によるデータ収集もまた重要であるが，本章では簡便のため，例外を除き，「調査・実験」の総称として単に「調査」と表記する。

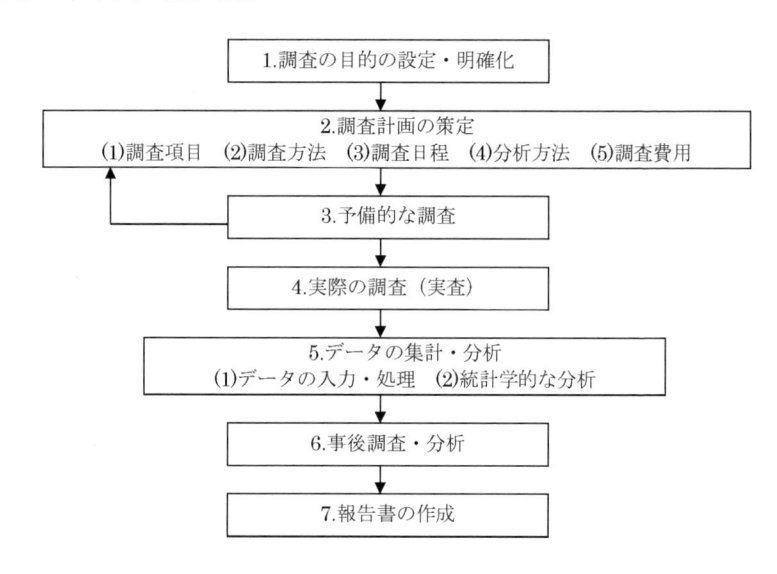

```
┌─────────────────────────────────────┐
│     1.調査の目的の設定・明確化        │
└─────────────────────────────────────┘
                  ↓
┌─────────────────────────────────────┐
│         2.調査計画の策定              │
│ (1)調査項目 (2)調査方法 (3)調査日程 (4)分析方法 (5)調査費用 │
└─────────────────────────────────────┘
                  ↓
┌─────────────────────────────────────┐
│          3.予備的な調査               │
└─────────────────────────────────────┘
                  ↓
┌─────────────────────────────────────┐
│        4.実際の調査(実査)             │
└─────────────────────────────────────┘
                  ↓
┌─────────────────────────────────────┐
│       5.データの集計・分析            │
│  (1)データの入力・処理 (2)統計学的な分析  │
└─────────────────────────────────────┘
                  ↓
┌─────────────────────────────────────┐
│         6.事後調査・分析              │
└─────────────────────────────────────┘
                  ↓
┌─────────────────────────────────────┐
│          7.報告書の作成               │
└─────────────────────────────────────┘
```

図 6.1　調査の手順

　調査の目的やその対象の操作的定義に基づいて，標本抽出の方法や測定方法（またはデータ収集法）を決定し，実際の日程や手順についての計画を立てる。この際には，もちろん予算や経費に対する考慮も必要である。そして，実際の調査を実施することになるが（「**実査**」とも呼ばれる），その前に十分な**予備調査**（または予備実験）を行っておくことが望ましい。例えば質問紙を配布して図書館利用者に回答してもらう場合に，質問紙中の記述に不備があれば，調査結果に誤差が生じる（6.3.1項参照）。予備調査によって，この種の不備を取り除くことは重要であるし，そのほか，調査手順が複雑な場合や調査員を雇用する際にも，手順の習熟や訓練等のために予備調査は欠かせない。

　本調査の後に，**事後調査**が必要になる場合もある。例えば，収集されたデータを分析した結果，調査手順等の不備によって偏った回答が数多くなされていることが発見されたならば，それに対する追加調査が必要になるかもしれない。

6.1.2 調査における誤差

(1) 非標本誤差

調査計画の立案においては，調査結果に**誤差**（error）が極力含まれないよう十分に配慮しなければならない。本書でこれまで述べてきたのは，主として，「母集団全体を調べられず，その一部のみを標本として選択して調査したことに起因する誤差（標本誤差）」への対処法であり，その標本の選び方としては，単純無作為抽出が仮定されていた。しかし，既に 2.1.2 項にて注意したように，実際にはそれ以外の原因から生じる誤差があり，それらは非標本誤差と総称される。調査を行う際には，適切な標本サイズを確保することによって標本誤差の問題に対処すると同時に，非標本誤差をなるべく小さくするための努力が欠かせない[2]。

(2) 操作的定義の妥当性

まず，コンストラクトと操作的定義の「ずれ」への配慮が必要である。例えば，「図書館資料の利用」を「館外貸出回数」で測定する場合，両者の概念は幾分異なっており，調査結果を活用する際に問題が生じるかもしれない。このずれによって問題が発生したならば，「館外貸出回数」は，**妥当性**（validity）の点で十分でないと言える。

ただし，「館外貸出回数」は，基本的には全数調査によるデータなので標本誤差を伴わず，またデータ収集の経費も少ないため，この点では優れた**尺度**（すなわち，測定結果としての数値 ; measure）である。したがって，測定の手段として，この操作的定義を直ちに却下できない可能性もある。実際に，コンストラクトと操作的定義との間には，一致しない部分が多少残ってしまう場合も多く，調査の目的に照らして，その不一致の程度を許容できるかどうかを検討することが重要となる。諸事情により不一致の程度が無視できなければ，調査における誤差の 1 つとして，結果を解釈する際に十分注意しなければならない。

---

[2] 図書館情報学分野では，人間や社会的事象を対象として調査を行う場合が多く，この点，非標本誤差が生じやすい。あくまで個人的な印象ではあるが，標本を大きくする努力よりも，非標本誤差を抑え，「代表的な」標本を得ることに労力を費やしたほうがむしろ有用ではないかと思う場面が少なくない。

(3) フレームの範囲の問題

調査対象として想定する母集団が，実際に使用可能なフレーム（2.1.3項参照）とずれているときに，誤差が発生する．具体的には，想定する母集団の一部がフレームに含まれていない場合（undercoverage）と想定する母集団以外の個体がフレームに含まれている場合（overcoverage）とがある．なお，公共図書館の来館者調査などではフレームを使用しないが，「他の自治体に居住しており，たまたま訪れた人」を区別できるように質問紙を設計しておけば，分析時にこの点での「overcoverage」が問題になった際に，事後的に対処できる（例えば，質問項目として「住居が市内か市外か」「この図書館を利用する頻度」を含めておけば良い）．

(4) 測定誤差

測定誤差は，実験器具を使用する場合だけなく，調査票または質問紙を用いる際にも発生する．例えば，来館者調査において，インターネット端末サービスに対する満足度を質問紙を使って「満足」「不満足」「どちらともいえない」の3つの選択肢で尋ねた場合，「使ってみたが，満足でもないし，不満でもない」人と「使ったことがないので，分からない」人の両方が「どちらともいえない」に回答する可能性がある．この状況で，これらの3つの選択肢をリッカート尺度として分析したならば，その結果には誤差が含まれることになる．この種の測定誤差の発生を抑えるために，調査票や質問紙の設計には，十分留意しなければならない（6.3節参照）．

(5) 無回答による誤差

質問紙を郵送した場合，何らかの理由で，標本として抽出された世帯や個人にそれが届かないことがある．さらに，「回答したくない」「回答するのが面倒」「回答または返送を忘れた」などの理由で，結果を返してもらえないかもしれない．来館者調査でも，回答に協力してもらえず，この種の**無回答**（nonresponse）が発生する可能性がある．無回答を減らすには，**督促**（あるいはリコール；recall）を試みる，または，回答に対する謝礼を用意するなどの方策も考えられる．

さらに，質問紙が返送された場合でも，すべての質問項目に対して回答がなされているとは限らない。この種の無回答を**一部項目無回答** (item nonresponse) と呼び，その結果，**欠測値**（missing value）が生じる。これらの無回答に伴う誤差に対しても慎重な検討が必要である（6.4 節参照）。

(6) データ処理での誤差

質問紙が回収された後，各項目の回答をコンピュータに入力する際に，タイピングのミスが発生するかもしれない。マークシートの読み取りの場合にも，コンピュータによる自動認識の誤りは起こり得る。

また，自由回答欄（自由記入欄）に書かれた文の内容を分析し，事後的な分類区分（カテゴリー）に割り付けて，集計することがある。これを一般に**コーディング**（coding）と呼ぶ。この際に，作業者による誤りが混入するかもしれないし，本来的に，客観的な割り付け（「誰がやっても同じ結果になる」という意味での「客観的」）が困難な場合もある。

そのほか，実際に調査結果をコンピュータで解析するには様々なデータ処理が必要であり，その際の操作で誤差が混入することもあり得る。例えば，既に述べたように，使用する分析手法によってはデータが正規分布に従っていなければならず，そのために，測定された値を変換する場合がある（5.5.2 項参照）。また 6.4.2 項で述べるように，無回答項目に対して，何らかの方法で値を補うこともあり，これらの処理においては，コンピュータの操作を誤らないよう，作業を慎重に進めなければならない。

6.1.3 データ収集の方法

(1) 業務統計と調査統計

統計的なデータを収集するには，

- 業務の遂行において生成される記録を集計する
- 質問紙調査などの特別な調査を実施する

の 2 つの手段が考えられる。一般に，前者の方法で集計されるデータを**業務統計**，後者を**調査統計**と呼ぶ。

例えば，図書館における業務統計の例は貸出統計であり，サービスに対する来館者の満足度のデータは調査統計に該当する．業務統計の集計には特別な経費が通常，それほどかからないのに対して，調査統計を得るには，かなりの予算が必要になる．一方，調査統計では，調べたい事項を比較的自由に設定できるのに対して，業務統計として集計できる事柄はかなり限定されている．

国勢調査のような全数調査として実施され，その結果から集計される調査統計も存在するが，多くの場合，調査統計は標本調査により作られる．したがって，標本誤差についての配慮が必要になる．それに対して，「館外貸出回数」に関して何度か述べたように，特に図書館の場合，業務統計は通常，全数調査であって，この点では標本誤差を気にせず，分析を進めることができる（推定や検定は基本的には必要ない）．

なお，ISO 11620 で規定されている図書館パフォーマンス指標の算出に必要なデータを集める手段は，おおよそ次のように分類できる．

1. 業務記録の集計
2. 業務記録に若干の項目を付加した調査
3. 利用者の協力を必要とせずに，調査員が図書館内で実施可能な調査
4. 利用者の協力を得て，調査員が図書館内で実施する調査
5. 図書館外の外的な事象や要因を対象とする調査

例えば，2. の例は，「閉架書庫からの資料出納所要時間（中央値）」である．調査期間において，出納請求の時刻と提供時刻とをその業務記録に記入しておけば，この指標のためのデータの集計が可能になる（これらが既に記録されている場合には，1. の「業務記録の集計」に相当する）．また，3. の例は，「利用者用座席占有率」であり，これは調査員が定期的に館内を巡回し，**観察**（observation）によって，データを収集できる[3]．一方，「要求タイトル利用可能性」と呼ばれる指標では，実際の利用者が必要とする資料を，館内で利用できるかどうか（目録データに誤りはないか，他人の貸出中でないか，正しい位置に排架されているかなど）を調査員が確認する必要があるため，利用者への質問が必要であり，上記の 4. に該当する[4]．

---

[3] 観察によって館内利用の量を測定した試みとして，糸賀ほか (2013) [2] の研究がある．

[4] 一般に「利用可能性テスト（availability test）」と呼ばれる．利用者の実際の要求に基づくのではなく，何らかの書誌に掲載された図書を調査対象とする方法もある．髙山・平野 (2012) [26] の p.146〜148 を参照．

(2) 社会調査におけるデータ収集

伝統的な**社会調査**（social survey）における主要なデータ収集法としては，

1. 質問紙を回答者に郵送する
2. 調査員が電話で回答者に**インタビュー**（interview）する
3. 調査員が自宅や職場を訪れ，対面（face-to-face: FTF）でインタビューする

の3つが挙げられる（Groveほか (2009) [51] の p.149〜150 を参照）。また，これらの代わりに，電子メールやウェブを利用する場合も増えてきた。この種のコンピュータネットワークの活用は，調査者側の経費や郵送の手間を減らすだけでなく，回答や返送に必要な回答者側の負担を軽くする可能性がある。

しかしながら，「インターネットを利用できる」という回答者の条件が，標本を偏ったものにする可能性に注意しなければならない。統計学の分野では，米国での電話調査が，大統領選挙における国民の支持に関する誤った結論を導いてしまった事例が，教訓としてよく語られている。これは，その当時は，電話を所有する人々が富裕層に偏っていたため，富裕層寄りの政党への支持傾向が高めに出てしまったというものである。この事例は，回答手段の選択が，回答そのものに影響する可能性を示しており，調査内容によっては，電子メールやウェブを活用する場合にも似たような状況が起こり得るかもしれない。

(3) 計量書誌学と情報検索におけるデータ収集

図書館情報学の一領域である**計量書誌学**（bibliometrics）では，小説や論文などの文献中に出現する語や，文献の属性（出版年など）の値についての集計結果から，データを作成する場合がある（7.1節も参照）。語の出現については，通常，機械可読型のテキストデータをコンピュータで処理することになる。

また，**引用分析**（citation analysis）は，学術文献中の引用を調べることによって，主題分野間・雑誌間・著者（研究者）間・研究機関間などの関係を析出しようとするもので，共引用回数（例えば，2つの文献を両方とも引用している雑誌論文の数）をそれらの間の類似度を測る尺度として使う場合が

多い（7.2 節参照）。このためのデータは引用索引（citation index）を編纂する過程の中で副次的に生成され，多くの研究者によって利用されてきた。なお，文献が引用される回数（被引用回数）が多ければ，その研究分野へ大きな貢献を果たしているとして，研究者や研究機関の評価のために引用分析の結果が使われることもある[5]。

一方，情報検索の分野では，システム（アルゴリズム）の開発において**テストコレクション**（test collection）を用いた検索実験が行われる（岸田 (1998) [12] の p.234〜243 を参照）。テストコレクションは，実験用文書集合，実験用検索課題，および各検索課題に対する適合文書のリストから成り，TREC や NTCIR などの協働的な研究プロジェクトにより作成される[6]。研究者はこのテストコレクションを使って実験を行い，自らが考案した技法の有効性を統計的に確かめることができる（3.2.2 項および 3.4.1 項での例を参照）。一方，対話的な検索環境の実験では，被験者が関与するため，複雑な実験計画（4.4.4 項参照）に基づいて，データが収集・分析されることがある[7]。この点は，検索の利用者研究においても同様である（4.4.1 項での例を参照）。

そのほか，図書館情報学分野では，何らかの文献の内容分析に基づいてデータを作成したり（例えば，新聞記事の内容をコーディングした上で，その記述の分量を時系列的に集計するなど），図書館や関連機関に質問紙を送るのではなく，その公式ウェブサイトを確認して，実態等を把握することも多い。

6.2 標本抽出の実際

6.2.1 標本サイズの決定

理論的には標本サイズ n は大きければ大きいほど良いが，現実的には予算や労力を無駄に浪費しないよう，n の値を決めなければならない。そのためには，調査の目的やその結果に対してどのような分析が求められるのかを十分に勘案する必要がある。例えば，公共図書館で来館者調査によって利用者の満足度を測定する場合を考える。規模の大きな図書館で，休館日を除く 1

---

[5]例えば，被引用回数に基づいて算出される h 指数（h index）やそれに類似した指標がよく活用されている。h 指数については，ディオダート (2008) [30] の p.34〜35 を参照。
[6]TREC は米国，NTCIR は日本でのプロジェクトであり，そのほか，同様の試みが数多くなされている。NTCIR については，http://research.nii.ac.jp/ntcir/index-ja.html を参照。
[7]これについては Kelly(2013) [23]（邦訳）が詳しい。

週間を調査期間としたならば，1,000件を超える回答が得られるかもしれない．しかし，図書館経営の視点で来館者調査を実施したとすれば，それほど大きな標本は必要ではないと思われる．

もしこの調査によって，複数の属性に基づく詳細なクロス集計表（分割表）を作成する，あるいは構造方程式モデル等を推定しようとするならば，もちろん，ある程度大きな標本でなければならない．それに対して，いわゆる「Plan（計画）− Do（実行）− See（確認）」のサイクルにおける「See」のために，あるサービスの満足度を来館者に対して5件法で尋ねる際には，$n = 1000$ の標本はおそらく無駄である．標本を無理に大きくして標準誤差を小さくすることを考えるよりも，時間帯や曜日による来館者の特徴の差異に配慮して，特定の利用者層に偏らない標本を得るように努力するほうが，むしろ重要かもしれない[8]．

このように，標本サイズの決定はその調査の状況に依存するものの，ある特定の条件に対して，必要な標本サイズを正確に計算できる場合もある．例えば，ある調査者が何らかの変量の母平均を正確に推定することを考えている状況において，標本平均 $\bar{x}$ が母平均 μ から乖離する大きさ $|\bar{x} - \mu|$ が，ある値 d 以上になってしまう確率を0.05以下に抑えようとしたと仮定する．すなわち，$P(|\bar{x} - \mu| \geq d) = 0.05$ であり，$\bar{x}$ の標準誤差 $\sigma_{\bar{x}}$ を使ってこれを変形すれば，

$$P(|\bar{x} - \mu|/\sigma_{\bar{x}} \geq d/\sigma_{\bar{x}}) = 0.05 \tag{6.1}$$

となる．中心極限定理が成立して，$\bar{x}$ が平均 μ，標準偏差 $\sigma_{\bar{x}}$ の正規分布に従うとすれば，この式は $d/\sigma_{\bar{x}} = 1.96$ を意味している．そこで，(2.7)式を使えば，$d\sqrt{n}/\sigma = 1.96$ なので，

$$n = (1.96^2 \sigma^2)/d^2 \tag{6.2}$$

を得る[9]．この式は当然ではあるが，母分散 σ^2 が大きければそれだけ大きな標本が必要になることを示している．ただし実際に，この式から標本サイズを計算するには，σ^2 の値を推測しておかなければならない．

割合の場合には，同様に，$P(|p' - p| \geq d) = 0.05$ とすれば，(2.51)式より，$n = (1.96^2 pq)/d^2$ となる．もし5%のずれまで許容するとし（$d = 0.05$），

---

[8] 図書館経営の点からの来館者調査における標本の大きさについては，岸田ほか (2005) [17] が詳細に論じている．
[9] もちろん，有限母集団修正を加えた (2.6) 式を使うこともできるが，ここでは省略する．

結果が $p' = 0.5$ であると予測されるならば，$p = p'$ を仮定し（大標本法），$2^2 \simeq 1.96^2$ を使って，$n = (2^2 \times 0.5^2)/0.05^2 = 400$ が導かれる．有限母集団修正を加味すれば，標本サイズ n はもう少し小さくなる（Cochran(1977) [45]の p.75～78 を参照）．

なお，質問紙を配布する場合，一定の大きさの標本を確保するには，無回答の数をある程度想定して，最初の配布数を考える必要がある．状況の変化により回答の性質が変わってしまうと予想される際には，後から質問紙を追加で配布することに意味がなくなる可能性があり，配布数には十分に注意しなければならない．

6.2.2 系統抽出

以下では無回答を考慮せず，単純に n 個の個体をフレームから抽出することを考える．完全なフレームが与えられれば，その先頭から通し番号を割り振り，乱数表（あるいはソフトウェアによる疑似乱数）を使って，単純無作為抽出すれば良い（2.1.3 項参照）．ただし，その並び順に，調査目的に照らして規則性がないと仮定できるならば，最初の「出発点」のみ無作為に決めて，その後は，等間隔で標本を抽出していけば十分である．これを**系統抽出**（または等間隔抽出; systematic sampling）と呼ぶ．

これまでどおり母集団の大きさを N とすれば，フレームは $k = N/n$ 個の部分に分割できる．もし，割り切れなければ，k の値を切り上げる．例えば，$N = 29$ かつ $n = 5$ ならば，$29 \div 5 = 5.8$ なので，$k = 6$ の部分に分割されることになる．ここで，疑似乱数を発生させ（2.1.3 項参照），その結果,「21」番目がまずは選ばれたとする．これに $k = 6$ を加えて，2つ目として $21 + 6 = 27$ が選択されるが，その次は，$27 + 6 = 33$ となって，フレームの外に出てしまう．そこで，先頭に戻って $33 - 29 = 4$ を選択する．その後は再び，$k = 6$ の間隔で抽出すれば良く，最終的に,「21, 27, 4, 10, 16」が抽出される[10]．

以下，N が n で割り切れて，k が整数になると仮定する．この場合，系統抽出は,「n 個ずつの個体が含まれたいくつかの部分集合または**クラスタ**（cluster）」によって構成されている母集団から，1 つのクラスタを標本として選ぶ操作として解釈される．例えば，$N = 20$，$n = 4$ ならば（$k = 5$），1

---

[10] その他の方法については，Cochran(1977) [45] の p.205～232 を参照．

番目のクラスタは「1, 6, 11, 16」，2 番目は「2, 7, 12, 17」などとなり，最後のクラスタ（5 番目）は「5, 10, 15, 20」である．そして，このうちの 1 つのクラスタが系統抽出で選択されると考えることができる．

ここでは特別に，i 番目のクラスタ ($i = 1, \ldots, k$) に含まれる j 番目の個体 ($j = 1, \ldots, n$) の観測値を x_{ij}，i 番目のクラスタでの平均を $\bar{x}_{i\cdot}$ と書く（すなわち，$\bar{x}_{i\cdot} = (1/n)\sum_{j=1}^{n} x_{ij}$）．ということは，$i$ 番目のクラスタが標本として選ばれたならば，系統抽出による標本での平均を x_{sy} で表すこととして，$\bar{x}_{sy} = \bar{x}_{i\cdot}$ となる．$kn = N$ の場合，$(1/k)\sum_{i=1}^{k} \bar{x}_{i\cdot}$ は正確に母平均 μ に一致するので，$\bar{x}_{sy}$ は母平均の不偏推定量である．一方，$\bar{x}_{sy}$ の分散は，同様に，k 個の $\bar{x}_{i\cdot}$ での分散になるから，

$$V(\bar{x}_{sy}) = \frac{1}{k}\sum_{i=1}^{k}(\bar{x}_{i\cdot} - \mu)^2 \tag{6.3}$$

を得る．

一方，この枠組みでは，母分散 σ^2 の N 倍は，$N\sigma^2 = \sum_i \sum_j (x_{ij} - \mu)^2$ となり，これはちょうど 4.4.3 項の分散分析における (4.69) 式と形式的に等しい．したがって，(4.70) 式より，

$$N\sigma^2 = n\sum_{i=1}^{k}(\bar{x}_{i\cdot} - \mu)^2 + \sum_{i=1}^{k}\sum_{j=1}^{n}(x_{ij} - \bar{x}_{i\cdot})^2 \tag{6.4}$$

のように「群間平方和」と「群内平方和」とに分割することができる．(6.3) 式を (6.4) 式に代入して，$V(\bar{x}_{sy})$ について解くと，$kn = N$ に注意すれば，

$$V(\bar{x}_{sy}) = \sigma^2 - \frac{1}{N}\sum_{i=1}^{k}\sum_{j=1}^{n}(x_{ij} - \bar{x}_{i\cdot})^2 \tag{6.5}$$

が導かれる．この値が単純無作為抽出での $V(\bar{x})$ よりも小さくなるには，(2.6) 式より，

$$\frac{N-n}{N-1}\frac{\sigma^2}{n} > \sigma^2 - \frac{1}{N}\sum_{i=1}^{k}\sum_{j=1}^{n}(x_{ij} - \bar{x}_{i\cdot})^2 \tag{6.6}$$

が成立すれば良い．ここで，

$$\sigma_{wsy}^2 = \frac{1}{k(n-1)}\sum_{i=1}^{k}\sum_{j=1}^{n}(x_{ij} - \bar{x}_{i\cdot})^2 \tag{6.7}$$

と置くと、上記の不等式は、$(N/(N-1))\sigma^2 < \sigma^2_{wsy}$ と変形される[11]。つまり、クラスタ内での分散（ただしクラスタ内は $n-1$ でそれぞれ割る）の平均が母集団における分散（$= (N-1)^{-1}\sum_i\sum_j(x_{ij}-\mu)^2$）よりも大きければ、系統抽出の精度は単純無作為抽出のそれよりも高くなる。

クラスタ内での分散の平均が母分散よりも大きければ、それぞれのクラスタに、個体がうまく散らばっている可能性が高く、その際には、偏った標本を抽出する可能性も併せ持っている単純無作為抽出よりも、標本平均の分散が小さくなるのは自然である。逆に言えば、クラスタ内の分散が小さく、特定の傾向に偏ったクラスタが存在する場合、系統抽出でそれが選択されてしまうと不正確な結果が得られるかもしれない。なお、以上はあくまで理論的な検討であり、信頼区間の推定や仮説検定のための計算は、実際には、単純無作為抽出を仮定して導かれた種々の計算式に基づいて行うことになる。

6.2.3　層別抽出

母集団が何らかの層（strata）に分かれているならば、母集団全体から標本を単純無作為抽出するよりも、層ごとに個別に抽出したほうが良い場合がある。例えば、2.1 節で例示した館内利用回数の標本調査において蔵書全体から無作為抽出してしまうと、特定の主題分野の図書が標本に 1 冊も含まれないかもしれない。一方、NDC に基づいて主題分野を定義し、それぞれ個別に標本を抽出すれば、分野ごとに十分な大きさの標本を確保できる。このような方法を**層別抽出**（または層化抽出; stratified sampling）と呼ぶ（図 6.2(a) を参照）。

ここでは各層を添字 h で表し（$h = 1, \ldots, L$）、h 番目の層における i 番目の観測値を x_{hi} と書く。さらに、母集団サイズ、標本サイズ、標本平均に関しても、h 番目の層に限定する場合には、それぞれ、N_h, n_h, $\bar{x}_h$ と表記す

---

[11] (6.6) 式右辺の σ^2 を左辺に移項して -1 を掛ければ、不等式の符号が逆転し、また、左辺は

$$\left(1-\frac{N-n}{(N-1)n}\right)\sigma^2 = \frac{Nn-N}{(N-1)n}\sigma^2 = \frac{n^2k-nk}{(N-1)n}\sigma^2 = \frac{k(n-1)}{(N-1)}\sigma^2$$

となる。この最後の $k(n-1)$ と (6.6) 式右辺の N^{-1} とを交換すれば与式を得る。

(a) 層別抽出　　　　(b) 集落抽出

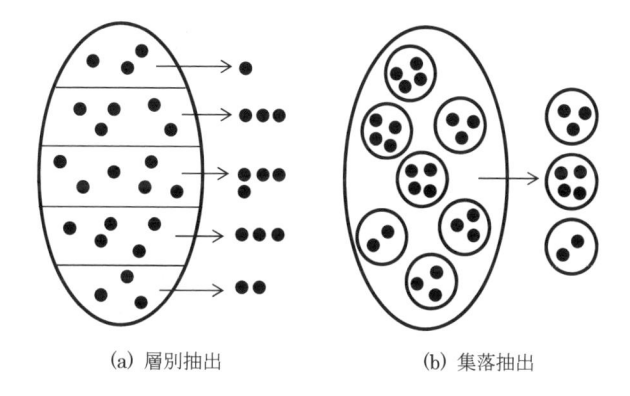

図 6.2　層別抽出と集落抽出

る。このとき層別抽出による標本平均を $\bar{x}_{st}$ とすれば，これは，

$$\bar{x}_{st} = \frac{1}{N}\sum_{h=1}^{L} N_h \bar{x}_h = \sum_{h=1}^{L} W_h \bar{x}_h \tag{6.8}$$

で計算される。ここで，$W_h = N_h/N$ であり，h 番目の層の「重み」を表す。通常の標本平均は $\bar{x} = (1/n)\sum_h n_h \bar{x}_h$ なので，$n_h/n = N_h/N$ でなければ，$\bar{x}_{st}$ と $\bar{x}$ との値が異なる点に注意しなければならない。逆に言えば，$n_h/n = N_h/N$ となるように各層の標本サイズを決めるのが1つの方法であり，これを**比例配分**（proportional allocation）と呼ぶ。

μ_h を h 番目の層の母平均として，もしすべての $\bar{x}_h$ が不偏ならば，$E(\bar{x}_{st}) = \sum_h W_h E(\bar{x}_h) = \sum_h W_h \mu_h$ であり，$\mu = N^{-1}\sum_h \sum_i x_{hi} = \sum_h W_h \mu_h$ となるから（添字 i は母集団の中を動く），$\bar{x}_{st}$ もまた不偏推定量である。さらに，

$$V(\bar{x}_{st}) = \sum_{h=1}^{L} W_h^2 V(\bar{x}_h) \tag{6.9}$$

が成り立つ。すなわち，一般に m 個の確率変数 $z_1,\ldots,z_m$ に対して $a_1,\ldots,a_m$ を定数として，$y = a_1 z_1 + \cdots + a_m z_m$ と定義すれば

$$V(y) = \sum_{h=1}^{m} a_h^2 V(z_h) + 2\sum_{h=1}^{m-1}\sum_{h<k} a_h a_k Cov(z_h, z_k) \tag{6.10}$$

であり、ここでは、(6.8)式より $z_h = \bar{x}_h$ かつ $a_h = W_h$ と置けば良く ($m = L$)、また $Cov(z_h, z_k) = Cov(\bar{x}_h, \bar{x}_k) = 0$ なので（各層で抽出は独立）、(6.9)式が導かれる。

さらに「層別無作為抽出（stratified random sampling）」を仮定する。すなわち、各層で個体が単純無作為抽出されるものとする。この場合には、$E(\bar{x}_h) = \mu_h$（不偏推定量）であり、また、$V(\bar{x}_h)$ は非復元抽出ならば(2.6)式の2乗となるので、(6.9)式に代入すると、

$$V(\bar{x}_{st}) = \sum_{h=1}^{L} W_h^2 \frac{N_h - n_h}{N_h - 1} \frac{\sigma_h^2}{n_h} \qquad (6.11)$$

を得る。ここで、σ_h^2 は h 番目の層の母分散である。

層別無作為抽出に基づいて、推定や検定を行う場合には、各 σ_h^2 の代わりに、その推定量

$$s_h^2 = \frac{1}{n_h - 1} \sum_{i=1}^{n_h} (x_{hi} - \bar{x}_h)^2 \qquad (6.12)$$

を使って、標準誤差を求めておく。例えば、(6.11)式にこれを代入すれば、

$$\hat{V}(\bar{x}_{st}) = \sum_{h=1}^{L} W_h^2 \frac{N_h - n_h}{N_h - 1} \frac{s_h^2}{n_h} \equiv s^2(\bar{x}_{st}) \qquad (6.13)$$

となるので、母平均の95%信頼区間は、$\bar{x}_{st} \pm 1.96\, s(\bar{x}_{st})$ によって構成できる（Cochran(1977) [45] の p.95～96 を参照）。

層別無作為抽出で比例配分とすれば、各個体が抽出される確率は、それぞれ n_h/N_h であり（$h = 1, \ldots, L$）、この値はフレーム中のすべての個体で同じになる（単純無作為抽出と同様）。それに対して、**ネイマン配分**（Neyman allocation）では、フレーム中の個体に異なる抽出確率が与えられる。この配分では、$n_h/n = (N_h \sigma_h)/\sum_{h'} N_{h'} \sigma_{h'}$ として、母分散の大きな層から、より多くの個体を抽出するためである。散らばりの大きな層の n_h を増やして標準誤差を小さくすることは理に適っており、この点では、これは最適な配分法と言える（東京大学教養学部統計学教室(1994) [32] の p.75～80 を参照）。

6.2.4 集落抽出

ある県が，高校に新たに入学した生徒の読書活動の実態を把握するために，各高校に調査員を派遣して，質問紙調査を実施したとする（母集団は「県内の高校に在籍する1年生」）。もし県内のすべての高校に調査員が派遣され，1年生の全クラスで調査が完了したならば，欠席者等による調査もれは発生するとしても，全数調査が実施されたことになる。

それに対して，労力や時間の関係で，全高校に調査員を派遣できず，一部の高校のみの調査に限定せざるを得ない場合には，**集落抽出**（またはクラスタ抽出；cluster sampling）を適用することになる。具体的には，調査対象となる高校を単純無作為抽出し，それぞれの1年生全クラスを1つのクラスタ（6.2.2項参照）または「集落」として，その全員に対して調査を試みる（図 6.2(b) を参照）。この点，系統抽出は，形式的には，クラスタが1つのみ（$n=1$）の集落抽出と見なすこともできる。

クラスタの番号を $i=1,\ldots,n$ として，i 番目のクラスタにおける観測値の合計（例えば，当該高校の1年生全クラスでの先月の読書冊数の合計）をここでは単に x_i と表記する。また，i 番目のクラスタに含まれる要素（ここでの例では生徒）の数を M_i と書く。N 件のクラスタから n 件を単純無作為抽出で選んだ場合，標本平均を

$$\bar{x} = \frac{\sum_{i=1}^{n} x_i}{\sum_{i=1}^{n} M_i} \tag{6.14}$$

で求めることができる。系統抽出での議論と同様に，各クラスタ内での分散が全体的に大きくなれば，標準誤差 $\sigma_{\bar{x}}$ の値は小さくなる[12]。

この調査において，もし対象として選ばれた高校から，さらにそれぞれ何人かの生徒を無作為抽出して，インタビューなどによるさらに詳しい調査を実施したならば，これは **2 段抽出**（two-stage sampling）に相当する。すなわち，形式的には，

1. 第 1 段階：クラスタ（集落）を n 個抽出
2. 第 2 段階：各クラスタの調査を実施
   (a) クラスタの要素すべてに対して調査：集落抽出

---

[12] Cochran(1977) [45] の p.249〜273 を参照。この文献では，母平均に対するその他の推定量も詳細に議論されている。

(b) 調査対象となる要素をさらに抽出：2段抽出

のような関係になる（既に述べたように，系統抽出は，第1段階で1個のクラスタのみ（$n=1$）を抽出した集落抽出と見なすことができる）．したがって，第2段階における各クラスタでの標本サイズを M_i そのものとし，後述する2段抽出におけるいくつかの推定量を集落抽出に適用することが可能である．

6.2.5 多段抽出

上記の2段階の調査はさらに3段階にも拡張できるので，これらの抽出法は一般に，**多段抽出**（multistage sampling）と総称される．ただし，本書では2段抽出に説明を限定する．2段抽出においては，第1段階および第2段階で抽出される個体を，それぞれ，第1次抽出単位（primary sampling unit），第2次抽出単位（secondary sampling unit）と呼ぶ．

この際，例えば，各段階において次のような抽出方針を採用することが考えられる．

1. 第1段階：n 個の第1次抽出単位の選択（母集団サイズ：N）
   (a) 単純無作為抽出（復元抽出または非復元抽出）
   (b) 系統抽出
   (c) 確率比例抽出
   (d) 層別抽出（各層内は，単純無作為抽出，系統抽出，確率比例抽出のいずれか）
2. 第2段階：m_i 個の第2次抽出単位の選択（$i=1,\ldots,n$）
   (a) 抽出せず全数調査とする（$m_i = M_i$）⇒ 集落抽出
   (b) 単純無作為抽出（復元抽出または非復元抽出）
   (c) 系統抽出

ここで M_i はこれまで同様，第1次抽出単位（クラスタ）に含まれる第2次抽出単位（要素）の総数である（m_i が標本サイズ）．これらの抽出法の組み合わせによって，母平均などに対する最終的な推定量の計算が異なってくる．

例えば，(6.14) 式は，上記の「1.(a)-2.(a)」の組み合わせの場合での推定量の1つとして位置付けられる．

上記 1.(c)(d) での**確率比例抽出**（sampling with varying probabilities）とは，第1次抽出単位の規模などを考慮して，抽出確率を変える方法である．例えば，規模の大きな企業や大学，病院等が抽出されやすくなるように，それらの抽出確率を高めることは，一般の統計調査でしばしばなされている．この場合の抽出確率としては，$(1) M_i / \sum_{i'=1}^{N} M_{i'}$，(2) 規模等を示す何らかの割合として知られている数値 z_i（$\sum_i z_i = 1$）などを使う．例えば，前者 (1) の確率で比例抽出した場合には（ただし復元抽出），各1次抽出単位での標本平均 $\bar{x}_{i\cdot}$ を，重み付けなしに単純に平均した

$$\bar{x} = \frac{1}{n}\sum_{i=1}^{n} \bar{x}_{i\cdot} = \frac{1}{n}\sum_{i=1}^{n}\left(\frac{1}{m_i}\sum_{j=1}^{m_i} x_{ij}\right) \tag{6.15}$$

が，母平均（第2次抽出単位の1個体あたりの母平均）に対する不偏推定量になる[13]．ここで x_{ij} は以前と同様に，i 番目の第1次抽出単位（クラスタ）における j 番目の個体に対する観測値である（この式では添字 i は標本の中で動いている点に注意）．

再び添字 i を母集団全体で動かすこととし，$M_0 = \sum_{i=1}^{N} M_i$ と表記する．上記 (1) の確率に基づいてフレームから標本を反復して無限回抽出したとすれば，それぞれの第1次抽出単位は，そのうち M_i/M_0 の割合で現われるから（$i=1,\ldots,N$），$E(\bar{x}_{i\cdot}) = \mu_i$ ならば（μ_i は i 番目の第1次抽出単位での母平均），

$$E(\bar{x}) = \sum_{i=1}^{N} \frac{M_i}{M_0} E(\bar{x}_{i\cdot}) = \sum_{i=1}^{N} \frac{M_i}{M_0}\mu_i = \frac{1}{M_0}\sum_{i=1}^{N} M_i\mu_i = \mu \tag{6.16}$$

が導かれる．

ただし，現実的には，標本抽出時に M_i（および M_0）が不明で，調査によって事後的に分かることも多い．その際に確率比例抽出を行うには，上記 (2) の z_i が必要になる．この場合に，平均ではなく，観測値の総計 X を推定するとすれば（すなわち，M_0 が分かっていれば，$X = M_0\mu$），確率 z_i に比例

---

[13] この量は単純無作為抽出の場合には不偏にはならない点に注意．

した復元抽出を仮定して，

$$\hat{X} = \frac{1}{n}\sum_{i=1}^{n}\frac{x_i}{z_i} \tag{6.17}$$

が，X の不偏推定量になる（証明は Cochran(1977) [45] の p.253 を参照）。なお，x_i は，これまでどおり，i 番目の 1 次抽出単位における観測値の合計である。

上で掲げた抽出法のすべての組み合わせに対して推定量を列挙することは本書の範囲を超えるので，z_i による確率比例抽出を用いた「1.(d)-2.(b)」の場合のみの例示に留める[14]。例えば，ある公共図書館が調査会社に委託して住民調査を実施する際に，第 1 次抽出単位を町丁，第 2 次抽出単位を住民とする 2 段抽出を採用したと仮定する。ここで，町丁全体を層に分け，さらに，各層から抽出する際に z_i を使って確率比例抽出する場合が，「1.(d)-2.(b)」の一例である（第 2 段階は単純無作為抽出）。特に，観測値の母集団での合計 X を推定するものとし（これを N や M_0 で割ればそれぞれの平均になる），第 h 層に属する第 1 次抽出単位における量には添字 h を加えることとする。この X についての推定量としては，

$$\hat{X} = \sum_{h=1}^{L}\frac{1}{n_h}\sum_{i=1}^{n_h}\frac{M_{hi}x_{hi}}{m_{hi}z_{hi}} \tag{6.18}$$

などが考えられる（Cochran(1977) [45] の p.317 を参照）。なお，x_{hi} は，h 番目の層の i 番目の第 1 次抽出単位における観測値の合計を意味している。

6.3 測定とその誤差

6.3.1 質問紙による測定

調査における測定の段階では，実際に調べた値や事柄を正確かつもれなく記録していかなければならない。例えば，調査員が図書館内の座席の占有状況を観察調査する場合（6.1.3 項参照）や図書館利用者に対してインタビュー調

---
[14]その他の推定量については，Cochran(1977) [45] などを参照。

査を行う際には，あらかじめ**調査票**を作成しておき，それに記入していく[15]。調査票の設計が十分でなければ，測定結果の記録に「ぶれ」が生じ，誤差が混入することになりかねない。

標本として選ばれた調査対象者（調査客体）自身に調査票を記入してもらう場合，その調査票は一連の質問から構成されることになるので，特に，**質問紙**（または質問票；questionnaire）あるいは**アンケート**と呼ばれる。この際には，質問紙そのものが測定の道具となるので，その設計には細心の注意を払うべきである。なお，調査対象者自身が記入する場合を**自計式**（または自記式），調査員が記入する場合を**他計式**（または他記式）と呼ぶ。場合によっては，2つの方式を混在させ，調査対象者が記入する部分と，調査員が記入する部分の両方を含んだ調査票を使うこともある。

調査項目（質問項目）は研究や調査の目的，あるいは先行研究に照らして合理的で，なおかつ，その設定の根拠や理由が十分に明白でなければならない。代表的な質問項目の回答形式としては以下のものがある。

- 何らかの数値・数量を回答する。
- 質問に対して選択肢から回答を選ぶ。
  - 単数回答：1つのみ選択する
  - 複数回答：上限数までの複数個の選択を可能とする，あるいは該当するものすべてを選ぶ
- 回答群中の事物・事象を嗜好などの順序で並べる。
- 記入欄の中に回答を自由に記述する（自由回答）。
  - 短い場合（例えば何かの言葉を回答），長い場合（文章で記述）

そのほか，事物・事象の対（pair）に対して，嗜好などの点でどちらが優るかを尋ねるような複雑な形式もある[16]。

---

[15] 詳細な質問項目を決めずにインタビューを進めて，比較的自由に発言してもらい，許可を得た上でそれを録音する場合もある。その後，録音記録に対して事後的に内容分析を行い，特徴的な発言や事柄，パターン等を析出することになる。これは「半構造化インタビュー」と呼ばれる。また，調査目的に照らしてその対象として適切な人々（すなわち「フォーカスグループ」）を集め，討論してもらう形式でデータを収集する方法もある。これをフォーカスグループインタビュー（focus group interview：FGI）と言う。この FGI でも事後的な内容分析が重要となる。これらのデータ収集法は図書館情報学でもよく利用されているが，本書では対象外とする。

[16] 「1 対比較法（method of paired comparisons）」とも呼ばれ，心理学分野などで発達した（竹内 (1989) [28] の p.809～811 を参照）。

6.3.2 回答完了までの過程

(1) 回答の過程における段階

調査対象者が質問紙に対する回答を試みる場合，次のような段階を経ることになる（Grove ほか (2009) [51] の p.217〜257 を参照）。

1. 質問項目の理解（comprehension）
2. 回答に必要な情報の想起（retrieval）
3. 判断（judgment）と推定（estimation）
4. 回答の報告（reporting）

これらの段階のいずれにおいても，誤差が混入する可能性がある。

(2) 質問項目の理解

まず，質問項目は理解されやすいように書かれるべきである。例えば，「あなたはこの図書館のレファレンスサービスについて満足していますか」という質問項目を設定したとしても，多くの利用者が「レファレンスサービス」について正確に理解できないことが予想される。使用する語句や質問文をできるだけ平易かつ正確なものにし，調査対象者の年齢の幅が広い場合には，すべての世代が理解できるような表現を選ぶことが望まれる（例えば「余暇の過ごし方」のような表現は若年層には難しいかもしれない）。また「あなたが週2回，仕事帰りに来館する状況を想定して，以下の問いにお答えください」のような複雑な質問は，できれば避けたいところである。

(3) 回答に必要な情報の想起

質問文を理解できたとして，次に調査対象者は，その回答に必要な情報を思い出さなければならない（上記の 2. の段階）。例えば，「先月，インターネットを何時間利用しましたか」と質問しても，それを正確に思い出せる人はまずいないと思われる。この原因は，(a) 人間の長期記憶には限界があること，(b) インターネット利用が「できごと」として，特に印象には残らないことの2つである。例えば，「昨年，スマートフォンを買い替えたかどうかをお答

えください」ならば、「1年間」はやや厳しいかもしれないが、日常的なインターネット利用よりもまだ記憶に残っている可能性がある。調査事項が記憶に残る程度を勘案して、適切な質問項目を設定することが重要である。

なお、インターネットの利用時間を正確に尋ねるならば、1週間程度に限定して、利用ごとに逐一記録してもらうよう依頼するのが適当であると考えられる。これは**日記法**と呼ばれる（ただし実際には、「インターネットの利用」は抽象的なので、「ウェブの閲覧」「オンラインゲーム」など、ある程度詳細な項目を設定して、事後的に集約する必要があるかもしれない）。

(4) 判断と推定

記憶から呼び起こした情報に基づいて、回答者は適宜、判断あるいは推定を行う（上記の3.の段階）。例えば、来館者調査での「インターネット端末サービスに満足していますか」という質問に「満足」「ふつう」「不満足」「利用したことがない」の4つの選択肢が設定されている場合、このサービスを利用したことがあれば、回答者はその際の状況や印象を思い出し、次に回答としてどの選択肢が適切であるかを判断する。

この例では、「利用したことがない」を除けば、3件法である。満足度などの場合には、そのほか、4件法、5件法、7件法、11件法など、その程度を細分していくことも考えられる。この区分が多いほど連続変量と見なしやすくなるので、複雑な分析を行う際には、この点では都合が良い（5.5.5項参照）。しかし、同時に、どの選択肢に該当するのかを判断あるいは推定するための認知的負荷を、回答者により多く課すことになってしまう。

また、程度の区分が増えた場合、回答の**信頼性**（reliability）が低下する可能性もある。例えば、「たいへん満足」「かなり満足」「おおよそ満足」「満足」……のように、細かな区分を設定したとすれば、程度の差が選択肢間でそれほど大きくないので、いくぶん時間を経た後で再度答えてもらうと、選択が変わってしまうかもしれない。この際には、回答の信頼性は低いと判断される（後述）[17]。

なお、上記の最後の選択肢「利用したことがない」を回答者が見落として、それ以外を答えてしまう可能性もある。これを防ぐには、まず「あなたは最

---

[17] この場合、区分を2〜3段階程度に圧縮して、分割表の形式で分析を進めることも考えられる。

近 1 か月の間に利用しましたか」という質問に「はい」「いいえ」で答えてもらい,「「はい」と答えたかたのみ次の質問にお答えください」として,条件分岐しておくことが考えられる(「最近の利用」のような限定も加えやすい)。ただし,この場合,質問項目が増えてしまうし,条件分岐により,回答者が質問紙上で「迷子」になる可能性もある(「迷子」になると一部項目無回答が発生するかもしれない)。

(5) 回答の報告

回答を報告してもらう形式にも,記入欄の間違いなどの誤りが発生しないよう,十分な配慮が必要になる。なお,選択肢に「その他」を設け,その具体的な内容を自由に回答してもらう場合がある。あらかじめ選択肢として設定されていないため,回答された頻度等を他の選択肢と比較するのは難しく,参考程度に留めるべきである(この点,選択肢は網羅的であることが望ましいが,逆に,選択肢の数が多くなると,回答者の認知的負担が大きくなるかもしれない)。

6.3.3 質問紙作成における注意事項

浅井 (1987) [1] (p.47〜50) は,調査票を設計する際の基本事項として,

1. 不必要な質問は含めないこと
2. 質問を設定する前に,それからどのような統計ができるかを想像してみること
3. 質問あるいは説明の言葉使いは平易な話し言葉そのままに
4. 回答が難しい表現を必要とするものは避けること
5. 質問によって回答を誘導することがあるから注意すること
6. 複数の内容をもった質問は避けること
7. 個々の質問の無回答を極力なくすよう努力すること
8. 質問の量は多すぎないこと

の 8 点を挙げている。質問紙を設計する場合には,これらの基本事項および,この節においてこれまで述べたいくつかの注意事項を十分考慮することが望

ましい。特に上記 8. に関して，時折，何ページにも及ぶ膨大な質問紙を見かけるが，調査対象者がその長さに耐え，すべての質問項目に正確に答えているかどうかは疑問である[18]。

6.3.4 測定誤差

(1) バイアス

何らかの問題によって，測定誤差が生じた場合には，i 番目の個体に対する観測値 x_i は，

$$x_i = \eta_i + \epsilon_i, \quad i = 1, \ldots, n \qquad (6.19)$$

となる (2.1.2 項 (2.1) 式の再掲)。ここで η_i は**真の値** (true value)，ϵ_i は誤差であり，前節までの議論では，常に $\epsilon_i = 0$ $(i = 1, \ldots, n)$ を前提としていたことになる[19]。

それに対して $\epsilon_i \neq 0$ ならば，標本平均は，

$$\bar{x} = \frac{1}{n}\sum_{i=1}^{n}(\eta_i + \epsilon_i) = \frac{1}{n}\sum_{i=1}^{n}\eta_i + \frac{1}{n}\sum_{i=1}^{n}\epsilon_i = \bar{\eta} + \bar{\epsilon} \qquad (6.20)$$

となり，その期待値は，$E(\bar{x}) = E(\bar{\eta}) + E(\bar{\epsilon})$ である。単純無作為抽出を仮定すれば，2.2.1 項の議論を適用して，$E(\bar{\eta}) = \mu$ を得る (μ は母平均)。ここで，測定誤差がまったくの偶然に起因し，平均を計算する過程で相殺される性質のものであれば，母集団すべてを測定した場合を考えると，$E(\bar{\epsilon}) = 0$ になると想定できる。この際には，測定誤差が含まれるとしても，$E(\bar{x}) = \mu$ が成立する（不偏推定量）。

それに対して，$E(\bar{\epsilon}) \neq 0$ の場合には，何らかの系統的な誤差が測定時に発生し，調査結果に**バイアス**（または偏り；bias）が含まれていることになる。例えば，バイアス β_i を含んだ測定誤差を，

$$\epsilon_i = \beta_i + d_{ia} \qquad (6.21)$$

---

[18] 特に理論的な根拠はないが，図書館の来館者調査の場合などでは，「A3 判用紙で表面のみ（または両面）の印刷」程度が限界ではないかと思われる。
[19] 全数調査でも，測定誤差が発生する可能性がある点に注意。

のようにモデル化できる（Cochran(1977) [45] の p.377〜379 を参照）。ここで d_{ia} は i 番目の個体を測定した際の偶然による変動（fluctuation）であり，仮に $a = 1, 2, \ldots$ のように各個体を反復して測定することが可能であったとして（後の表 6.1 を参照），特定の個体 i に限定したときのその期待値（すべての反復測定での平均）は 0 になると仮定される（これを $E(d_{ia}|i) = 0$ と表記しておく）。

これより，a 番目の測定における平均 $\bar{d}_a = n^{-1} \sum_{i=1}^{n} d_{ia}$ について，$E(\bar{d}_a) = 0$ が導かれ，したがって，$E(\epsilon_i|i) = \beta_i$ および一般的に $E(\bar{\epsilon}) = \bar{\beta} \neq 0$ である。このモデルに従えば，測定誤差が発生している状況を，

1. バイアスを含まない場合：$\beta_i = 0$ $(i = 1, \ldots, n)$，$E(\bar{\epsilon}) = 0$
2. バイアスを含む場合：$E(\bar{\epsilon}) = \bar{\beta} \neq 0$

に仕分けできることになる。なお，

$$\beta_i = \beta + (\beta_i - \beta) \tag{6.22}$$

のように定義して，「すべての個体に共通のバイアス」β と，i 番目の「個体に特有のバイアス」$\beta_i - \beta$ とに分けてモデル化することもできる。

(2) 平均 2 乗誤差

(6.21) 式に従えば，$\eta'_i = \eta_i + \beta_i$ として，a 番目の測定時には，$\bar{x}_a = \bar{\eta}' + \bar{d}_a$ となる（$\bar{x}_a$ は a 番目の測定における標本平均）。そこで，$b = E(\bar{\eta}') + E(\bar{d}_a)$ と表記して，母平均 μ を中心とした標本平均の 2 乗の期待値を計算すると，

$$\begin{aligned}
E\left((\bar{x}_a - \mu)^2\right) &= E\left(((\bar{x}_a - b) + (b - \mu))^2\right) \\
&= E\left((\bar{x}_a - b)^2\right) + 2(b - \mu)E(\bar{x}_a - b) + (b - \mu)^2 \\
&= E\left((\bar{x}_a - b)^2\right) + (b - \mu)^2
\end{aligned} \tag{6.23}$$

を得る（定義により $E(\bar{x}_a - b) = 0$ に注意）。これは一般には，**平均 2 乗誤差**（mean square error: MSE）と呼ばれ，測定誤差がなく常に $\epsilon_i = 0$ ならば，この場合の MSE はこれまでの分散 $V(\bar{x})$ に一致する。

(6.23) 式の最右辺第 1 項は，$E(\bar{\eta}') = \eta'$ と表記すれば，定義より，

$$\begin{aligned} E\left((\bar{x}_a - b)^2\right) &= E\left(((\bar{\eta}' + \bar{d}_a) - (E(\bar{\eta}') + E(\bar{d}_a)))^2\right) \\ &= E\left((\bar{\eta}' - \eta')^2\right) + E(\bar{d}_a^2) + 2\,Cov(\bar{\eta}', \bar{d}_a) \end{aligned} \quad (6.24)$$

と書ける。ここでもし，変動 d_{ia} と η'_i とが独立であれば，$E(d_{ia}|i) = 0$ より $Cov(\bar{\eta}', \bar{d}_a) = 0$ が導かれるので，MSE は，

$$E\left((\bar{x}_a - \mu)^2\right) = V(\bar{\eta}') + V(\bar{d}_a) + (b - \mu)^2 \quad (6.25)$$

と分解される。測定誤差が発生し，バイアスが含まれる場合には，$E(\bar{x}_a) \neq \mu$ であることに加えて，$V(\bar{d}_a)$ や $(b-\mu)^2$ の項により，標本平均 $\bar{x}_a$ に基づく母平均の推定・検定の結果は信頼できないものになってしまう。一方，バイアスがなければ，$E(\bar{\eta}') = \mu$ より $(b-\mu)^2 = 0$ なので，この項は消えるものの，測定誤差の変動分 $V(\bar{d}_a)$ が大きければ，やはり統計的な精度が低下することになる。

現実的には，測定を反復することは難しく，図書館情報学分野では多くの場合，1 回の測定（$a = 1$）のみのデータから分析を進めざるを得ない。したがって，$V(\bar{d}_a)$ などの大きさを推定できず，推定・検定の結果が不正確なものとなっている可能性がある。この点，測定誤差をなるべく小さくし，なおかつバイアスが含まれないようにする努力はたいへん重要である。

(3) 測定誤差の大きさの推定例

実際に反復測定（$a = 1, 2, \ldots$）ができれば，$V(\bar{d}_a)$ 等の大きさの推定は可能である。ここでは，情報検索における適合判定を例として，推定法を簡単に説明する。

既に述べたように，テストコレクションを使った検索実験では，n 個の検索課題ごとに，システムを使って実験用文書集合から文書リストを出力し，それぞれに対して何らかの評価指標の値 $x_1, \ldots, x_n$ を計算する。そして，この平均 $\bar{x} = n^{-1}\sum_{i=1}^{n} x_i$ を他のシステムと比較することにより，当該システムの検索性能の検証を行う（第 3 章では，この検証に，対標本での平均値の検定や符号検定を使うことを説明した）。この評価指標の値を計算するには，通常，各文書が検索課題に適合しているかどうかを前もって誰かが判定し，適合

表 6.1 反復測定が可能な場合の観測値

	測定 1	測定 2	$\cdots$	測定 a	$\cdots$	測定 m	平均
個体 1	x_{11}	x_{12}	$\cdots$	x_{1a}	$\cdots$	x_{1m}	$\hat{\eta}_1$
個体 2	x_{21}	x_{22}	$\cdots$	x_{2a}	$\cdots$	x_{2m}	$\hat{\eta}_2$
$\cdots$	$\cdots$	$\cdots$	$\cdots$	$\cdots$	$\cdots$	$\cdots$	$\cdots$
個体 i	x_{i1}	x_{i2}	$\cdots$	x_{ia}	$\cdots$	x_{im}	$\hat{\eta}_i$
$\cdots$	$\cdots$	$\cdots$	$\cdots$	$\cdots$	$\cdots$	$\cdots$	$\cdots$
個体 n	x_{n1}	x_{n2}	$\cdots$	x_{na}	$\cdots$	x_{nm}	$\hat{\eta}_n$
平均	$\bar{x}_1$	$\bar{x}_2$	$\cdots$	$\bar{x}_a$	$\cdots$	$\bar{x}_m$	$\hat{\eta}$

文書リストを作成しておかなければならず，この作業を**適合判定**（relevance judgment）と呼んでいる．

ところが，この判定は主観的作業であり，何らかの誤差が混入する可能性がある（例えば，文書の読み違いによって，判定結果が「ぶれる」かもしれない）．そこで，同一の検索課題に対して m 人の判定者を雇用して独立に作業してもらい，それぞれの判定結果に基づいて，i 番目の課題についての x_{ia} （$a = 1, 2, \ldots, m$）を計算してみたと仮定する（$i = 1, \ldots, n$）．検索課題を「個体」，各作業者の判定を「異なる測定」と見なせば，得られる観測値は，一般的には表 6.1 のようになる．

簡単のため，バイアス β_i は含まれないとすれば，モデルは

$$x_{ia} = \eta_i + d_{ia}, \quad i = 1, \ldots, n;\, a = 1, 2, \ldots, m \qquad (6.26)$$

となる．これに対する期待値を考える場合，反復測定 $a = 1, 2, \ldots, m$ の結果が得られているため，それに対する期待値（表 6.1 の横方向）と，通常の標本抽出に関する期待値（縦方向）とを区別しなければならない．ここでは前者の平均と分散を E_m と V_m，後者のそれらを E_p と V_p でそれぞれ表記する．

まず，$\bar{x}_a = n^{-1} \sum_{i=1}^{n} x_{ia}$ に関しては，$E(d_{ia}|i) = 0$ を仮定すれば，

$$E_m(\bar{x}_a) = E_m \left(\frac{1}{n} \sum_{i=1}^{n} x_{ia} \right) = \frac{1}{n} \sum_{i=1}^{n} E_m(x_{ia}) = \frac{1}{n} \sum_{i=1}^{n} \eta_i = \bar{\eta} \qquad (6.27)$$

なので，

$$E(\bar{x}_a) = E_p(E_m(\bar{x}_a)) = E_p \left(\frac{1}{n} \sum_{i=1}^{n} \eta_i \right) = \frac{1}{n} \sum_{i=1}^{n} E_p(\eta_i) = \frac{1}{n} \sum_{i=1}^{n} \mu = \mu \qquad (6.28)$$

を得る。つまり，バイアスがないので，$\bar{x}_a$ は母平均に対する不偏推定量である。

一方，分散については，

$$V(\bar{x}_a) = V_p\left(E_m(\bar{x}_a)\right) + E_p\left(V_m(\bar{x}_a)\right) \tag{6.29}$$

が成り立つので[20]，まず，(6.27) 式より，復元抽出を仮定して，

$$V_p(E_m(\bar{x}_a)) = V_p(\bar{\eta}) = \frac{1}{n}\sigma^2 \tag{6.30}$$

となる（σ^2 は x の母分散）。それに対して，

$$V_m(\bar{x}_a) = V_m\left(\frac{1}{n}\sum_{i=1}^{n} x_{ia}\right) = \frac{1}{n^2}\sum_{i=1}^{n} V_m(x_{ia}) = \frac{1}{n^2}\sum_{i=1}^{n} \sigma_i^2 \tag{6.31}$$

であり（σ_i^2 は，i 番目の個体（検索課題）における d_{ia} の分散），

$$E_p(V_m(\bar{x}_a)) = E_p\left(\frac{1}{n^2}\sum_{i=1}^{n}\sigma_i^2\right) = \frac{1}{n^2}\sum_{i=1}^{n} E_p(\sigma_i^2) = \frac{1}{n}\sigma_d^2 \tag{6.32}$$

と計算される。ここで，σ_d^2 は，母集団における σ_i^2 の平均である。したがって最終的に，

$$V(\bar{x}_a) = \frac{1}{n}\left(\sigma^2 + \sigma_d^2\right) \tag{6.33}$$

を得る。この式中の σ^2/n が (6.25) 式の $V(\bar{\eta}')$，σ_d^2/n が $V(\bar{d}_a)$ にそれぞれ対応している（ただし，ここではバイアスなしと仮定している点に注意）。

データから σ^2 を推定するには，(6.27) 式中の η_i の推定値（$i = 1,\ldots,n$）を使う。すなわち，$\hat{\eta}_i = m^{-1}\sum_{a=1}^{m} x_{ia}$，$\hat{\eta} = n^{-1}\sum_{i=1}^{n}\hat{\eta}_i$ として，

$$\hat{\sigma}^2 = \frac{1}{n-1}\sum_{i=1}^{n}(\hat{\eta}_i - \hat{\eta})^2 \tag{6.34}$$

---

[20] $\bar{x}_a = \hat{\theta}$ と表記すれば，$V(\hat{\theta}) = E_p\left(E_m\left((\hat{\theta}-\theta)^2\right)\right)$ である。ここで，

$$E_m\left((\hat{\theta}-\theta)^2\right) = E_m(\hat{\theta}^2) - 2\theta E_m(\hat{\theta}) + \theta^2 = E_m^2(\hat{\theta}) + V_m(\hat{\theta}) - 2\theta E_m(\hat{\theta}) + \theta^2$$

なので，これに対して E_p を計算すると，$E_p(E_m(\hat{\theta})) = \theta$ を使って，

$$V(\hat{\theta}) = E_p\left(E_m^2(\hat{\theta})\right) - \theta^2 + E_p(V_m(\hat{\theta})) = V_p(E_m(\hat{\theta})) + E_p(V_m(\hat{\theta}))$$

を得る。

とする。また、σ_d^2 については、個体ごとに、分散 $\hat{\sigma}_i^2 = (m-1)^{-1} \sum_{a=1}^{m}(x_{ia} - \hat{\eta}_i)^2$ を算出し、その平均を推定値とすれば良い。つまり、

$$\hat{\sigma}_d^2 = \frac{1}{n} \sum_{i=1}^{n} \hat{\sigma}_i^2 \tag{6.35}$$

である。

(4) 一致係数

既に述べたように、実際には、この種の反復測定の実施は難しい。そこで、自由回答欄の記入に対するコーディングなどにおいては、設定した手順・マニュアルに基づいて 2 人の作業者に独立に作業してもらい、それらの間での結果の一致度を確かめることで、作業の信頼性を確認する場合がある。この作業結果は、分割表（例えば 89 ページの表 4.2）と同じ形式にまとめられる。

ここでは、質問紙中の自由回答欄に、ある事柄に対する意見を文章で記入してもらったと仮定する。n 枚の質問紙が回収され、その意見の内容を 2 人の作業者が m 個の区分に割り付けるとして（「肯定的意見」「中立的意見」「否定的意見」ならば $m = 3$）、一方の作業者が j 番目の区分、他方の作業者が k 番目の区分に割り付けた質問紙の数を n_{jk} $(j, k = 1, \ldots, m)$ と表記する。これは $m \times m$ の分割表なので、χ^2 統計量などでも分析できるが、2 人の作業者の一致度を見る場合には、**コーエンの一致係数**（Cohen's measure of agreement）がよく使われる。この係数は、**カッパ係数**とも呼ばれる。

具体的には、まず、2 人の作業結果が一致する確率 p_o を、n_{jj} $(j = 1, \ldots, m)$ によって、

$$\hat{p}_o = \frac{1}{n} \sum_{j=1}^{m} n_{jj} \tag{6.36}$$

で定義する。一方、周辺的な度数 $n_{j \cdot} = \sum_{k=1}^{m} n_{jk}$ および $n_{\cdot k} = \sum_{j=1}^{m} n_{jk}$ の単純な掛算として、作業結果が「偶然」一致する確率 p_c を求める。すなわち、

$$\hat{p}_c = \frac{1}{n} \sum_{j=1}^{m} n_{j \cdot} n_{\cdot j} \tag{6.37}$$

である．以上の2種類の確率に基づいて，カッパ係数は$\kappa = (\hat{p}_o - \hat{p}_c)/(1-\hat{p}_c)$により計算され，この値は，両者の作業結果が完全に一致すれば1になる（竹内 (1989) [28] の p.342 を参照）．

(5) 測定の信頼性と妥当性

何らかの方法で (6.19) 式の x_i と η_i との相関係数を計算できたと仮定する．測定誤差 ϵ_i の影響が小さければ，この値は高くなるため，これを信頼性を測る尺度として利用することが考えられる．実際に，心理学分野などではその2乗を「信頼性係数（reliability coefficient）」と呼び，それを推定する方法が考案されている（Raykov & Marcoulides(2011) [69] の p.137～181 を参照）．

一方，状況によっては，その質問項目が「妥当な（valid）」程度をこの相関係数が表しているとも解釈でき，このため，これを妥当性の尺度として扱う場合もある（例えば，Grove ほか (2009) [51] の p.274～275 を参照）．信頼性や妥当性の概念・定義は，研究領域や研究者によって，異なることがあるので注意を要する．

質問項目の妥当性を評価するための別の方法として，5.4.5 項で説明した確証的因子分析（CFA）がある．136 ページの図 5.6 に示されているように，CFA は，1つの因子（コンストラクトに相当）を複数の変数（または指標）によって観測する測定モデルである．したがって，本来的に測定誤差の存在が仮定されており，この点で，各観測変数の因子負荷量を，当該コンストラクトに対する妥当性の程度として解釈できる（Grove ほか (2009) [51] の p.274～275 を参照）．

また，あるコンストラクトに対して，m 個の観測変数 $x_1, \ldots, x_m$ を設定し，その合成変数を $x = x_1 + x_2 + \cdots + x_m$ で計算して分析に使うことがある（5.5.5 項参照）．この際に，コンストラクトに対して妥当でない観測変数が含まれている場合には，合成変数 x の信頼性が低下してしまう．この x についての信頼性を確認するために，一般に，**クロンバックのアルファ係数**（Cronbach's coefficient α）が利用される．具体的には，これは

$$\alpha = \frac{m}{m-1}\left(1 - \frac{\sum_{j=1}^{m} s_{x_j}^2}{s^2}\right) \tag{6.38}$$

で求められる。ここで $s_{x_j}^2$ は成分変数 x_j の標本分散, s^2 は合成変数の標本分散である。もし成分変数間の測定誤差が無相関で, 各成分変数がコンストラクトの「真の値」に対応しているならば, α 係数は, 真の値と合成変数 x との信頼性係数（すなわち相関係数の2乗）に相当する（Raykov & Marcoulides(2011) [69] の p.140〜144 を参照）。

6.4 無回答

6.4.1 無回答による誤差

実際に配布された質問紙がすべて回収されることはむしろ例外であり, 通常, 何部かは「(a) 回収不能」となる。さらに回収されたとしても, それには「(b) 白紙（全項目無回答）」「(c) 一部項目無回答」が含まれる可能性がある。それ以外を「(d) 全項目回答」として, **回収率**（response rate）は, 一般に「（全項目回答数＋一部項目無回答数）÷配布数」で算出される。回収率が低く, なおかつ, 回答群と無回答群とで, 質問項目に関する状態や意見等が異なる場合, 無回答は調査結果に深刻な影響を及ぼす。

例えば, ある事柄に対する意見を質問紙で調査し, 回収率30%で, そのうちの80%が「否定的」であったとする。しかし, 実際には, この事柄についての関心が薄く, 特に肯定的な意見も, 否定的な意見も持たない人の多くが, 回答しなかったというのが本当のところであって, 70%の無回答（= 1 − 0.3）のうち否定的意見を持つ人は30%に留まっていたと仮定する。この場合, 否定的な意見の真の割合は,

$$0.3 \times 0.8 + 0.7 \times 0.3 = 0.24 + 0.21 = 0.45 \quad (6.39)$$

なので, 実際には過半数を超えていないことになる。この例が示すように, 回答者と無回答者での系統的な差異が予想される際には, 調査結果を慎重に解釈しなければならない。

6.4.2 一部項目無回答の処理

一部項目無回答が含まれるデータは, 欠測値を持つ**不完全データ**（incomplete data）である。図書館情報学分野では, 一部項目無回答に対しては, 特

に事後処理は施さず，そのまま無視して集計する場合が多い．この際には，項目ごとに回答総数が異なってくるので，集計表を論文等に記載する際には，その数を表中に明示しなければならない．

それに対して，一般には，一部項目無回答に何らかの処置を施すことがある．例えば，回帰分析に投入する5個の変数について質問項目を設定したとする．この際に，いずれかの項目が無回答の場合に，その個体をデータから除去してしまうと，最終的な標本が小さくなり，回帰係数等の推定に影響が生じるかもしれない．この問題を回避するには，一部項目無回答に対する処置が必要になる．

実際に，一部項目無回答（すなわち欠測値）が含まれる際には，当該個体を単にデータから取り除く場合を含めて（5.3節の主成分分析および因子分析の実行例はこれに相当する），次のいずれかの措置を選択することになる（Little & Rubin(2002) [63] の p.19〜20 を参照）．

1. 完全に回答した個体のみを分析に含める．
2. 観測値に対する重みを調整する．
3. 欠測部分に何らかの値を補完（代入）する．
4. モデルに基づいて処理する．

ここで2.の「観測値に対する重みの調整」とは，例えば，6.2.5項で説明した多段抽出において，i番目の抽出単位が選ばれる確率（抽出確率）を当該抽出単位中の回答率で補正するような場合である．例えば，もしある第1次抽出単位中で無回答が特に多ければ，(6.17) 式で算出される統計量は偏ったものとなるかもしれない．そこで，抽出確率を回答率で調整することが考えられる（詳細は，Little & Rubin(2002) [63] の第3章を参照）．

上記3.のための主な**補完**（または代入; imputation）の方法としては，以下のものが挙げられる（Little & Rubin(2002) [63] の第4章と第5章を参照）．

- 平均補完（mean imputation）：何らかの平均値を代入する．
- 回帰補完（regression imputation）：回答された値から何らかの回帰モデルで欠測部分の値を予測する．
- 確率的回帰補完（stochastic regression imputation）：回帰モデルでの予測値に対して，残差として，無作為に値を決めて加算または減算する．

- ホットデック補完（hot deck imputation）：類似した傾向を持つ回答者などから値を選んで代入する。
- コールドデック補完（cold deck imputation）：外部的な情報を用いて，一定の数値を代入する。

なお，単一の値のみを補完する場合（単一値補完法；single imputation）と複数の値を同時に補完する場合（多重補完法；multiple imputation）とがある。

最後の 4. の「モデルに基づいた処理」とは，例えば，確率的なモデルにおけるパラメータの最尤推定量を求める際，「尤度関数の値を最大」にするという目的の下に，欠測値を反復計算で自動推定するアルゴリズムがあり（EMアルゴリズムと呼ばれる。具体例については 8.1.4 項を参照），それを用いて処置するような場合を指す。構造方程式モデリング（5.5 節参照）においても，この種の方法が考案されている（例えば，Kaplan(2009) [55] の p.94〜98 を参照）。

第 7 章　図書館経営での事例

本章では，図書館経営において，統計的方法を活用したいくつかの事例を紹介する[1]。各節はおおよそ独立しているので，適宜，読み飛ばすことができる（第 8 章も同様）。なお，数学記号についても，前章まででの慣用的な使用法とは関係なく，それぞれの節で，別の意味で使用することがある（各節で改めて定義する）。

7.1　雑誌の所蔵についての最適化

7.1.1　ブラッドフォードの法則

電子ジャーナルが十分に普及していないという状況で，ある図書館が「経済学」に関する雑誌論文を網羅的に収集しようと考えたと仮定する。この際，経済学分野の中心的な雑誌（**コアジャーナル**）を識別し，それを購入することは比較的たやすいが，経済学に直接関連しない雑誌に掲載された経済学論文を発見・収集するのは容易ではない。

この問題に関して，次のような経験則が幅広く成立することが知られている。まず各雑誌をその主題（ここでは「経済学」）に関連する論文の掲載件数の多い順に並べ，その順位を r と書く。次に，r 位までの雑誌に掲載された当該主題に関する論文の総数（r 位までの累積総数）を $X(r)$ と表記する。実際にデータを収集し，r と $X(r)$ とをプロットすると，一般に図 7.1(a) のような曲線となる[2]。この形状のグラフは，様々な主題分野で普遍的に観察されるため，その発見者の名を冠して**ブラッドフォードの法則**（Bradford's law）あるいはブラッドフォードの経験則と呼ばれている。

---

[1] 7.1 節, 7.3 節, 7.5 節はそれぞれ岸田 (1998) [13], 岸田 (2014) [20], 岸田 (2013) [18] の議論に依拠している。
[2] ブラッドフォードの法則を議論する際に，横軸を対数変換してグラフを表示する場合も多い。

(a) ブラッドフォードの法則   (b) オブソレッセンスの規則性

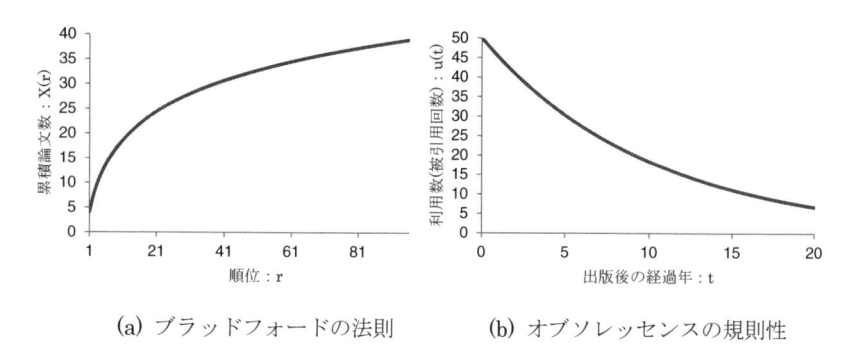

図 7.1 ブラッドフォードの法則とオブソレッセンスの規則性

つまり，グラフの左側がコアジャーナルの部分で，1 誌加わるごとに $X(r)$ がかなり増加する。それに対して，当然ではあるが，右側に行くにつれて，その増加率は次第に減少していく。この意味で，ブラッドフォードの法則を一般的な「収穫逓減の法則」として捉えることもできる。

このグラフに対する数学的なモデルとしては，その形状から帰納的に，

$$X(r) = a\log(1 + br), \quad r = 1, 2, \ldots \tag{7.1}$$

のような式が導かれる[3]。ここで a と b はパラメータである。さらに，これを微分すると

$$\frac{dX(r)}{dr} = \frac{a}{(1/b) + r} = \frac{a}{r + B} \tag{7.2}$$

を得る（$B = 1/b$）[4]。この左辺は 1 誌あたりの掲載論文数に相当する。もし $B = 0$ ならば，(7.2) 式は著名な**ジップの法則**（Zipf's law）と形式的に等しい（岸田 (1996) [11] を参照）。

ジップの法則は，単語の出現頻度や都市の人口など，ある少数の特定の個体に「度数」が集中する一方，「度数」の少ない数多くの個体が存在するという現象（「集中と分散の現象」と呼ばれる）を記述したものであり，結局，ブラッドフォードの法則は数多くの関連論文を集中的に掲載するコアジャーナ

---

[3] ブラッドフォードの法則の数式表現については，そのほか様々なものが考案されている。詳細は，岸田 (1996) [11] を参照。
[4] なお r は離散変量なので，厳密には「差分」を計算しなければならない。この点では，これはあくまで近似であるが，ジップの法則やブラッドフォードの法則自体がもともと「近似的」な数式表現に過ぎない。

ルと，ごく少数の関連論文を掲載する多数の「周辺的な」雑誌が存在することを示していると言える。

なお，パラメータ β を追加して，(7.2) 式をより一般的に

$$y = a/(r+B)^\beta, \quad r = 1, 2, \ldots \tag{7.3}$$

とすることもある[5]。これらのジップの法則やブラッドフォードの法則，ロトカの法則（3.3.4 項参照）は，相互に密接な関係があり，まとめて，**計量書誌学的法則**（bibliometric law）と総称される[6]。

7.1.2　オブソレッセンスに関する規則性

図書館経営における問題の1つとして書庫の狭隘化がある。図書や雑誌は毎年着実に出版されるので，古くなったものや利用されなくなったものを廃棄したり，保存書庫に別置しなければ，書架はいずれは満杯になってしまう。電子書籍や電子ジャーナルの普及により，その切実さは軽減されるかもしれないが，紙媒体での出版が続けば，狭隘化の問題は依然として残ることになり，当然，廃棄・別置は，それによって生じる利用者の不便が最小になるようになされなければならない。このためには文献利用の将来予測のためのモデルが役立つ可能性がある。

一般に文献利用の経年変化は，放射性物質の崩壊を模倣した指数関数的な減少モデル

$$u(t) = Ae^{-ct} \tag{7.4}$$

で近似できることが経験的に知られている。ここで，$u(t)$ はその出版から t 年が経過した文献の利用回数（または被引用回数）を意味し，A と c はパラメータである。文献利用の経年的減少は**オブソレッセンス**（または老化；obsolescence）と呼ばれ，(7.4) 式はその規則性を表している[7]。

---

[5] マンデルブローの法則（Mandelbrot's law）と呼ばれる。同様に $B = 0$ ならば，2つのパラメータを持つジップの法則 $y = a/r^\beta$ となる。
[6] 計量書誌学全般については，ディオダート (2008) [30] を参照。また，計量書誌学的法則についての詳細な研究書として，影浦 (2000) [5] がある。
[7] 場合によっては，指数関数ではなく，直線で近似したほうが良いこともある。岸田ほか (1994) [8] を参照。

もし (7.4) 式が正しければ，その図書館における当該文献の「一生」の間の利用総数 U_0 は，$e^{-c} = \alpha$ と置いて，$\alpha < 1$ ならば，

$$U_0 = A(1 + \alpha + \alpha^2 + \alpha^3 + \cdots) = A/(1 - \alpha) \tag{7.5}$$

で近似されるが[8]，出版後 t 年でその文献を廃棄すれば，

$$A(\alpha^{t+1} + \alpha^{t+2} + \alpha^{t+3} + \cdots) = A\alpha^{t+1}(1 + \alpha + \alpha^2 + \cdots) = U_0 \alpha^{t+1} \tag{7.6}$$

だけの利用がその「犠牲」となってしまうことになる。

7.1.3 雑誌の購入・廃棄計画の最適化

図書館は，より利用されるものを優先しつつ，できるだけ数多くの雑誌を購入したいものの，それには予算と書庫スペースの制限がある。ここで問題を単純化して，購入予算は無限に存在するのに対して，書庫スペースには限界があると仮定する。このスペースの大きさを S で表せば，利用の多い順に r 誌を t 年間保存した場合，各誌の「厚さ」が同一とするならば，単位を適当に調整して $S = r \times t$ と書ける。この状況では，雑誌を数多く購入すればするほど，書架スペースの制限からそれらを早い時期に廃棄・別置せねばならず，逆に，廃棄・別置の時期を遅らせようとすれば，購入する雑誌の数を減らさなければならない。

ここでは，ある主題分野（経済学など）に限定して書架スペース S を考えることとし，(7.4) 式の係数 $\alpha = e^{-c}$ および 1 論文あたりの利用総数 U_0 が「すべての雑誌のすべての関連論文で等しい」と仮定する[9]。この前提では，当該分野の上位 r 誌を t 年間保存した場合の利用総数 D は，「r 位までの累積論文数 $\times$ t 年までの利用総数」なので，(7.1) 式と (7.6) 式を使えば，

$$\begin{aligned} D(r) &= a\log(1+br)(U_0 - U_0 e^{-c(t+1)}) = aU_0 \log(1+br)(1 - e^{-ct}e^{-c})) \\ &= U_1 \log(1+br)(1 - \alpha e^{-M/r}) \end{aligned} \tag{7.7}$$

---

[8] 最右辺の導出には等比数列の和の公式が使われている。項の数を無限にするので，$\alpha < 1$ の仮定が必須。

[9] 現実的には，「経済学」の関連論文が，他分野の雑誌に掲載されることがあるので，各分野を独立したものとして書架スペースの計画を策定することは難しい。また，すべての論文で U_0 が等しいという仮定は，利用や引用に関してもジップの法則が成り立つことを考えれば，かなりの単純化である点にも注意。

のように r の関数で表すことができる。ただし，簡単のため，$aU_0 = U_1$ および $M = cS$ としている。この関数は図 7.2 のように最大値を持つので，それに対応する r 誌を購入し，それを $t = S/r$ 年間保存することが，ここでの仮定の下での最適な経営方針となる[10]。

最適となる r_{opt} は，r を連続変数と解釈すれば，ニュートン－ラフソン法 $r^{(s+1)} = r^{(s)} - D'/D''$ に基づいて，反復計算で求めることができる（ここで，D' は 1 階微分，D'' は 2 階微分を示す。また s は反復での各回数）[11]。具体的には，微分の基本的な公式を使えば，計算がやや煩雑ではあるが，

$$\frac{dD}{dr} = U_1 \left(\frac{1 - \alpha e^{-M/r}}{(1/b) + r} - \log(1 + br)\alpha e^{-M/r} M r^{-2} \right) \quad (7.8)$$

および

$$\frac{d^2 D}{dr^2} = U_1 \left(-\frac{1 - \alpha e^{-M/r}}{((1/b) + r)^2} - 2\frac{\alpha e^{-M/r} M r^{-2}}{(1/b) + r} \right.$$
$$\left. - \log(1 + br)\alpha e^{-M/r} M r^{-3}(M r^{-1} - 2) \right) \quad (7.9)$$

を導くのは容易である（岸田 (1998) [13]）。

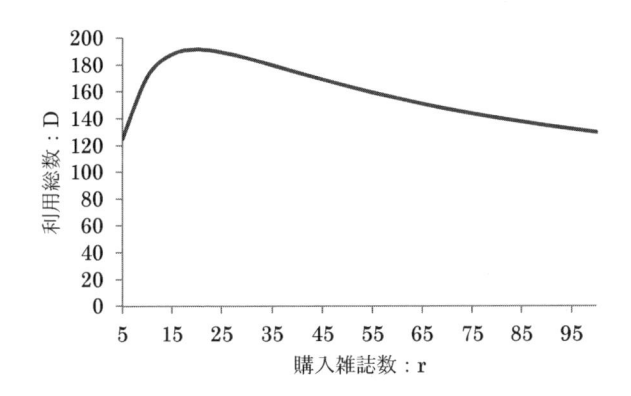

図 7.2 購入雑誌数に対する利用総数の例（書架スペース一定）

図 7.2 のデータに対して，ニュートン－ラフソン法を適用した結果を表 7.1 に示す。初期値は $r^{(0)} = 5$ であり，この例の場合には，6〜8 回の反復で収束

---
[10] このモデルは，Buckland(1975) [41] による。ただしここでは，その数式表現を改めてある。
[11] (5.95) 式を参照。この式のベクトル変数をスカラー変数に読み替える。

表 7.1　購入雑誌数に関する反復計算の結果

s	$r^{(s)}$	$r^{(s)} - r^{(s-1)}$	D'	D''
0	5.000000		13.916500	-2.382876
1	10.840210	5.840210	4.646992	-0.989133
2	15.538257	4.698046	1.412766	-0.452617
3	18.659582	3.121326	0.315885	-0.266358
4	19.845527	1.185944	0.029945	-0.217468
5	19.983224	0.137697	0.000351	-0.212391
6	19.984875	0.001652	0.000000	-0.212331
7	19.984876	0.000000	0.000000	-0.212331
8	19.984876	0.000000	0.000000	-0.212331

している。なお，実際にはrは離散変数なので，この方法を使わなくても，適当な範囲でrを動かしつつDを逐一計算していけば，r_{opt}を見つけることも可能である。

7.2　被引用回数に基づく雑誌の選択

7.2.1　引用行列の解析

　電子ジャーナルの場合にはダウンロード数によって各雑誌の利用の程度を測定できるのに対して，紙媒体の雑誌については，利用の程度を数量的に把握するのは難しい。そのため，(7.7)式では，通常，被引用回数を各雑誌論文の利用の程度として用いることになる。当然，「利用回数」と「被引用回数」とは厳密には一致せず，(7.7)式においては，被引用回数は，あくまで利用回数に対する近似に過ぎない。

　それに対して，被引用回数の多い論文または雑誌ほど，当該分野に，より大きな影響（impact）を与えているとの前提に基づいて，被引用回数によって，論文や雑誌の「価値」を評価することもできる。例えば，**インパクトファクタ**（または引用影響度；impact factor）は，各雑誌の掲載論文数で補正することによって，ある主題分野に関する雑誌の被引用回数の多寡を比較可能にした指標であり，当該分野における「重要な」雑誌を識別するのに利用されている。図書館にとっても，雑誌の被引用回数は，購入する雑誌の選別の

ための貴重な情報である[12]。

ここでは，i 番目の雑誌が j 番目の雑誌を引用した回数（例えば，i 番目の雑誌中の論文が引用している j 番目の雑誌の論文数）を c_{ij} と表記する．分析対象となる雑誌の数を n とすれば，雑誌間の引用データを $n \times n$ の行列 $\mathbf{C} = [c_{ij}]$ $(i, j = 1, \ldots, n)$ で表すことができる．これを**引用行列**（citation matrix）と呼ぶ．これまで図書館情報学分野では，引用行列 $\mathbf{C}$ に基づいて，各雑誌の「重要度」を計算する試みが数多くなされてきた[13]．

例えば，雑誌の重要度を要素とする n 次元ベクトルを $\mathbf{x} = [x_1, \ldots, x_n]^T$ と定義して，各要素 x_j を

$$x_j = \sum_{i=1}^{n} \left(x_i \frac{c_{ij}}{\sum_{k=1}^{n} c_{ik}} \right) + \varepsilon_j, \ j = 1, \ldots, n \quad (7.10)$$

で計算する方法がある[14]．ここで ε_j は引用行列には情報として含まれない外生的な独自要因を意味する．簡単のため $\varepsilon_j = 0$ とすれば，j 番目の雑誌の重要度は，j 番目の雑誌を引用している i 番目の雑誌自体の重要度 x_i を，「i 番目の雑誌が行っている引用のうち j 番目の雑誌が占める割合の分」だけ受け取ることによって決まることになる（$i = 1, \ldots, n$）．

(7.10) 式は n 個の式から成る連立方程式であり，単純に解くことはできない．そこで，$c_{ij}/\sum_k c_{ik}$ を (i, j) 番目の要素とする $n \times n$ 行列を $\tilde{\mathbf{C}}$ と表記し，さらに転置して $\mathbf{A} = \tilde{\mathbf{C}}^T$ と置く．この行列を使えば，$\varepsilon_j = 0$ ならば，(7.10) 式は，

$$\mathbf{A}\mathbf{x} = \mathbf{x} \quad (7.11)$$

のように表記できる．したがって，$\mathbf{x}$ は，固有値問題（5.6.4 項参照）の解として算出することが可能である．

7.2.2　ページランクアルゴリズム

1970 年代後半から 80 年代にかけて，(7.10) 式に類似した指標がいくつか提案されたものの，計算の困難性の問題等から，これらは，実際には，インパ

---
[12] 6.1.3 項で述べたように，被引用回数に基づいて，研究者や研究機関を評価する問題もまた重要である．
[13] 詳細は，岸田 (1995) [9] を参照．
[14] これは Salancik(1986) [70] による「importance index」である．

クトファクタのようには用いられなかった．その代わりに，1990年代にウェブが普及した後，(7.11) 式は，その形を変えて，各ウェブページの「重要度」を計算するのに用いられるようになった．この場合，ページAがページBへのリンクを自らのHTMLファイル中に記述することが「引用する（citing）」に相当し，これはページAにおける発リンク（outlink）とも呼ばれる．それに対して，このリンクはページBからすれば被リンク（inlink）ということになる．

グーグル（Google）で使われている**ページランクアルゴリズム**（PageRank algorithm）では，(7.10) 式と類似の考えに基づき，ページA自体の重要度（ページランク得点）をその発リンク数で平均したものをページBが受け取ると仮定する．j番目のページがi番目のページへのリンクを設定していれば1，そうでなければ0となる変数をI_{ij}，j番目のページにおける発リンク数の合計をn_jと表記すれば，この場合，(7.11) 式の行列$\mathbf{A}$の(i,j)要素a_{ij}は，単に$a_{ij} = I_{ij}/n_j$となり（ここで$n_j = 0$ならば常に$a_{ij} = 0$），この方程式を解けば，$\mathbf{x}$として解を得ることができる[15]．

ただし，ページランクアルゴリズムには次の場合に対処する工夫がさらに加えられている（Ceriほか (2013) [42] のp.94〜101を参照）．

- あるページが，他のページへのリンクを1つも設定していない場合．
- リンク（引用）のネットワークが部分的に分割される場合．

リンクで連結されたウェブページ群を1つのネットワークと見なせば（1つのページが1つの「ノード（node）」に相当），行列$\mathbf{A}$の第j列は，j番目のページからそれぞれのページへ推移する確率として解釈できる．これは，他のページへのリンクを設定しないページ（「dangling node」とも呼ばれる）の場合には，そこから「外へ出る」確率が0になっていることを意味している．そこで，その要素がすべて0となっている列には，定数を加える措置が必要になる．ネットワーク中のノードの総数を$1/n$として，

$$\mathbf{S} = \mathbf{A} + \frac{1}{n}\mathbf{1}\mathbf{k}^T \tag{7.12}$$

---

[15]ページBの被リンク数の合計を単にその重要度としてしまうと，ページBにリンクを設定するだけの不正なサイトを数多く作ることによって，重要度が上がってしまう．これは一種のSEOスパム（SEOは「search engine optimization」の略）であり，その防止には，この種の方程式が必要になる．

とすれば,「dangling node」から他のノードへ推移する確率をすべて $1/n$ に設定することが可能である.ここで,$\mathbf{k}$ は 0 か 1 を要素とする n 次元ベクトルで,例えば $\mathbf{k} = [0, 1, 0, 0]^T$ ならば ($n = 4$),2 番目のページが「dangling node」であることを示すものとする.

同様に,ネットワークが複数の部分ネットワークに分断されている場合(部分的なネットワークの間にリンクが存在しない場合)に対処するために,確率 0 の部分に小さな数値を加えておくことが考えられる.すなわち,すべての要素をある微小な定数(例えば,$1/n$)とした $n \times n$ の行列 $\mathbf{E}$ を使って,

$$\mathbf{M} = a\mathbf{S} + (1-a)\mathbf{E} \tag{7.13}$$

とする.ここで a は $0 < a < 1$ の定数で,例えば,$a = 0.85$ のように設定すれば良い.$\mathbf{E}$ は,リンクの状態にかかわらず,他のページに「ジャンプ」する確率として解釈できる.このように計算された $\mathbf{M}$ は**グーグル行列**(Google matrix)とも呼ばれ,これに対する固有ベクトルが基本的なページランク得点に相当する.

7.2.3 引用に基づく雑誌のマッピング

引用行列 $\mathbf{C}$ に基づいて,各雑誌を 2 次元(あるいは 3 次元)空間中にプロットすることにより,雑誌間の関係を調べる場合がある.例えば,単純に,$\mathbf{C}$ の各列を変数,各行を個体と見なせば,因子分析(5.3.2 項参照)を使って,各雑誌の因子得点を計算できる.この得点に基づいて,129 ページの図 5.3 のように,雑誌の地図(map)を作成すれば,各雑誌の内容のマクロ的な傾向を把握する手がかりとなる.このように因子分析を使う際には,「同じ雑誌を引用する傾向にあるほど,近くに布置される」との想定の下に,地図上の位置関係を解釈すれば良い.

この種の「地図」は,雑誌だけでなく,個々の文献や著者を単位として描かれることもあり[16],それらは主題分野の一種の「構造(structure)」を表すものと見なされる.一般には,このために,クラスタ分析法や多次元尺度構成

---

[16] 例えば,文献の場合には「2 つの文献を共通して引用している雑誌論文の数」(共引用;co-citation)や「標題や抄録中に共通して生起する語の数」(共起語;co-word),著者の場合には「2 人の著者の文献を共に引用している雑誌論文の数」(著者共引用;author co-citation)などが,個体(文献や著者)間の距離または類似度の計算に使用されてきた.

法を使うことができる．また，最近では，データの可視化（visualization）のための様々なソフトウェアが開発されており，それらを利用する場合も多い．

例えば，**多次元尺度構成法**（multidimensional scaling: MDS）では，個体間の**非類似度**（dissimilarity）がデータとして与えられたときに，それらの個体を空間中にプロットするための座標を算出する．例えば，雑誌の引用行列 $C = [c_1, \ldots, c_n]$ を用いて，雑誌間の**類似度**（similarity）を，列間の余弦係数 $c_i^T c_j / (\|c_i\| \cdot \|c_j\|)$ で求めることを考える（$i, j = 1, \ldots, n$）[17]．ここで，もし $n = 3$ で，余弦係数がそれぞれ雑誌 A と B とでは 0.7，雑誌 A と C とでは 0.6，雑誌 B と C とでは 0.5 だったならば，余弦係数の最大値 1 からこれらを差し引いて雑誌間の非類似度を，順に，0.3, 0.4, 0.5 のように求めることができる（つまり「大小」の順が，非類似度と類似度では逆転する）．

この例では，これらの非類似度を直ちに「数学的な距離（メトリック；metric）」と見なすことが可能で，雑誌 A，B，C の間の距離が，0.3, 0.4, 0.5 に正確に比例するように，空間中の座標の値を決めれば良い．そうすれば，2 次元空間中（平面上）にこれらを布置することができる．

非類似度が連続変数の場合のその方法を計量的 MDS，非類似度の順序関係（大小関係）がその距離に反映されるように座標を求める方法を非計量的 MDS と呼ぶ．このための伝統的な方法としては，前者については Torgerson の方法や Thurstone の方法など，後者については Kruscal の方法などがある（詳細は，齋藤（1980）[25] などを参照）．

計量的 MDS の場合でも，通常，上記の雑誌の例とは異なり，データとして与えられた非類似度を空間中の数学的距離に正確に変換することはできず，この点，座標の値から算出される距離は近似に過ぎない．したがって，座標の計算結果がどれだけデータに適合しているかを事後的に確認することが必要である．

---

[17] 余弦係数の詳細は，8.1.1 項を参照．

7.3 蔵書回転率の推計

7.3.1 未貸出図書の計数の問題

蔵書回転率（1.1.2 項参照）は長年に渡って蔵書評価のための指標として利用されてきた。蔵書回転率は業務統計から容易かつ客観的に計算可能であり，この点で，さらなる有効活用が望まれる。統計学的には，蔵書回転率は，貸出回数による図書の度数分布における平均値に相当し（1.1.2 項参照），この分布が正規分布とならずに歪む際には，貸出処理記録には現れない「未貸出図書」の冊数を正確に見積もった上で蔵書回転率を計算する必要がある。つまり，未貸出図書の存在を十分に把握できず，計算からもれてしまえば蔵書回転率は過大評価となり，逆に，書庫管理の不備（書架の乱れなど）等の理由で貸し出される見込みのない図書が未貸出図書として計数される場合には過小評価となってしまう。

ここでは，「貸出回数 0 回の図書」の集合が，「貸出可能にもかかわらず貸し出されなかった本来的な未貸出図書」と，「貸出用図書でありながら，何らかの理由で貸し出されることが困難であった図書」とに分解されると仮定し，前者の数を業務統計から推計する問題を考える[18]。未貸出図書の正確な把握が困難な原因は，1 回以上貸し出された図書の冊数の集計とそうでない図書の冊数の集計とが，異なる種類の業務統計に基づく点にある。この場合に，実際に発生した事象として把握されるのは「貸出」であり，現在の業務システムでは，この事象の生起回数は貸出処理記録から，誤差なしで正確に算出できる。それに対して，「貸し出されない」という事象は明示的に観察されないので，貸出業務に使用されている蔵書全体が記録されたファイル（蔵書ファイル）から，一定期間，貸し出されない図書を抽出することにより，貸出回数 0 回の図書の冊数を集計せざるを得ない。このため，いわば「目に見えない」誤差が含まれる可能性が生じる。

---

[18] 貸出回数 0 回の図書の状態をすべて調べれば良いのかもしれないが，当然，これにはかなりの手間がかかる。

7.3.2 負の2項分布の利用

おおよそ1970年代から90年代にかけて，6ページの図1.1で例示した**貸出頻度分布** (loan frequency distribution) を計量書誌学的なアプローチを用いて研究する試みが多数行われた。そこでの1つの結論は，その理由は不明ではあるものの，ほとんどの場合に，貸出頻度分布は**負の2項分布** (negative binomial distribution) で記述できるということである（岸田 (1995) [9] を参照）[19]。この分布は，貸出回数を確率変数 x として，

$$P(x) = \binom{x+k-1}{x} p^k (1-p)^x, \ x = 0, 1, 2, \ldots \qquad (7.14)$$

である。ここで，k と p がパラメータで，k が整数ではなく実数の場合には，式中の2項係数は，α をある実数として，

$$\binom{\alpha}{x} = \frac{\Gamma(\alpha+1)}{\Gamma(x+1)\Gamma(\alpha-x+1)} \qquad (7.15)$$

で定義される（$\Gamma(\cdot)$ はガンマ関数，(2.36) 式参照）。

「貸出頻度分布は負の2項分布に従う」という仮定が妥当ならば，負の2項分布から（本当の）未貸出図書の割合を $P(x=0)$ として推定するのが自然である。すなわち，負の2項分布を実際の貸出頻度分布にあてはめて，$P(x=0)$ を未貸出図書の割合とすることが考えられる。この方法の最大の問題点は「貸出頻度分布が負の2項分布に従う」という前提が妥当かどうかであるが，もしこれが成立すれば，$P(x=0)$ に基づいて未貸出図書の数を推定するのは理に適っている。

具体的には，以下のように $P(x=0)$ を推定する。まず，貸出回数1回以上の図書冊数には誤差が含まれないので固定し，これを $n(1), n(2), \ldots$ と書く（例えば，$n(1)$ は貸出回数1回の図書の冊数を示す）。一方，貸出回数0回の図書冊数を変数 y とし，分布データ $\{y, n(1), n(2), \ldots, n(x_{max})\}$ と負の2項分布との乖離度が最小となる y の値を未貸出図書の冊数として採用すれば良い。ここで，x_{max} はデータにおける貸出回数の最大値である。すなわち，分

---

[19] 一般に，事象の生起回数の分布を考える際に，ベイズ推定などでも，負の2項分布が使われる。German ほか (2014) [49] の p.43~44 を参照。ポアソン分布（7.4.2項参照）のパラメータがガンマ分布に従うと仮定した場合，負の2項分布が導かれる。

布データと負の 2 項分布との間の乖離度を返す関数を $g(\cdot)$ として，

$$y' = \arg\min_{y} g(y, n(1), n(2), \ldots, n(x_{max})) \tag{7.16}$$

で求められた y' を未貸出図書の冊数の推定値とする[20]。

負の 2 項分布をデータにあてはめる際のパラメータの計算には**積率推定**を用いる[21]。すなわち，標本平均 $\bar{x}$ と標本分散 s^2 を使って，$\hat{p} = \bar{x}/s^2$, $\hat{k} = \bar{x}^2/(s^2 - \bar{x})$ で計算する（竹内・藤野 (1981) [27] の p.183〜184 を参照）。つまり，単に y を $n(0)$ として用い，普通に平均と分散を算出すれば，これらの式により，負の 2 項分布のパラメータを求めることが可能になる。乖離度については，$m = y + n(1) + \cdots + n(x_{max})$ として，(3.13) 式より，

$$w = \frac{(y - mP(0))^2}{mP(0)} + \sum_{x=1}^{x_{max}} \frac{(n(x) - mP(x))^2}{mP(x)} \tag{7.17}$$

を計算し，この w を $g(\cdot)$ が返す値とすれば良い。

なお，y は離散変数なので，(7.16) 式の最小化問題をニュートン–ラフソン法等で解く必要はない。y_1 と y_2 をある数として，$y_1 < y < y_2$ のように適当な範囲を決め，それぞれの y の値で平均，分散，パラメータを順次計算し，それに基づいて乖離度 w を求めて記録していけば，簡単にその最小値を見つけることができる。

具体的な例を図 7.3 に示す（岸田 (2014) [20] による）。この例では，元のデータにおける貸出回数 0 回の図書は 8,378 冊であるのに対して，図が示すように，未貸出図書冊数は 5,207 と推計された。この結果，蔵書回転率は 0.66 から 0.89 に補正されることになる。

---

[20] $\arg\min_{\{y\}} g(y)$ は，関数 $g(y)$ の値を最小にする y の値を意味する。

[21] 積率推定では，分布から理論的に求められる平均・分散と，標本平均・標本分散とを等しいと置いた方程式を解くことにより，パラメータを計算する。最尤推定のような性質は持たないが，これにより，複雑な形を持つ分布のパラメータに対して，簡単に推定法を得ることができる。積率推定と同様の仕組みを用い，$n(0)$ の割合と $P(x = 0)$ とを等しいと置く場合もある。

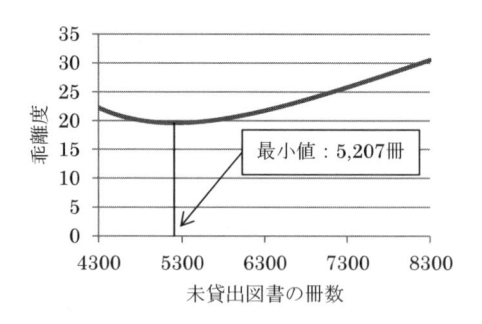

図 7.3　未貸出図書冊数の推定の例

7.4　複本購入による貸出成功率の向上

7.4.1　返却期限短縮の効果

利用者が，ある資料を図書館で借りたいと思っても，他人による貸出中のために，その要求が満たされない場合がある（6.1.3 項参照）。ある 1 冊の図書に対して，そのような可能性を少なくしようとすれば，その方策として，「複本を購入する」あるいは「返却期限を短縮する」ことが考えられる。本節では，Morse(1968) [66] に従い，**待ち行列理論**（queueing theory）を応用して，複本購入と返却期限短縮のどちらが効果的であるかを議論する[22]。

待ち行列理論では，基本的な状況として，窓口での顧客サービスが想定される。そこで，ここではある 1 冊の図書を「窓口」と見なし，利用者がその図書を借り出すために書架に辿り着くことを「窓口への顧客の到着」と考える。また，利用者への当該図書の貸出を「サービスの提供」と捉え，そのサービスは図書の返却によって終了し，顧客は窓口を離れていくものとする。この場合，貸出期間（すなわち，貸出時点から実際に返却されるまでの期間）が「サービス時間」に相当することになる。

標準的な待ち行列理論に従い，次の 2 つの仮定を置く。

A. 利用者は一定間隔で規則的に到着するわけではなく，不規則（ランダム）にやってくる。

---

[22]限られた予算の中で，図書を重複して所蔵することになるので，オブソレッセンスをも考慮すれば，複本購入は「無駄」と判断される可能性がある。複本購入に関するこの種の外生的な問題はここでは考慮せず，数学的に演繹される仕組みのみを議論する。

B. 図書の返却もまた不規則（ランダム）になされる。

また，最も簡単な場合として，貸出予約は考慮せず，図書が書架上に残っていなければ，その利用者は貸出を単に諦める（窓口に列を作らずに，そのまま離脱する）と考え，これを「仮定C」とする。

ここで，複本を購入せず当該図書を1冊のみ所蔵している状況において，その図書が1年間に R 回貸し出され，それぞれの貸出期間の平均が τ 年であったとする。例えば，平均2週間ならば，1年間を単純に52週として，$\tau = 2/52 = 0.038$ となる。上記の仮定に従えば，この場合，1年間のうち，その図書が書架上に存在しなかった割合は $R \times \tau$ である。待ち行列理論の慣習に従って，この割合を τ の逆数 $\mu = 1/\tau$ を使って，R/μ と表記しておく。なお，μ は「サービスを提供し得る人の数」に相当する。例えば，貸出期間が平均2週間ならば，$\mu = 52/2 = 26$ が最大の貸出回数と解釈される。

その1年間に実際に，この図書を借り出そうと試みた人の数（延べ人数）を λ とすれば，ランダムな到着を仮定しているので，$\lambda - \lambda(R/\mu)$ の人が貸出に成功したことになる。これが R なので，$R = \lambda - \lambda(R/\mu)$ として，変形すると，$\lambda = R/(1 - R/\mu)$ および

$$R/\lambda = \mu/(\lambda + \mu) \tag{7.18}$$

が導かれる。例えば，$R = 15$ ならば，$\lambda = 35.454$ であり，貸出が成功した人の割合は，$R/\lambda = 0.423$ と計算できる。ここでは，(7.18)式を「貸出成功率」と考えることとする。

この際に，返却期限を短縮することにより貸出期間が半分（平均1週間）に減ったとする（$\mu = 52$）。潜在的な利用者数が35.454のままならば，(7.18)式より，$R/\lambda = 0.594$ となる。つまり，貸出期間が半分になっても，ここでの仮定では，貸出成功率が2倍に増えるわけではない。いくつかのパラメータの組み合わせで，貸出成功率を試算した結果を表7.2に示す。

7.4.2 複本購入の効果

上の例では，λ と μ の値を「1年間」の中で考えたが，ここでは，1年間を細分し，時間間隔を微小にした上で，これらの値を定義し直す。この場合，λ は「到着率」，μ は「サービス率」などと呼ばれる。ランダムな到着の場

表 7.2 貸出成功率の試算（複本のない場合）

貸出期間		R（貸出回数）			
		5	10	15	20
1.5 週間	λ	5.84	14.05	26.44	47.27
($\mu = 34.7$)	R/λ	0.86	0.71	0.57	0.42
1.8 週間	λ	6.05	15.29	31.20	65.00
($\mu = 28.9$)	R/λ	0.83	0.65	0.48	0.31
2.0 週間	λ	6.19	16.25	35.45	86.67
($\mu = 26.0$)	R/λ	0.81	0.62	0.42	0.23

注：1年間を52週とした試算で，R/λ が成功率

合には，ある特定の時間間隔 t における到着人数 x は**ポアソン分布**（Poisson distribution）

$$f_p(x,t) = \frac{(\lambda t)^x e^{-\lambda t}}{x!}, \quad x = 0, 1, 2, \ldots \quad (7.19)$$

に従う[23]。ここで，$E(x) = \lambda t$ であり，$t = 1$ ならば，λ は到着者数の平均そのものになる。

また，(7.19) 式において $x = 0$ を代入すれば，$f_p(0,t) = e^{-\lambda t}$ なので，「最初の人が到着するまでの時間 t」の確率は $P(t) = 1 - e^{-\lambda t}$ である。これを t で微分すると，

$$f_p(t) = \lambda e^{-\lambda t} \quad (7.20)$$

を得る。これは一般に**指数分布**（exponential distribution）と呼ばれ，この場合には，(7.20) 式は「到着間隔時間の分布」を記述していると考えることができる[24]。「ランダム」という点では仮定Aと仮定Bは同じなので，λ の代わりに μ を使えば，「サービス時間の分布」も同様に (7.20) 式で表される。

7.4.1 項の例では，この仮定AとBに加えて，窓口は1つ（図書は1冊）で，さらに仮定Cにより，最大で1人のみがそのサービスの中に留まる（貸出中の利用者以外は行列を作らずに離脱する）と設定されていた。待ち行列

---

[23] 微分方程式の知識が必要なので，ここではその導出を省略する。これについては，北岡 (2000) [22] の p.24～29 などを参照。なお，時間変数 t が含まれるので，この式は一種の確率過程を表しており，この場合には特に，ポアソン過程と呼ばれる。ここで $t = 1$ と置けば，離散分布 $P(x) = \lambda^x e^{-\lambda}/x!$ となる。この式は，文書中の語の出現頻度を記述するために情報検索等で使用されることがある。

[24] ランダムな到着なので，以前にどのように顧客が到着したかに関係なく，考慮する時間間隔の長さのみで到着の確率が決まる。このような性質は，無記憶性（memoryless）と呼ばれる。

理論では，この状況を「$M/M/1/1$」と略記する．最初と2番目のMはそれぞれ，到着間隔時間とサービス時間とが指数分布で記述されることを意味しており，3番目と4番目の1は，窓口の数とサービスに留まる最大人数である．したがって，複本がある場合には，それを含めた当該図書の合計冊数をcとして，「$M/M/c/c$」を考えなければならない．

もし$c=2$ならば（複本を1冊購入），「0人に貸し出している場合」「1人に貸し出している場合」「2人に貸し出している場合」の3つの「状態」が可能性として存在する．貸出が成功するのは，このうち「0人」または「1人」の場合のみで，それらの確率の和が，複本購入時の貸出成功率に相当する．この成功率を求めるには，時点tにおいて貸し出されている図書の数がkである確率$P_k(t)$ ($k=0,\ldots,c$) のモデルが必要となる．

当該図書は，実際の状況では，時間の経過に従い，これらの状態間を推移する．例えば，$k-1$の状態において誰かが到着するか，あるいは，$k+1$の状態でいずれかの図書が返却されれば，kの状態へと変化する．ここで前者の確率は，「図書が状態$k-1$にあり，なおかつ利用者が到着する場合」なので，$\lambda P_{k-1}(t)$である．一方，後者は，$k+1$冊の図書のうちいずれか1冊が返却される確率を考えるため，ポアソン分布の性質によりサービス率の$k+1$倍を掛けて，$(k+1)\mu P_{k+1}(t)$となる[25]．なお，この種の状態推移（あるいは状態遷移）は様々な事象をモデル化するのに使用されており，特に，時間の経過に伴ってある状態が別の状態に移る確率を考える場合には，**マルコフ過程** (Markov process) あるいは**マルコフ連鎖** (Markov chain) と呼ばれる（時間が離散的ならば，マルコフ連鎖）．

このモデルに基づけば，時間の変化量をΔtと表記して，(a)$(\lambda \times \Delta t)P_{k-1}(t)$，(b)$(k+1)(\mu \times \Delta t)P_{k+1}(t)$，(c)「状態が$k$のまま，$\Delta t$の間に到着もなければ，返却もない確率」の3つの合計として，$P_k(t+\Delta t)$を表すことができる．ここでは仮定Aと仮定Bにより，状態kを考える場合，状態$k-1$と$k+1$のみを考慮すれば十分で，$k-2$や$k+2$などの「直前以外の状態」は無視している．このような状態推移は，単純マルコフ過程（単純マルコフ連鎖）と呼ばれる[26]．

---

[25] パラメータμ_1のポアソン分布に従う変数x_1とパラメータμ_2のポアソン分布に従う変数x_2の和x_1+x_2は，$\mu_1+\mu_2$をパラメータとするポアソン分布に従う．同様の結果は，一般に，$x_1+x_2+\cdots+x_k$でも得られる．北岡 (2000) [22] の p.70〜71 を参照．
[26] 特にここでのモデルは，出生死滅過程 (birth-death process) の1つである．

「状態が k のまま，Δt の間に到着もなければ，返却もない確率」は，

$$P_k(t) \times (1 - \lambda\Delta t)(1 - k\mu\Delta t) = P_k(t)(1 - \lambda\Delta t - k\mu\Delta t + \lambda k\mu\Delta^2 t) \quad (7.21)$$

である．この結果，上記の (a)(b)(c) を足し合わせ，$P_k(t)$ を左辺に移行して Δt で割れば，

$$\frac{P_k(t + \Delta t) - P_k(t)}{\Delta t} = -(\lambda + k\mu)P_k(t) + k\lambda\mu\Delta t P_k(t) \\ + \lambda P_{k-1}(t) + (k+1)\mu P_{k+1}(t) \quad (7.22)$$

となる．ここで $\Delta t \to 0$ とすれば，微分の定義により，

$$\frac{dP_k(t)}{dt} = -(\lambda + k\mu)P_k(t) + \lambda P_{k-1}(t) + (k+1)\mu P_{k+1}(t) \quad (7.23)$$

を得る．

$P_k(t)$ が時間にかかわらず一定となっている状況を仮定して[27]，$dP_k(t)/dt = 0$ とすれば，$(\lambda + k\mu)P_k = \lambda P_{k-1} + (k+1)\mu P_{k+1}$ と変形される．この式の両辺を μ で割ってから P_{k+1} について解けば，$a = \lambda/\mu$ と置いて，

$$P_{k+1} = \frac{1}{k+1}(aP_k + kP_k - aP_{k-1}) \quad (7.24)$$

なので，この式から逐次的に P_k を計算することができる．

ただし，式の形から明らかなように，この式を使う前に P_0 と P_1 を別に求めておかなければならない．$k = 0$ の状態では返却（サービスの終了）があり得ないので，(7.21) 式は単に $P_0(t)(1 - \lambda\Delta t)$ である．また，状態推移については，$k = -1$ が存在しないので，$(\mu\Delta t)P_1(t)$ のみを考えれば良い．したがって，(7.23) 式に対応する微分は，$dP_0(t)/dt = -\lambda P_0(t) + \mu P_1(t)$ となり，結局，これを 0 と置いて，$P_1 = aP_0$ が得られる．

そこで $k = 1$ として，これを (7.24) 式に代入すれば，

$$P_2 = (1/2)(aP_1 + P_1 - aP_0) = (1/2)a^2 P_0 \quad (7.25)$$

であり，同様に，$k = 2$ ならば，$P_3 = (1/3)(aP_2 + 2P_2 - aP_1)$ なので，$P_3 = (1/(3 \times 2))a^3 P_0$ となる．すなわち，一般には $P_k = P_0(a^k/k!)$ によって状

---

[27] すなわち，$P_k(t)\ (k = 0, \ldots, c)$ の「定常分布」を求めることになる．これは待ち行列理論においては標準的な手続きである．

態 k の確率を求めることができる。「$M/M/c/c$」の場合には，$\sum_{k=0}^{c} P_k = \sum_{k=0}^{c} P_0(a^k/k!) = 1$ より，$P_0 = 1/\sum_{k}(a^k/k!)$ と書けるため，最終的に，

$$P_k = \frac{a^k/k!}{\sum_{k=0}^{c}(a^k/k!)} \tag{7.26}$$

が導かれる（$a = \lambda/\mu$ に注意）[28]。

例えば，複本を 1 冊購入した場合には，$c = 2$ なので，

$$P_0 = \frac{1}{1 + (\lambda/\mu) + (1/2)(\lambda/\mu)^2} = \frac{\mu^2}{\mu^2 + \lambda\mu + (1/2)\lambda^2} \tag{7.27}$$

となり，$B = \mu^2 + \lambda\mu + (1/2)\lambda^2$ と置けば，$P_0 = \mu^2/B$，$P_1 = \lambda\mu/B$，$P_2 = \lambda^2/(2B)$ を得る[29]。上記の例ならば（$\lambda = 35.454$，$\mu = 26$），$P_0 = 0.304$，$P_1 = 0.414$，$P_2 = 0.282$ と計算され，貸出成功率は $P_0 + P_1 = 0.718$ であるから，この点では，返却期限の短縮によって貸出期間を半減させるよりも，複本購入は高い効果を持つことが分かる（岸田 (1994) [7]）。

7.5 公共図書館における貸出回数の規模補正

7.5.1 貸出回数を説明する基本モデル

公共図書館の活動を評価するためのマクロ指標として蔵書回転率や**貸出密度**がよく利用される。これらはいずれも貸出回数（貸出延べ冊数）を分子とし，それぞれ，蔵書冊数と定住人口を分母として計算される比率である。蔵書冊数と定住人口を当該自治体の「規模」を測る操作的な変数と捉えれば，この 2 つの指標は，貸出回数をそれぞれ異なる規模要因で補正したものであり，この点では重複している。そこで，蔵書回転率・貸出密度を代替する単一の評価指標として，岸田 (2013) [18] では，「蔵書冊数と定住人口を掛け合わせた量の平方根で貸出回数を補正した数値」が議論されている。本節ではその理論的な根拠を概説する。

ある 1 つの自治体（市区町村）における蔵書冊数を C，定住人口を P，貸出回数を L と表記する。仮に，ある自治体の蔵書冊数が 1 冊で，人口が 1 人

---

[28] 以上の計算手順の説明は，北岡 (2000) [22] の p.159〜180 を参考にした。
[29] Morse(1968) [66] の p.70 では，P_k を「k 冊の図書が書架上に残っている確率」と定義している点に注意。例えば，$c = 2$ ならば，本書での P_0 は，Morse(1968) での P_2 に対応する。

ならば，その人がそれを借り出した場合，貸出回数は $1 \times 1 = 1$ である（更新は考慮しない）。さらに，それぞれ 2 冊，2 人ならば，貸出回数の最大値は $2 \times 2 = 4$ 回となる。したがって，この簡単な考察からは，蔵書冊数と定住人口は，貸出回数に対して「相加」ではなく「相乗」的に働き，

$$L = hPC \tag{7.28}$$

と設定できる（h は定数）。

しかし，この際，蔵書に対しては，計量書誌学での知見を考慮する必要がある。つまり，蔵書中には，頻繁に貸し出される少数の図書と，それほど貸し出されない多数の図書とが混在する（6 ページの図 1.1 参照）。同様に，定住人口に対しても，2 次元の地理的な空間の拡がりを考慮して，来館しやすい人とそうでない人を区別しなければならない[30]。

7.5.2 計量書誌学的および地理的要因の考慮

各図書の貸出回数がジップの法則（7.1.1 項参照）に従うと仮定すれば，蔵書全体でのその合計は，貸出回数の順で図書を並べた際の r 位の図書の貸出回数を $y(r)$ として，

$$L = \sum_{r=1}^{C} y(r) \simeq \sum_{r=1}^{C} ar^{-\beta} \simeq a \int_0^C r^{-\beta} dr \tag{7.29}$$

で近似される（ジップの法則については，(7.3) 式で $B = 0$ とした）。ここで a は定数である。β もまた定数で，本書では，常に $\beta = 0.5$ に固定する。積分の基本的な公式を使えば[31]，(7.29) 式は，

$$L \simeq a \int_0^C r^{-1/2} dr = 2a\sqrt{C} \tag{7.30}$$

---

[30] 貸出のモデルを考える際に，計量書誌学的要因と地理的要因とに配慮する必要性は，Kantor & Shim(1998) [54] によって指摘された（ただし彼らの対象は大学図書館）。
[31] $f(x) = mx^k$ ならば（k と m は定数），不定積分 $F(x)$ は

$$F(x) = \int f(x)dx = \int mx^k dx = m \int x^k dx = m\left(\frac{1}{k+1}x^{k+1}\right) + K'$$

で計算される。ここで K' は積分定数である。定積分は，$\int_a^b f(x)dx = F(b) - F(a)$ で求められる。

となる。

定数 a は，$r = 1$ （つまり第1位）の図書の貸出回数に相当し，貸出回数の合計 L に大きく影響する。ここでの枠組みでは，この値は定住人口の大きさに依存し，さらに，上で述べたように，地理的な要因を考慮しなければならない。そこで，

$$a = K \times f(P) \tag{7.31}$$

と置く。$f(P)$ は，自治体の定住人口が P であるときに，そのうち実際に公共図書館を活用している住民の数とする。上式は，この数に定数 K を掛けたものを，貸出回数の値に影響を与える定数 a として考えることを意味している。

Palmer(1981) [68] による例示に従い，最も単純なモデルとして，1つの図書館を中心とした何層かの同心円を想定し，中心に近い円周上に居住する人ほど，図書館を利用する確率が高いと考える。実際には，複数の図書館（分館）を設置している自治体は数多く，また，図書館利用の確率は，駅や商店街等との相対的な位置関係にも依存する。人口密度も自治体内において均一であるとは限らないので，この「同心円モデル」は最も単純な近似に過ぎない。

それでも，この同心円モデルを採用し，図書館の利用確率（ここでは「住民のうち図書館を利用している人の割合」）は，中心（図書館）からの距離 s に逆比例すると仮定する。すなわち，

$$p(s) = \eta s^{-1} \tag{7.32}$$

と置く。ここで η は定数である。同心円モデルでは，自治体内の人口は，その自治体を完全に被覆する最小円の半径を R として，

$$P = \int_0^R 2Ds\pi \, ds = 2D\pi \int_0^R s \, ds = D\pi R^2 \tag{7.33}$$

となる（円周の長さは $2s\pi$ で計算されることに注意）。ここで $D = P/(\pi R^2)$ は人口密度に相当する。同じように，各同心円で，利用確率(7.32)式を掛け合わせて積分すれば，利用者数を算出でき，実際，

$$f(P) = \int_0^R (2Ds\pi \times (\eta/s)) \, ds = 2\eta D\pi \times R \tag{7.34}$$

を得る。

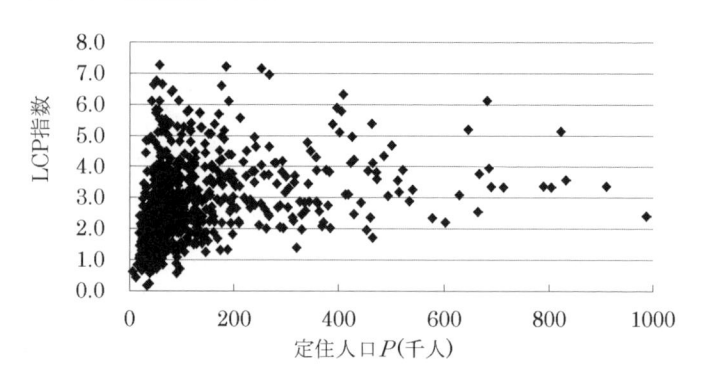

図 7.4　定住人口に対する LCP 指数のプロット（岸田 (2013) [18]）

(7.33) 式より，$R = \sqrt{P/(D\pi)}$ なので，これを (7.34) 式に代入すれば，最終的に，

$$f(P) = \gamma\sqrt{P} \tag{7.35}$$

が導かれる．ここで，$\gamma = 2\eta\sqrt{D\pi}$ であり，本書では「定数」と仮定する．

7.5.3　指標の導出

以上の理論的考察と単純化のためのいくつかの仮定に基づいて，(7.30)，(7.31)，(7.35) 式から，貸出回数を説明するための最終的なモデル，

$$L = \theta\sqrt{CP} + \epsilon \tag{7.36}$$

が導かれる（ϵ は誤差項）．ここで，$\theta = 2K\gamma$ である．この式が示すように，計量書誌学的要因と地理的要因を考慮した場合，(7.28) 式とは異なり，貸出回数は，蔵書冊数の平方根と定住人口の平方根との相乗で説明されることになる．

したがって，

$$\frac{L}{\sqrt{CP}} = \theta + \epsilon \simeq \theta \tag{7.37}$$

であるから，「貸出回数（貸出延べ冊数）を，蔵書冊数と定住人口を掛け合わせた量の平方根で補正した」数値が，1 つの評価指標として導かれる．岸田

(2013) [18] では，これを便宜的に「LCP 指数」と称している。ここで $\theta = 2K\gamma = 4K\eta\sqrt{D\pi}$ であり，この指標の値は，当該自治体において定数 K あるいは η が大きくなれば，その分，高くなる。K や η は，図書館やその蔵書が魅力的であって多くの人を引き付ける場合，あるいは交通の便が良好な場合などに，大きくなると推察される[32]。

図 7.4 は，日本図書館協会『日本の図書館』の 2008 年データを用いて，人口 100 万人未満の全国 779 の市区町村を対象に，定住人口と $L/\sqrt{CP}$ とをプロットしたものである（岸田 (2013) [18]）。このプロットでは，各自治体の規模要因が消去されていることが分かる。

---

[32] 問題は人口密度 D であり，人口密度が高ければ，θ は大きくなる。したがって，指標を $L/\sqrt{CPD}$ と修正することも考えられる。人口密度で補正すべきかどうかは，この指標を応用する状況に依存する。また，β を別の値に設定した場合については，岸田 (2013) [18] を参照。

第8章 情報検索での事例

8.1 ベクトル空間モデルと潜在意味索引法

8.1.1 ベクトル空間モデル

　ここでは，1つの文書（または文献；document）を d_i と表記し，データベース D の中に N 件の文書が含まれていると仮定する（すなわち，$D = \{d_1, \ldots, d_N\}$）。**情報検索**（information retrieval）における主要な問題は，与えられた検索質問 q に対して，$d_1, \ldots, d_N$ の**適合性**（relevance）を推定することである[1]。推定された適合性の程度（適合度）の降順に文書を並べて出力することを適合度順出力または単に**順位付き出力**（ranked output）と呼び，このための方法の開発が1960年代から進められてきた（詳細は岸田 (1998) [12] を参照）。

　順位付き出力のための古典的な手法が**ベクトル空間モデル**（vector space model）である[2]。このモデルでは，1件の文書は，各語の重みを要素とするベクトル

$$\mathbf{d}_i = [w_{i1}, w_{i2}, \ldots, w_{iM}]^T \tag{8.1}$$

で表現される。ここで，w_{ij} は文書 d_i における語 t_j の重みを示す。M は，データベース D に含まれる語の異なり総数を意味し（つまり，D に出現するすべての語に対して1から M までの通し番号を付与する[3]），当然，文書 d_i

---

[1] ウェブの検索の場合には，適合性に加えて，各ウェブページの「重要度」や「人気度」も加味しなければならない。この場合には，「topic distillation（主題蒸留）」と呼ばれることがある。「重要度」を測定する方法としてはページランクアルゴリズムが著名である（7.2節参照）。

[2] このモデルは，G. Salton を中心とするグループによって開発され，体系化された。Salton & McGill(1983) [71] はその中で執筆された代表的な教科書であるが，それ以降もさらに改良が加えられている。ただし，現在では，情報検索の研究者はベクトル空間モデルではなく，別のモデルで適合度を推計することが多い（例えば，8.2.1項の言語モデルなど）。

[3] 通常，英語等では，ストップワード（例えば「the」や「of」など）は除去され，語幹抽出（stemming）により，「library」や「libraries」のような原形・変化形は語幹「librar」に統一される。

に含まれない語の重みは0となる。

検索質問も同様に，M 次元ベクトル $\mathbf{q} = [w_{q1}, \ldots, w_{qM}]^T$ で表現されるので，$\mathbf{d}_i$ と $\mathbf{q}$ との類似度を

$$S(\mathbf{d}_i, \mathbf{q}) = \frac{\mathbf{d}_i^T \mathbf{q}}{\|\mathbf{d}_i\| \|\mathbf{q}\|} = \frac{\sum_{j=1}^{M} w_{ij} w_{qj}}{\sqrt{\sum_{j=1}^{M} w_{ij}^2} \sqrt{\sum_{j=1}^{M} w_{qj}^2}} \tag{8.2}$$

により計算できる。具体的には，(8.2) 式は，M 次元空間における文書ベクトルと質問ベクトルとの間の角度 θ に対する $\cos\theta$ に相当する。このことから，(8.2) 式は**余弦尺度**（cosine measure）または余弦係数（cosine coefficient）と呼ばれる。すべての重みが非負ならば $0 \leq \cos\theta \leq 1$ であり，$S(\mathbf{d}_i, \mathbf{q}) = 0$ の場合が最小で，2つのベクトルは直交する（$\theta = \pi/2$）。一方，$S(\mathbf{d}_i, \mathbf{q}) = 1$ が最大で，2つのベクトルは重なり合う（$\theta = 0$）。(8.2) 式に示されているように，余弦尺度は2つのベクトルの内積をそれぞれのノルムで割っており，これは，文書の長さ（文書長）を補正した上で，文書と検索質問との関連を計算していると解釈される。このため，情報検索においては，平方ユークリッド距離 $\|\mathbf{d}_i - \mathbf{q}\|^2$ よりも，余弦尺度のほうがうまく働くことが多い[4]。

なお w_{ij} の設定には，通常，tf-idf による重み付け（weighting）が使われる。「tf」は「term frequency（語の頻度）」の略であり，語 t_j が文書 d_i で出現する回数を意味し，その語が表す概念や事象が当該文書中でどの程度議論されているかを測定する。それに対して「idf」は「inverse document frequency」の略で，簡単に言えば，各語が，検索にそれほど有効でない一般的な語であるのか，それとも適合文書の識別に有用な専門用語であるのかを識別するための量である。各語がこれらのどちらに相当するのかは，例えば「研究」のような一般語は特定の主題に限らず数多くの文書に出現することから，その出現文書数（document frequency）に基づく判別がある程度可能で，実際，出現文書数の逆数を重みとして使うことにより，一般的な語の重要性を相対的に下げることができる。具体的には，tf を x_{ij}，語 t_j が出現する文書数を n_j とすれば，

$$w_{ij} = x_{ij} \times \log\left(N/n_j\right) \tag{8.3}$$

のように各語の重みを計算する（実際には，この計算法には様々なものが考

---

[4] 両方のベクトルでともに0にならない要素（共通の要素）のみから内積が算出できることも計算上の利点である。

案されている）。ここで $\log(N/n_j)$ が idf の部分である。

8.1.2 潜在意味索引法（LSI）

情報検索における大きな問題として，同義語や関連語の処理がある。例えば，文書中で使われている語が「文書館」，検索質問中の語が「アーカイブ」ならば，照合の過程で，これらの語は一致しない（検索もれの原因となる）。もし2つの語間の関連の程度が，$M \times M$ の対称行列 $\mathbf{M} = [s_{jk}]$ $(j, k = 1, \ldots, M)$ で表されているとすれば，検索質問ベクトルを $\mathbf{q}' = \mathbf{Mq}$ で変換することによって，この種の照合の不一致を回避できる（ここでの例では，$\mathbf{q}$ 中の「文書館」の重みは 0 であるが，「アーカイブ」と「文書館」とで $s_{jk} > 0$ ならば，$\mathbf{q}'$ 中での「文書館」の重みは 0 よりも大きくなる）[5]。

語間の関連を考慮するための別の方法として，**潜在意味索引法**（latent semantic indexing: LSI）があり（Deerwester ほか (1990) [46] および Landauer ほか (2007) [61]），幅広く活用されている（latent semantic analysis (LSA) と称されることもある）。LSI では，「語×文書」の重み行列 $\mathbf{W} = [\mathbf{d}_1, \mathbf{d}_2, \ldots, \mathbf{d}_N]$ を

$$\mathbf{W} = \mathbf{UQV}^T \tag{8.4}$$

のように分解する（語の重み w_{ij} は $\mathbf{W}$ の (j, i) 要素になっている点に注意）。ここで，$\mathbf{U}$ は $M \times r$ の直交行列，$\mathbf{Q}$ は $r \times r$ の対角行列，$\mathbf{V}$ は $N \times r$ の直交行列，r は行列 $\mathbf{W}$ の階数である（$r \le \min(N, M)$）。(8.4) 式は，一般に，**特異値分解**（singular value decomposition: SVD）と呼ばれる（Harville(1997) [52] などを参照）。

さらに，$\mathbf{U} = [\mathbf{u}_1, \ldots, \mathbf{u}_r]$，$\mathbf{V} = [\mathbf{v}_1, \ldots, \mathbf{v}_r]$ と表記する。$\mathbf{u}_j$ は M 次元列ベクトル（$j = 1, \ldots, r$），$\mathbf{v}_k$ は N 次元列ベクトル（$k = 1, \ldots, r$）である。また，$\mathbf{Q}$ の対角要素を $\eta_1, \ldots, \eta_r$ とすれば，(8.4) 式は，

$$\mathbf{W} = \eta_1 \mathbf{u}_1 \mathbf{v}_1^T + \eta_2 \mathbf{u}_2 \mathbf{v}_2^T + \cdots + \eta_r \mathbf{u}_r \mathbf{v}_r^T \tag{8.5}$$

のように表現できる（図 8.1 参照）。(8.5) 式は行列 $\mathbf{W}$ に含まれる情報が r 個の部分的情報に分割されることを意味しており，LSI ではこれらの部分的

---

[5] 例えば，語のベクトルを $\mathbf{t}_j = [w_{1j}, \ldots, w_{Nj}]^T$ と定義し，検索対象となるデータベース D 自体から，余弦尺度を使って，$s_{jk} = \mathbf{t}_j^T \mathbf{t}_k / (\|\mathbf{t}_j\| \cdot \|\mathbf{t}_k\|)$ で計算する方法がある。ただしこの方法では，同義語が同一文書に共起しなければならない。

情報がそれぞれ何らかの潜在的な「意味」に対応していると考える．例えば，$\mathbf{u}_1$ は第 1 の潜在意味と語との関連の程度を示すベクトルであり，この値を用いれば第 1 の潜在意味に関連した語のグループを識別できる．それに対して，$\mathbf{v}_1$ は第 1 の潜在意味と文書との関連を表しており，これによって第 1 の潜在意味と特に関連のある文書群の特定が可能になる．

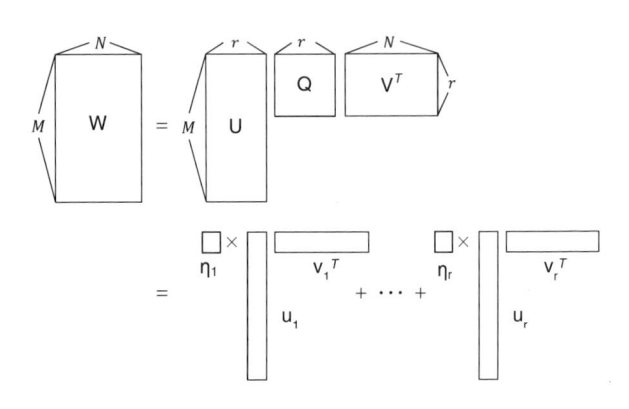

図 8.1 特異値分解の概念図

ここで $\eta_1, \ldots, \eta_r$ がその大きさの降順に並んでいると仮定して，先頭から b 個（$b < r$）の部分だけで $\mathbf{W}$ を近似する．すなわち，この近似を $\mathbf{W}_b$ と表記すれば，

$$\mathbf{W}_b = \eta_1 \mathbf{u}_1 \mathbf{v}_1^T + \cdots + \eta_b \mathbf{u}_b \mathbf{v}_b^T = \mathbf{U}_b \mathbf{Q}_b \mathbf{V}_b^T \tag{8.6}$$

と書ける．上式の最右辺については，$\mathbf{U}_b = [\mathbf{u}_1, \ldots, \mathbf{u}_b]$，$\mathbf{V}_b = [\mathbf{v}_1, \ldots, \mathbf{v}_b]$ であり，$\mathbf{Q}_b$ は $\eta_1, \ldots, \eta_b$ を対角要素とする対角行列として定義されている．この操作によって，「瑣末な」部分を取り除いた，主要な潜在意味のみによる表現を得ることができる．

特異値分解の簡単な例を示す．$M = 3$，$N = 4$ とし，idf を考慮せず，tf のみで重みを計算した結果，「語×文書」行列として，

$$\mathbf{W} = \begin{bmatrix} 3.0 & 2.0 & 0.0 & 0.0 \\ 2.0 & 1.0 & 2.0 & 0.0 \\ 0.0 & 0.0 & 3.0 & 2.0 \end{bmatrix} \tag{8.7}$$

が得られたと仮定する．この行列を見ると，d_1 と d_2 のベクトルが語 t_1 と t_2

とを共有するという点で類似しているのに対して，d_4 はこれらとまったく異なっている（語を共有しない）。また，d_3 はその中間的な存在であり，d_1 と d_2 のグループに対しては語 t_2 を，d_4 に対しては語 t_3 をそれぞれ共有している（t_3 の tf のほうが大きい点に注意）。

この行列を特異値分解すると，

$$\mathbf{U} = \begin{bmatrix} -0.62 & 0.6 & -0.51 \\ -0.63 & 0.0 & 0.77 \\ -0.46 & -0.8 & -0.38 \end{bmatrix}, \quad \mathbf{Q} = \begin{bmatrix} 4.60 & & \\ & 3.61 & \\ & & 0.90 \end{bmatrix},$$

$$\mathbf{V} = \begin{bmatrix} -0.68 & 0.50 & 0.03 \\ -0.41 & 0.33 & -0.27 \\ -0.58 & -0.67 & 0.45 \\ -0.20 & -0.44 & -0.85 \end{bmatrix}$$

となる（$\mathbf{Q}$ の非対角要素は 0.0 なので表示していない）。行列 $\mathbf{U}$ の 2 列目に着目すると，各語に対する値はそれぞれ順に，0.6, 0.0, −0.8 であり，これらの語の持つ情報がある程度，この 2 番目の潜在意味に縮約されていると解釈できる。つまり，これらの語の表す「概念」に第 2 番目の潜在意味が対応しているわけであり，これによって，同義語や関連語の問題が解決することが期待される（ただし，この例からわかるように，潜在意味は $\mathbf{W}$ 中の値の状況で決まり，それが常に言語的な「意味」に対応するとは限らない）。

なお，$b = 2$ として $\mathbf{W}_b$ を求めてみると，

$$\mathbf{W}_2 = \begin{bmatrix} 3.02 & 1.88 & 0.21 & -0.39 \\ 1.98 & 1.18 & 1.68 & 0.59 \\ 0.01 & -0.09 & 3.16 & 1.71 \end{bmatrix} \tag{8.8}$$

と計算される。第 3 の潜在意味が取り除かれた結果，特に，d_4 のベクトルがかなり変化していることが分かる（一部の重みが負の値になっている点にも注意）。

実際に，LSI を検索に応用するには，行列 $\mathbf{U}_b$ と $\mathbf{Q}_b$ を使って，任意の M 次元ベクトル $\mathbf{d}$ を潜在意味空間に対応付ける方法がある[6]。(8.4) 式の両辺に $\mathbf{U}^T$，$\mathbf{Q}^{-1}$ を順番に左から掛けていけば，$\mathbf{V}^T = \mathbf{Q}^{-1}\mathbf{U}^T\mathbf{W}$ を得る。ここで，

---
[6]Berry & Young (1995) [38] を参照。

左辺 $\mathbf{V}^T$ の各列は潜在意味空間における各文書のベクトル (r 次元ベクトル) を表しており，一方，右辺の $\mathbf{W}$ の各列は実際の文書ベクトル (M 次元ベクトル) である。したがって，この式は，実際の文書ベクトルを $\mathbf{Q}^{-1}\mathbf{U}^T$ によって潜在意味空間の中に「投影」していると解釈できる。次に，一種の「アナロジ」として，この投影を $\mathbf{Q}_b^{-1}\mathbf{U}_b^T$ に置き換えて文書 d_i に適用するとすれば，$\mathbf{Q}_b^{-1}\mathbf{U}_b^T\mathbf{d}_i$ を計算することになる。形式的には，質問ベクトルも同様に投影可能なので，任意の文書ベクトル $\mathbf{d}$ と質問ベクトル $\mathbf{q}$ との潜在意味空間中での類似度は，結果的に，$\mathbf{Q}_b^{-1}\mathbf{U}_b^T\mathbf{d}$ と $\mathbf{Q}_b^{-1}\mathbf{U}_b^T\mathbf{q}$ との間の類似度として算出される。

8.1.3　行列の分解についての補足

N 件の文書に対して，各語の重みの平均 $\bar{w}_j = N^{-1}\sum_i w_{ij}$ を計算し ($j = 1,\ldots,M$)，M 次元ベクトル $\mathbf{m} = [\bar{w}_1,\ldots,\bar{w}_M]^T$ を構成する。このベクトルを使って，行列 $\mathbf{W}$ を $\tilde{\mathbf{W}} = N^{-1/2}(\mathbf{W} - \mathbf{m}\mathbf{1}^T)$ と変換してから，特異値分解 $\tilde{\mathbf{W}} = \mathbf{U}\mathbf{Q}\mathbf{V}^T$ を求めた場合，語に関する分散共分散行列 $\boldsymbol{\Sigma}$ を

$$\boldsymbol{\Sigma} = \tilde{\mathbf{W}}\tilde{\mathbf{W}}^T = (\mathbf{U}\mathbf{Q}\mathbf{V}^T)(\mathbf{U}\mathbf{Q}\mathbf{V}^T)^T = \mathbf{U}\mathbf{Q}\mathbf{V}^T\mathbf{V}\mathbf{Q}\mathbf{U}^T = \mathbf{Q}^2\mathbf{U}\mathbf{U}^T \qquad (8.9)$$

と計算できるので，最終的に，$\boldsymbol{\Sigma}\mathbf{U} = \mathbf{Q}^2\mathbf{U}$ を得る。(5.41) 式を参照すれば，$\mathbf{U}$ は主成分分析における固有ベクトルを並べた行列であることが分かる。すなわち，各語の重みの平均を 0 に標準化した $\tilde{\mathbf{W}}$ に対する特異値分解は，文書を個体，語を変数として，分散共分散行列に基づいて実行した主成分分析に相当する。

一方，b を与えられた数として，$M \times b$ 行列 $\mathbf{A}$ と $N \times b$ 行列 $\mathbf{C}$ のすべての要素が 0 または正の値になるように，

$$\mathbf{W} \simeq \mathbf{A}\mathbf{C}^T \qquad (8.10)$$

と分解することがある。これを**非負行列分解** (nonnegative matrix factorization: NMF) と呼ぶ。この式が示すように，非負行列分解は，特異値分解とは異なり，正確に分解が確定するわけではなく，何らかの方法で近似的な分解を求めることになる。例えば，

$$\mathcal{H}(\mathbf{A},\mathbf{C}) = \frac{1}{2}\|\mathbf{W} - \mathbf{A}\mathbf{C}^T\|^2 \qquad (8.11)$$

を最小にするという基準を設定すれば[7]，それぞれの行列の要素を

$$a_{ij} \leftarrow a_{ij} \times \frac{[\mathbf{WC}]_{ij}}{[\mathbf{AC}^T\mathbf{C}]_{ij}} \tag{8.12}$$

$$c_{ij} \leftarrow c_{ij} \times \frac{[\mathbf{W}^T\mathbf{A}]_{ij}}{[\mathbf{CA}^T\mathbf{A}]_{ij}} \tag{8.13}$$

によって更新する方法が導かれる[8]。ここで $[\mathbf{X}]_{ij}$ は行列 $\mathbf{X}$ の (i,j) 番目の要素を示す。すなわち，2つの行列の各要素に無作為に初期値を与えた後に，(8.12) および (8.13) 式を使って，要素ごとに，その値を反復的に更新し，それぞれの値が収束すれば，最終的に，$\mathbf{A}$ と $\mathbf{C}$ を求めることができる。

ただし，任意の $b \times b$ の直交行列 $\mathbf{D}$ に対して，

$$\mathbf{W} \simeq \mathbf{AC}^T = (\mathbf{AD})(\mathbf{CD})^T \tag{8.14}$$

なので，別の条件を設定しなければ，$\mathbf{A}$ と $\mathbf{C}$ は一意には定まらない。例えば，$\mathbf{A}$ の各列のノルムが 1 になるように，各段階で $\mathbf{A}$ の更新が終わった後で，j 番目の列のそれぞれの値を $(\sum_i a_{ij}^2)^{1/2}$ で割ることなどが考えられる。

このアルゴリズムを使えば，(8.7) 式の $\mathbf{W}$ の非負行列分解は，$b = 2$ を仮定して，

$$\mathbf{A} = \begin{bmatrix} 0.00 & 0.85 \\ 0.42 & 0.53 \\ 0.91 & 0.00 \end{bmatrix}, \mathbf{C} = \begin{bmatrix} 0.04 & 3.60 \\ 0.00 & 2.23 \\ 3.50 & 0.29 \\ 1.82 & 0.00 \end{bmatrix} \tag{8.15}$$

となる。ここでは，$\mathbf{W}$ が「語×文書」の行列なので，$\mathbf{A}$ は「語×潜在意味」に関する行列，$\mathbf{C}$ は「文書×潜在意味」に関する行列に相当する。非負行列分解の場合，要素の値が負にならないため，特異値分解に比べて，その結果を解釈しやすい。例えば，「語および文書はその値が最も大きな潜在意味に属

---

[7]この式中の $\|\cdot\|$ はフロベニウス・ノルム（Frobenius norm）であり，行列 $\mathbf{X} = [x_{ij}]$ に対して，
$$\|\mathbf{X}\|^2 = \sum_i \sum_j x_{ij}^2$$
で定義される。

[8]Lee & Seung (1999) [62] による方法であり，「Lee-Seung algorithm」または「multiplicative iterative algorithm」と呼ばれる。このアルゴリズムの詳細は，Kishida(2013) [58] の p.146〜152 を参照。

する」とすれば，ここでの例では，3つの語は，$\mathbf{A}$ により $\{t_1, t_2\}$ と $\{t_3\}$ に分けられ，4件の文書は，$\mathbf{C}$ により $\{d_1, d_2\}$ と $\{d_3, d_4\}$ に分割される．非負行列分解は，このように，語や文書の**クラスタリング**（clustering）を可能とする[9]．

本項で議論した非負行列分解は，この種の行列分解のほんの一例に過ぎない．一般には，$\mathbf{W} \simeq \mathbf{ABC}^T$ のような3つの非負行列への分解や非負テンソル分解（nonnegative tensor factorization）など，様々な分解が応用されている（Cichokia ほか (2009) [43] や Kishida(2013) [58] などを参照）．

8.1.4　確率的潜在意味索引法（PLSI）

Hofmann(1999) [53] により考案された**確率的潜在意味索引法**（probabilistic latent semantic indexing: PLSI）では，文書 d_i に語 t_j が出現する確率を，潜在的なトピック τ_k ($k = 1, \ldots, b$) を導入して，

$$P(t_j|d_i) = \sum_{k=1}^{b} P(t_j|\tau_k) P(\tau_k|d_i) \tag{8.16}$$

によって計算できると仮定する．ここで，$P(t_j|d_i)$，$P(t_j|\tau_k)$，$P(\tau_k|d_i)$ は**条件付き確率**（conditional probability）であり，一般に，2つの確率変数 x と y に対して，$P(x|y) = P(x,y)/P(y)$ で定義される[10]．このうち，$P(\tau_k|d_i)$ は d_i が与えられたときに，その潜在トピックが τ_k である確率として解釈でき，さらに，それに，潜在トピック τ_k が語 t_j で表現される確率 $P(t_j|\tau_k)$ を掛け合わせる．最終的に，それらの確率の積を，b 個の潜在トピックで合計したものが ($k = 1, \ldots, b$)，文書 d_i での語 t_j の出現確率 $P(t_j|d_i)$ になると考えるわけである[11]．

---

[9]文書クラスタリングについては，岸田 (2003) [14] または Kishida(2013) [58] を参照．
[10]多変数 $x_1, \ldots, x_m$ の場合でも，例えば，

$$P(x_1, x_2 | x_3, \ldots, x_m) = P(x_1, x_2, x_3, \ldots, x_m) / P(x_3, \ldots, x_m)$$

などとなる．
[11]PLSI は PLSA (probabilistic latent semantic analysis) あるいはアスペクトモデル (aspect model) とも呼ばれる．なお，Hofmann(1999) [53] では，同時確率

$$P(d_i, t_j) = P(d_i) \sum_{k=1}^{b} P(t_j|\tau_k) P(\tau_k|d_i) = \sum_{k=1}^{b} P(\tau_k) P(t_j|\tau_k) P(d_i|\tau_k)$$

表 8.1　PLSI のパラメータ推定結果（$b = 2$）

t_j	$k=1$	$k=2$		d_i	$k=1$	$k=2$
$j=1$	0.625	0.000		$i=1$	1.000	0.000
$j=2$	0.375	0.286		$i=2$	1.000	0.000
$j=3$	0.000	0.714		$i=3$	0.000	1.000
				$i=4$	0.000	1.000

注：左側が $P(t_j|\tau_k)$，右側が $P(\tau_k|d_i)$ の値

因子分析と同様に，各潜在トピック τ_k は観測されないので，(8.16) 式の右辺の確率は，$D = \{d_1, \ldots, d_N\}$ から推定しなければならない．より具体的には，tf（語の出現頻度）をそのまま要素とする文書ベクトルを $\mathbf{d}_i$ として（$i = 1, \ldots, N$），データ

$$\mathbf{y} = [\mathbf{d}_1^T, \ldots, \mathbf{d}_N^T]^T \tag{8.17}$$

から，すべてのパラメータを要素とするベクトル

$$\boldsymbol{\Psi} = [P(t_1|\tau_1), \ldots, P(t_M|\tau_b), P(\tau_1|d_1), \ldots, P(\tau_b|d_N)]^T \tag{8.18}$$

を推定することになる（潜在トピック数 b はあらかじめ固定しておく）．

PLSI の場合には通常，EM アルゴリズム（後述）に基づいて，反復的な数値計算により $\boldsymbol{\Psi}$ を推定する．具体的には，データに対して PLSI のモデルによって計算される対数尤度関数（3.3.2 項参照）の値が最大になるようにパラメータを決める．この EM アルゴリズムを使い，(8.7) 式の $\mathbf{W}$ に対して，$b = 2$ でパラメータを推定した結果を表 8.1 に示す（初期値は無作為に生成した）．非負行列分解の結果と同様に，推定された条件付き確率に従えば，2 つの潜在トピックに基づいて，3 つの語は $\{t_1, t_2\}$ と $\{t_3\}$，4 件の文書は $\{d_1, d_2\}$ と $\{d_3, d_4\}$ に分割できる．

ただし，推定するパラメータの数が多いため（$= M \times b + N \times b$），通常，十分に収束するにはかなりの反復回数を要する（ここでの例では約 30〜40 回）．さらに，初期値の与え方によっては，最終的な計算結果が異なることがある点には注意しなければならない．これは，データにより，この対数尤度関数

によるモデルが議論されている（条件付き確率の定義により，$P(d_i, t_j) = P(t_j|d_i)P(d_i)$，$P(d_i)P(\tau_k|d_i) = P(\tau_k, d_i) = P(d_i|\tau_k)P(\tau_k)$ となることに注意）．

がいくつかの局所的な最大値（local maximum），すなわち**局所解**を持つためである。例えば，195ページの図7.2では，基準となる関数の最大値が1つのみであって（すなわち，「単峰形」），局所解は存在しない。それに対して，基準となる関数（対数尤度関数など）が図8.2のような形状を持つ場合，局所解が得られてしまう可能性がある。特に，PLSIの場合には局所解が多いので（Kishida(2013) [58] のp.118〜120を参照），この点では，LDA（8.3節）を用いたほうが良いかもしれない。

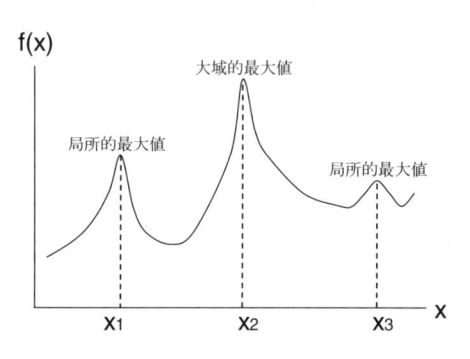

図 8.2　局所解の例

8.1.5　PLSIのためのEMアルゴリズム

(1) 観測されない変数の組み込み

(8.17) 式のデータ $\mathbf{y}$ が与えられた場合，「文書が相互に独立」と仮定すれば，確率分布 $P(\mathbf{y})$ は

$$P(\mathbf{y}) = P(\mathbf{d}_1) \times P(\mathbf{d}_2) \times \cdots \times P(\mathbf{d}_N) \tag{8.19}$$

となる。さらに，文書ベクトルの要素がすべて tf であり，文書中で「各語が独立」と仮定するならば，各 $P(\mathbf{d}_i)$ は多項分布 (3.26) 式で記述できる。したがって，データ $\mathbf{y}$ についての尤度関数は，多項分布のパラメータ p_j を $P(t_j|d_i)$ として，

$$L(\mathbf{\Psi}) = \prod_{i=1}^{N} P(\mathbf{d}_i) \propto \prod_{i=1}^{N} \prod_{j=1}^{M} P(t_j|d_i)^{w_{ij}},\ w_{ij}=0,1,2,\ldots \tag{8.20}$$

と書ける。ただし，最右辺では，$L(\Psi)$ の最大化に無関係な多項係数は省略してある。この式の対数をとり，PLSI のモデル (8.16) 式を代入すれば，対数尤度関数

$$\log L(\Psi) \propto \sum_{i=1}^{N} \sum_{j=1}^{M} \left(w_{ij} \log \sum_{k=1}^{b} P(t_j|\tau_k) P(\tau_k|d_i) \right) \quad (8.21)$$

を得る。

したがって，(8.18) 式のパラメータ Ψ の最尤推定量（3.3.2 項参照）は，この $\log L(\Psi)$ を，それぞれの $P(t_j|\tau_k)$ または $P(\tau_k|d_i)$ で微分して 0 と置いた方程式を解くことによって，求めることが可能である。しかし，(8.21) 式の場合，$\sum$ に対して log がとられているので，この計算は難しい。そこで，$\log L(\Psi)$ の微分を容易にするために，実際には観測されない変数 $z_{k|ij}$ ($k = 1, \ldots, b$; $i = 1, \ldots, N$; $j = 1, \ldots, M$) を導入する。この変数を

$$z_{k|ij} = \begin{cases} 1, & t_j \text{ と } d_i \text{ の両方が } \tau_k \text{ から生成されている場合} \\ 0, & \text{そうでない場合} \end{cases} \quad (8.22)$$

と定義して，(8.21) 式に組み込めば，

$$\log L_c(\Psi) \propto \sum_{i=1}^{N} \sum_{j=1}^{M} \left(w_{ij} \sum_{k=1}^{b} z_{k|ij} \log \left(P(t_j|\tau_k) P(\tau_k|d_i) \right) \right) \quad (8.23)$$

となる。k をある特定の値に決めた場合，$z_{k|ij}$ はそれ以外では 0 なので，式中から「$\sum_{k=1}^{b}$」が消え，容易に微分できる（詳細は後述）[12]。

(2) E ステップ

もちろん，形式的に (8.23) 式を微分して 0 と置いたとしても，それによって導かれる推定量は，$z_{k|ij}$ の実際の値が未知なので，計算できない。そこで，$z_{k|ij}$ をそれに対応した確率変数 $Z_{k|ij}$ に置き換える。$Z_{k|ij}$ もまた 0 または 1 の 2 値変数で，すべての $Z_{k|ij}$ をベクトル $\mathbf{Z} = [Z_{1|11}, \ldots, Z_{b|NM}]^T$ で表記すれば，その確率分布は $P(\mathbf{Z}|\mathbf{y})$ ($=P(\mathbf{Z},\mathbf{y})/P(\mathbf{y})$) である。

---

[12] 6.4.2 項で述べたように，EM アルゴリズムは不完全データ中の欠測値を補うための方法の 1 つである。(8.23) 式は「完全データ」に対する対数尤度関数なので，記号 $\log L_c$ を使っている。

$P(\mathbf{Z}|\mathbf{y})$ に応じて,当然,$\log L_c(\mathbf{\Psi})$ もまた確率的に変動するので,その平均(期待値)が最大になるように $\mathbf{\Psi}$ を求めることが考えられる.この際に,$P(\mathbf{Z}|\mathbf{y})$ は,最適とは限らない何らかの推定量 $\mathbf{\Psi}^{(s)}$ に応じて決まるものとして(例えば,後述するように,反復計算の初期段階 $s=0$ では,$\mathbf{\Psi}^{(0)}$ は疑似乱数により設定される),これを特に $P_{\mathbf{\Psi}^{(s)}}(\mathbf{Z}|\mathbf{y})$ と表記しておく.この確率分布に基づく $\log L_c(\mathbf{\Psi})$ の平均を $\mathcal{Q}(\mathbf{\Psi};\mathbf{\Psi}^{(s)})$ と定義すれば,

$$\mathcal{Q}(\mathbf{\Psi};\mathbf{\Psi}^{(s)}) \equiv E_{\mathbf{\Psi}^{(s)}}(\log L_c(\mathbf{\Psi})|\mathbf{y}) = \sum_{\mathbf{Z}} \log L_c(\mathbf{\Psi}) P_{\mathbf{\Psi}^{(s)}}(\mathbf{Z}|\mathbf{y}) \quad (8.24)$$

となる.ここで,$\sum_{\mathbf{Z}}$ は,$\mathbf{Z}$ における「0」と「1」のすべてのパターンでの合計を意味する.具体的に,(8.24) 式を計算して,$\mathcal{Q}(\mathbf{\Psi};\mathbf{\Psi}^{(s)})$ を求めることが **EM アルゴリズム** の E ステップ (E-step) に相当する[13].

PLSI の場合には,$z_{k|ij}$(すなわち $Z_{k|ij}$)を含む項がすべて線型に結合されているため,(8.23) 式より

$$\mathcal{Q}(\mathbf{\Psi};\mathbf{\Psi}^{(s)}) = \sum_{i=1}^{N} \sum_{j=1}^{M} \left(w_{ij} \sum_{k=1}^{b} E_{\mathbf{\Psi}^{(s)}}(Z_{k|ij}|\mathbf{y}) \log(P(t_j|\tau_k)P(\tau_k|d_i)) \right)$$

となる(多項係数は無視した).これは,パラメータ $\mathbf{\Psi}^{(s)}$ を使って個別に $Z_{k|ij}$ の平均値を計算し,そのまま $z_{k|ij}$ として戻せば良いことを意味している.この平均値を段階 s における値として「(s)」を付けて表記すれば,具体的には,

$$z_{k|ij}^{(s)} = E_{\mathbf{\Psi}^{(s)}}(Z_{k|ij}|\mathbf{y}) = P_{\mathbf{\Psi}^{(s)}}(Z_{k|ij}=1|\mathbf{y}) \quad (8.25)$$

である[14].この式の最右辺の確率は,$z_{k|ij}$ の定義により,t_j と d_i の組が与えられたときに,それらが両方とも τ_k から生成されている確率なので,PLSI のモデルに従い,$P(t_j|\tau_k)P(\tau_k|d_i)/P(t_j|d_i)$ とするのが合理的である.それゆえ,最終的に,

$$z_{k|ij}^{(s)} = \frac{P^{(s)}(t_j|\tau_k)P^{(s)}(\tau_k|d_i)}{P^{(s)}(t_j|d_i)} = \frac{P^{(s)}(t_j|\tau_k)P^{(s)}(\tau_k|d_i)}{\sum_{k'=1}^{b} P^{(s)}(t_j|\tau_{k'})P^{(s)}(\tau_{k'}|d_i)} \quad (8.26)$$

が導かれる.ここで,$P^{(s)}(t_j|\tau_k)$ および $P^{(s)}(\tau_k|d_i)$ は $\mathbf{\Psi}^{(s)}$ 中のパラメータを示している.

---

[13] EM アルゴリズム一般については,Little & Rubin(2002) [63] や McLachlan & Krishnan(2008) [65] などを参照.
[14] x が 2 値変数の場合には,$x=0$ ならば $xP(x)=0$ なので,$E(x)$ の計算には $xP(x=1) = P(x=1)$ だけが残ることに注意.

(3) M ステップ

EM アルゴリズムの M ステップ（M-step）の目的は，E ステップで求められた $\mathcal{Q}(\mathbf{\Psi};\mathbf{\Psi}^{(s)})$ に対して，

$$\mathcal{Q}(\mathbf{\Psi}^{(s+1)};\mathbf{\Psi}^{(s)}) \geq \mathcal{Q}(\mathbf{\Psi};\mathbf{\Psi}^{(s)}) \tag{8.27}$$

となる $\mathcal{Q}(\mathbf{\Psi}^{(s+1)};\mathbf{\Psi}^{(s)})$ を見つけることにある．PLSI モデルの場合には，各パラメータで (8.23) 式を微分して 0 と置いた式から当該パラメータを更新する式を導出すれば良い．例えば，$P(\tau_k|d_i)$ については，$\sum_k P(\tau_k|d_i) = 1$ の制約条件があるので，ラグランジュの未定乗数 λ を導入して，$\mathcal{H} = \log L_c(\mathbf{\Psi}) - \lambda(\sum_{k'} P(\tau_{k'}|d_i) - 1)$ を $P(\tau_k|d_i)$ で微分する．合成微分を使えば，

$$\frac{\partial \mathcal{H}}{\partial P(\tau_k|d_i)} = \sum_{j=1}^{M} w_{ij} z_{k|ij} \frac{1}{P(t_j|\tau_k)P(\tau_k|d_i)} P(t_j|\tau_k) - \lambda \tag{8.28}$$

なので，これを 0 と置けば，$P(\tau_k|d_i) = \lambda^{-1} \sum_j w_{ij} z_{k|ij}$ を得る．この式の $z_{k|ij}$ を E ステップで得られた $z_{k|ij}^{(s)}$ に置き換え，この確率の合計が 1 になるように λ を決めるとすると，最終的に更新式

$$P^{(s+1)}(\tau_k|d_i) = \frac{\sum_{j=1}^{M} w_{ij} z_{k|ij}^{(s)}}{\sum_{k'=1}^{b} \sum_{j=1}^{M} w_{ij} z_{k'|ij}^{(s)}} \tag{8.29}$$

が導かれる．同様に，

$$P^{(s+1)}(t_j|\tau_k) = \frac{\sum_{i=1}^{N} w_{ij} z_{k|ij}^{(s)}}{\sum_{j'=1}^{M} \sum_{i=1}^{N} w_{ij'} z_{k|ij'}^{(s)}} \tag{8.30}$$

である．

(4) 反復計算

要約すれば，EM アルゴリズムは，疑似乱数などを使って $s=0$ での $\mathbf{\Psi}^{(s)}$ を決めた後に，$\mathcal{Q}(\mathbf{\Psi};\mathbf{\Psi}^{(s)})$ の計算（E ステップ）と，(8.27) 式の条件を満たす $\mathcal{Q}(\mathbf{\Psi}^{(s+1)};\mathbf{\Psi}^{(s)})$ の計算（M ステップ）を繰り返し，パラメータ $\mathbf{\Psi}$ を反復的に求める方法である．$\mathcal{Q}(\mathbf{\Psi}^{(s+1)};\mathbf{\Psi}^{(s)})$ が (8.27) 式の条件を満たす場合には，

パラメータが $\mathbf{\Psi}^{(s)}$ から $\mathbf{\Psi}^{(s+1)}$ に代われば対数尤度が単調増加するので[15]，s が大きくなるにつれて，$\mathbf{\Psi}^{(s)}$ は最尤推定量に近づいていくことが期待される。

PLSI の場合には，E ステップには (8.26) 式，M ステップには (8.29) および (8.30) 式を用いることになる（それぞれ，$k = 1,\ldots,b$，$i = 1,\ldots,N$，$j = 1,\ldots,M$ に対して計算する）。この反復計算を繰り返し，各値が十分に収束した後に，計算を打ち切れば良い。ただし，既に述べたように，PLSI の場合には，局所解に収束しやすい（初期値によって最終的な結果が異なる）点には注意が必要である。

8.2 言語横断検索

8.2.1 言語モデルに基づく言語横断検索技法

日本人にとっては，英語で書かれた学術論文を日本語による検索質問で直接検索できれば便利である。この種の2言語あるいは多言語間の検索を**言語横断検索**（cross-language retrieval または cross-lingual retrieval）と呼ぶ[16]。もし，検索質問を機械翻訳システムによって，文書の言語に完全に置換できれば，言語横断検索は，通常の単言語による情報検索に帰着する（上の例の場合には「日本語→英語」の翻訳）。しかしながら，完全な翻訳システムの実現は困難であり，また，高性能の翻訳システムが存在したとしても，検索質問は通常短いため，的確な翻訳は難しいかもしれない。さらには，言語の組み合わせによっては，機械翻訳が利用できないこともある。

このような背景から，情報検索の問題に特化して，複数の言語間での照合を行い，検索結果を出力するための様々な技法が開発された。基本的には，言語を他方の言語（または中間的言語）に変換する仕組みを用意し，その後は，ベクトル空間モデルなどの検索モデルを使って各文書の適合度を推計することになる。その中でも，言語モデルに基づく言語横断検索技法は，言語間の変換をそのモデルの中に無理なく組み込めるため，理論としてはエレガントである。

---

[15]すなわち，大きさが変わらないか，あるいは増加する（減少はしない）。数学的な説明については，McLachlan & Krishnan(2008) [65] の p.78〜79 を参照。
[16]言語横断検索技法の詳細ついては，Kishida(2005) [56] や Kishida(2013) [58] を参照。

言語モデル（language model）は，一般的な確率モデルであり，1990年代後半に情報検索の問題に導入された[17]。このモデルでは，検索質問 q に対して，各文書は，

$$P(\Omega_q|\mathcal{M}_i) = \prod_{t_j \in \Omega_q} P(t_j|\mathcal{M}_i) \tag{8.31}$$

で求められる確率の降順で出力される。ここで，Ω_q は，検索質問に含まれる語の集合，$\mathcal{M}_i$ は文書 d_i から推定される言語モデルである。つまり，検索質問が当該文書の言語モデルから生成される可能性（確率）が高いほど，その文書の順位は上昇する。

具体的には，$P(t_j|\mathcal{M}_i)$ は，例えば，

$$P(t_j|\mathcal{M}_i) = aP(t_j|d_i) + (1-a)P(t_j) \tag{8.32}$$

によって計算される。式中の a は 0〜1 の範囲の定数であり，確率 $P(t_j|d_i)$ と $P(t_j)$ とを混合する際の割合に相当する。多くの場合，$P(t_j|d_i)$ は文書 d_i における語 t_j の tf に基づいて算出されるので，検索語 t_j が当該文書に出現しないならば，その値は 0 になる。その際，$(1-a)P(t_j)$ の項がなければ $P(t_j|\mathcal{M}_i) = 0$ なので，自動的に (8.31) 式も 0 になってしまう[18]。この種の問題は一般に，**ゼロ頻度問題**（zero-frequency problem）と呼ばれ，$(1-a)P(t_j)$ の追加は，それを防ぐための**平滑化**（smoothing）として捉えることもできる[19]。

ここで，文書 d_i における t_j の tf を x_{ij}，文書長を $l_i = \sum_{j=1}^{M} x_{ij}$ として，$P(t_j|d_i) = x_{ij}/l_i$ と計算し，また，データベース D における語 t_j の出現文書数 n_j を用いて $P(t_j) = n_j/N$ と置けば，

$$P(\Omega_q|\mathcal{M}_i) = \prod_{j:t_j \in \Omega_q} \left(a\frac{x_{ij}}{l_i} + (1-a)\frac{n_j}{N} \right) \tag{8.33}$$

を得る。この式は，要素として tf-idf および文書長を含み，他の確率的な検索モデルと比較して遜色ない性能を示すことが知られている。

以上の言語モデルによる定式化の中に言語横断検索の仕掛けを組み込むことができる。そのために，文書側に出現する語を s_k で表記し（$k = 1, \ldots, M'$），

---

[17] 情報検索における言語モデルの特徴については，岸田 (2005) [16] を参照。
[18] もちろん，検索質問中のすべての語が「論理積（AND）」で厳密に結合されるとすれば，このことに問題はない。
[19] 「Jelinek-Mercer smoothing」と呼ばれる。別の平滑化が利用されることもある。

確率 $P(t_j|s_k)$ を導入する。これは**翻訳確率**（translation probability）と呼ばれる。翻訳確率を使えば，$P(t_j|\mathcal{M}_i)$ は

$$P(t_j|\mathcal{M}_i) = \sum_{k=1}^{M'} P(t_j|s_k)P(s_k|\mathcal{M}_i) \tag{8.34}$$

と書ける（図 8.3 参照）。これを (8.31) 式に代入し，$P(s_k|\mathcal{M}_i)$ に対して (8.32) 式と同様な平滑化を設定すれば，

$$P(\Omega_q|\mathcal{M}_i) = \prod_{t_j \in \Omega_q} \sum_{k=1}^{M'} P(t_j|s_k)\left(aP(s_k|d_i) + (1-a)P(s_k)\right) \tag{8.35}$$

が導かれる[20]。このモデルならば，検索質問と文書とで言語が異なっても，順位付けのための確率を計算することが可能になる。

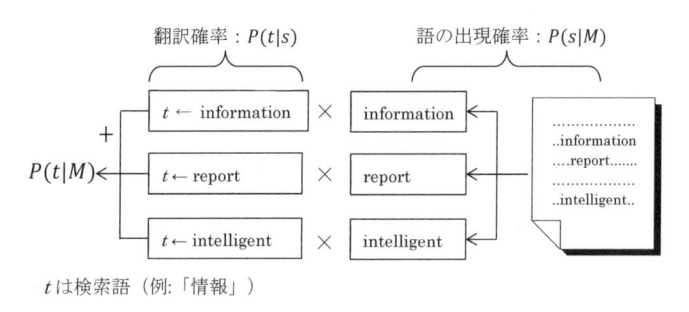

図 8.3 言語モデルに基づく言語横断検索

8.2.2 翻訳確率の推定

(8.35) 式を実際に活用するには，翻訳確率 $P(t_j|s_k)$ を推定しなければならない。このための方法がいくつか考案されているが，通常，**並列コーパス**（parallel corpus）を使う。並列コーパスとは，同一の内容が異なる言語でそれぞれ記述されているテキストの集合を指す。ここでは，英語の 1 つの文と仏語の 1 つの文が対応するように並べられているコーパスを想定する[21]。

---
[20]翻訳確率の組み込み方には別の方法もある。Kishida(2013) [58] の p.38〜40 を参照。
[21]例えば，学術論文の抄録が異なる言語（例：日本語と英語）で書かれている場合には，厳密には「文単位」での並列ではなく，「抄録単位」での並列である。この例のように，文以外の

並列コーパスに英語と仏語の文の組が n 件含まれていると仮定し，その i 番目の仏語の文を，l_i をその文書長として，

$$\mathbf{w}_i = [\mathrm{w}_{i1}, \ldots, \mathrm{w}_{il_i}]^T = [t_{\omega(1|i)}, \ldots, t_{\omega(l_i|i)}]^T \qquad (8.36)$$

と表記する．ここで，w_{ih} は i 番目の文の h 番目の**トークン** (token) を意味しており ($h=1,\ldots,l_i$)，実際には，語 $t_1,\ldots,t_M$ のどれか1つが w_{ih} として文中に現われていることになる (M はコーパス中に含まれる仏語の異なり語数)．$\omega(h|i)$ はその語の番号を返し，例えば，先頭のトークン w_{i1} が語 t_6 ならば，$\omega(1|i) = 6$，すなわち $\mathrm{w}_{i1} = t_6$ である．英語についても同様に，語を $s_1,\ldots,s_{M'}$，トークンを $\tilde{\mathbf{w}}_i$ で表し，u 番目のトークンとして出現する語を $s_{\tilde{\omega}(u|i)}$ と書く (文中のトークン総数は m_i とする)．

並列コーパスにおいて文単位での対応付け (alignment) が与えられた場合，**統計的機械翻訳** (statistical machine translation) の手法である **IBM モデル** (IBM model) を使って，翻訳確率を推計できる[22]．IBM モデルは1～5までの部分によって階層的に構成されているが，翻訳確率の計算に利用されるのは，その出発点である IBM モデル1 である．このモデル1では，$\tilde{\mathbf{w}}_i$ が $\mathbf{w}_i$ に翻訳される確率を，いくつかの前提に基づいて，

$$P(\mathbf{w}_i|\tilde{\mathbf{w}}_i) = \frac{\varepsilon}{(m_i+1)^{l_i}} \prod_{h=1}^{l_i} \sum_{u=0}^{m_i} P(t_{\omega(h|i)}|s_{\tilde{\omega}(u|i)}) \qquad (8.37)$$

と置く．ここで，ε は定数である．また，$\mathbf{w}_i$ における特定の語に対応する語が $\tilde{\mathbf{w}}_i$ に存在しない場合に備えて $u=0$ が設定されており，これについては単に，$s_{\tilde{\omega}(0|i)} = \emptyset$ として無視する．

並列コーパス中の文の組 (pair) を相互に独立とするならば，コーパス全体での対数尤度は $\log L = \sum_i \log P(\mathbf{w}_i|\tilde{\mathbf{w}}_i)$ であり，この値が最大になるように，翻訳確率 $P(t_j|s_k)$ をパラメータとして推定する．すなわち，パラメータの集合は $\mathbf{\Psi} = [P(t_1|s_1), P(t_1|s_2), \ldots, P(t_M|s_{M'})]^T$ となる．この場合，8.1.5項と同様な手順に従い，以下のように，EM アルゴリズムの反復計算が導かれる．

単位で対応付けられた並列コーパスも存在する．なお完全に並列しているわけではないものの，類似の内容が複数の言語で書かれているテキストの集合を「comparable corpus」と呼ぶ (同一ウェブサイトの日本語版と英語版など)．

[22] IBM 社の研究グループによって考案されたため，この名称が一般的に使われている．基本文献は Brown ほか (1993) [40]．

まず，(8.37) 式を対数尤度の式に代入した後で最大化の計算に無関係の項を取り除き，さらに，$\mathbf{w}_i$ と $\tilde{\mathbf{w}}_i$ の中にそれぞれ，同一の語が異なるトークンとして複数出現することがあるので，その回数（トークン数）を $c_i(t_j)$, $c_i(s_k)$ と表記して，それらをまとめれば，

$$\log L(\mathbf{\Psi}) \propto \sum_{i=1}^{n} \sum_{j=1}^{M} \left(c_i(t_j) \log \sum_{k=1}^{M'} c_i(s_k) P(t_j|s_k) \right) \tag{8.38}$$

を得る。ここで，8.1.5 項と同じように，i 番目の組における t_j に対して，ただ 1 つの s_k を対応付ける 2 値変数 $z_{k|ij}$ を観測されない変数として導入すれば，対数尤度は

$$\log L_c(\mathbf{\Psi}) \propto \sum_{i=1}^{n} \sum_{j=1}^{M} \left(c_i(t_j) \sum_{k=1}^{M'} z_{k|ij} \log \left(c_i(s_k) P(t_j|s_k) \right) \right) \tag{8.39}$$

となる。

E ステップでは，(8.25) 式と同様に，$Z_{k|ij} = 1$ の確率を求めることになるので，前段階で計算された翻訳確率を用い，

$$z_{k|ij} = \frac{c_i(s_k) P(t_j|s_k)}{\sum_{k'=1}^{M'} c_i(s_{k'}) P(t_j|s_{k'})} \tag{8.40}$$

によって，新たな $z_{k|ij}$ を算出すれば良い（8.1.5 項の $z_{k|ij}^{(s)}$ に相当）。M ステップでは，$\sum_j P(t_j|s_k) = 1$ の条件があるので，

$$\mathcal{H} = \sum_{i=1}^{n} \sum_{j=1}^{M} \left(c_i(t_j) \sum_{k=1}^{M'} z_{k|ij} \log \left(c_i(s_k) P(t_j|s_k) \right) \right) - \lambda_k \left(\sum_j P(t_j|s_k) - 1 \right)$$

をそれぞれ $P(t_j|s_k)$ で微分して 0 と置いた式を解く必要がある。すなわち，

$$\frac{\partial \mathcal{H}}{\partial P(t_j|s_k)} = \sum_{i=1}^{n} \frac{c_i(t_j) z_{k|ij}}{P(t_j|s_k)} - \lambda_k = 0 \tag{8.41}$$

より，$P(t_j|s_k) = \lambda_k^{-1} \sum_i c_i(t_j) z_{k|ij}$ が導かれる。ここで (8.40) 式を使って，

$$c_i(t_j|s_k) \equiv c_i(t_j) z_{k|ij} = c_i(t_j) c_i(s_k) \frac{P(t_j|s_k)}{\sum_{k'=1}^{M'} c_i(s_{k'}) P(t_j|s_{k'})} \tag{8.42}$$

と表記すれば，反復計算における翻訳確率の更新式を

$$P(t_j|s_k) = \lambda_k^{-1} \sum_{i=1}^{n} c_i(t_j|s_k) \qquad (8.43)$$

と書くことができる。

以上をまとめると，IBMモデル1に基づく翻訳確率の推定のための計算手順は以下のようになる。

1. $P(t_j|s_k) = M^{-1}$ で初期化する（$j = 1, \ldots, M; k = 1, \ldots, M'$）。
2. 文の組ごとに，$c_i(t_j|s_k)$ を計算する（$i = 1, \ldots, n; j = 1, \ldots, M; k = 1, \ldots, M'$）。
3. s_k ごとに，$\lambda_k = \sum_j \sum_i c_i(t_j|s_k)$ を計算する（$k = 1, \ldots, M'$）。
4. (8.43)式で $P(t_j|s_k)$ を更新する（$j = 1, \ldots, M; k = 1, \ldots, M'$）。各値が収束すれば終了，そうでなければ手順2.に戻る。

この翻訳確率の推定における問題は，**多義語**（ambiguous word）に十分に対応できない点にある。例えば，「post」には「郵便」や「職」の意味があるのに対して，$P(\text{"郵便"}|\text{"post"})$ と $P(\text{"職"}|\text{"post"})$ の値は，「post」が使用された文脈にかかわらず，常に固定されたままである。これは最下層のモデル1のみを使っていることの限界であるが，この問題に対処するために，翻訳確率を

$$P_{\mathbf{s}}(t_j|s_k) = \sum_{h:s_h \in \Omega_{\mathbf{s}}, h \neq k} P(t_j, s_h|s_k) \qquad (8.44)$$

のように拡張する方法が，Kishida & Ishita(2009) [57] により考案されている。ここで，$\mathbf{s}$ は翻訳元の文，$\Omega_{\mathbf{s}}$ はその文に含まれる語の集合を意味する。右辺の $P(t_j, s_h|s_k)$ は文脈を考慮した翻訳確率であり，$P(\text{"郵便"}, \text{"letter"}|\text{"post"})$ のような形で文中で共起する語を考慮に含めることによって，多義語への対応を可能としている[23]。

8.2.3　隠れマルコフモデルの応用

ここでは，記号を簡単にするために，異なる言語で書かれた2つの文 $\mathbf{t}, \mathbf{s}$ の中に同じ数の語が含まれ（この数を m で表す），それらの中に重複はないも

---
[23] この確率を推定するための反復計算の手順については，Kishida & Ishita(2009) [57] を参照。

のと仮定する（すなわち，各語の出現回数は1）．さらに，語の番号をそれぞれの文中での出現順に振り直して，単純に，$t_1, t_2, \ldots, t_m$ および $s_1, s_2, \ldots, s_m$ と表記しておく．この場合，この2つの文の同時確率は，

$$\begin{aligned} P(\mathbf{t}, \mathbf{s}) &= P(t_1, \ldots, t_m, s_1, \ldots, s_m) \\ &= P(s_1, \ldots, s_m | t_1, \ldots, t_m) P(t_1, \ldots, t_m) \end{aligned} \quad (8.45)$$

と表すことができる．

この際，正確には，条件付き確率の定義より，

$$P(t_1, \ldots, t_m) = P(t_m | t_{m-1}, \ldots, t_1) \times \cdots \times P(t_3 | t_2, t_1) \times P(t_2 | t_1) \times P(t_1)$$

であるが，語 t_1 から語 t_m までの状態推移を単純マルコフ連鎖（7.4.2項参照）とし，k 番目の語が t_k である確率は，$t_1, \ldots, t_{k-2}$ には無関係で，直前の語 t_{k-1} のみに依存すると考える．この結果，

$$P(t_1, \ldots, t_m) = P(t_m | t_{m-1}) \cdots P(t_3 | t_2) P(t_2 | t_1) P(t_1) \quad (8.46)$$

となる．同様に，(8.45) 式における最右辺の条件付き確率を，

$$P(s_1, \ldots, s_m | t_1, \ldots, t_m) = P(s_m | t_m) \cdots P(s_2 | t_2) P(s_1 | t_1) \quad (8.47)$$

と簡略化すれば，最終的に，

$$P(\mathbf{t}, \mathbf{s}) = P(t_1) P(s_1 | t_1) \prod_{k=2}^{m} P(s_k | t_k) P(t_k | t_{k-1}) \quad (8.48)$$

を得る．

実際に，このモデルを検索質問の翻訳に応用した研究がなされている（Federico & Bertoldi(2002) [47]）．この場合には，$\mathbf{s}$ が翻訳元，$\mathbf{t}$ が翻訳先の文であり，$P(s_k | t_k)$ はいわば「逆の（reverse）」翻訳確率となっている．このモデルの特徴は，翻訳確率だけでなく，翻訳された語の推移確率（transitive probability）である $P(t_k | t_{k-1})$ をも考慮している点にある．これにより，翻訳における多義性が解消されるかもしれない．例えば，「データベース管理」を英語に翻訳する際に，s_2 を「管理」として，

(a) $P(\text{``management''} | \text{``database''}) \times P(s_2 | \text{``management''})$

は，

(b) $P(\text{"administration"}|\text{"database"}) \times P(s_2|\text{"administration"})$

よりも大きくなることが期待される．つまり，「データベース管理」に対応する英語は「database management」なので，コーパスから推計される (a) の中の「database →management」の推移確率が「database →administration」よりも優勢になり，その結果，「database management」が正しく選択される可能性が高くなると思われる．

なお，(8.48) 式は，**隠れマルコフモデル**（hidden Markov model: HMM）の 1 つの例である（図 8.4 参照）．具体的には，(8.46) 式が「マルコフ」，(8.47) 式が「隠れ」の部分に相当する．この HMM は，自然言語処理における形態素解析など，様々な問題に応用されている．

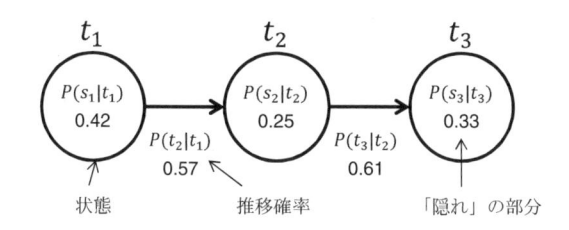

図 8.4　隠れマルコフモデルの例

8.3　トピックモデル

8.3.1　潜在ディリクレ配分（LDA）

8.1.4 項で述べた PLSI の場合，パラメータがその推定に使用する文書データに対して過度に適合してしまうという問題等があり，その後，ベイズ推定の考え方（Bayesian）に基づく確率的な文書生成モデルが，潜在トピックを推計する目的でいくつか開発された．それらは**トピックモデル**（topic model）と総称されている．その代表は，Blei ほか (2003) [39] により提案された**潜在**

ディリクレ配分（latent Dirichlet allocation: LDA）である[24]。その名が示すとおり，LDA では，**ディリクレ分布**（Dirichlet distribution）

$$f_p(\mathbf{x}|\boldsymbol{\beta}) = \frac{\Gamma(\sum_{j=1}^m \beta_j)}{\prod_{j=1}^m \Gamma(\beta_j)} \prod_{j=1}^m x_j^{\beta_j-1} \propto \prod_{j=1}^m x_j^{\beta_j-1} \quad (8.49)$$

が活用される。ここで，$\mathbf{x}$ は $x_j\ (j=1,\ldots,m)$ を要素とする確率変数のベクトル，$\boldsymbol{\beta} = [\beta_1,\ldots,\beta_m]^T$ はディリクレ分布のパラメータ（群）を意味している。なお，本節では，ベイズ推定の枠組みに基づき，$f_p(\mathbf{x}|\boldsymbol{\beta})$ のように，パラメータを条件として確率分布や確率密度関数を表示する。

本節においては，w_{ih} を文書 d_i における h 番目のトークンと考える。LDA では，例えば，文書 d_4 中の先頭 w_{41} が，次のように生成されると仮定する。

$$d_4 \rightarrow \boldsymbol{\theta}_4 \rightarrow g_d(\cdot|\boldsymbol{\theta}_4) \mapsto \tau_2 \rightharpoonup \boldsymbol{\phi}_2 \rightarrow g_d(\cdot|\boldsymbol{\phi}_2) \mapsto t_3 \rightarrow \mathrm{w}_{41}$$

まず，文書 d_4 に対する確率分布 $\boldsymbol{\theta}_4$ がディリクレ分布から選ばれる（この場合のディリクレ分布の変数は b 次元ベクトル）。ここで，$\boldsymbol{\theta}_i = [\theta_{i1},\ldots,\theta_{ib}]^T$ は文書 d_i に k 番目のトピックが割り当てられる確率分布であり（$\sum_{k=1}^b \theta_{ik} = 1$），すなわち θ_{ik} は (8.16) 式における $P(\tau_k|d_i)$ に相当する。次に，この $\boldsymbol{\theta}_4$ から 1 つのトピックが無作為抽出される。上では，これを「$g_d(\cdot|\boldsymbol{\theta}_4) \mapsto \tau_2$」と表記しており（$g_d(\cdot)$ は離散確率分布を示す），ここでの例では，2 番目のトピック τ_2 が選ばれたことになる。

この τ_2 に対して，別のディリクレ分布から前もって選択されていた確率分布を $\boldsymbol{\phi}_2$ と書く（この場合のディリクレ分布の変数ベクトル中の要素の数は語の異なり総数 M）。ここで，

$$\boldsymbol{\phi}_k = [P(t_1|\tau_k),\ldots,P(t_M|\tau_k)]^T, \quad k=1,\ldots,b \quad (8.50)$$

である（すなわち，(8.16) 式の $P(t_j|\tau_k)$）。上記の例では，$\boldsymbol{\phi}_2$ からの無作為抽出により t_3 が選択され（$g_d(\cdot|\boldsymbol{\phi}_2) \mapsto t_3$），この語が d_4 のトークン w_{41} として現れることになる[25]。この操作を文書の長さ分繰り返すことによって，文

---

[24]LDA の発表以降，様々なトピックモデルが考案されている。例えば，「hierarchical Dirichlet process (HDP)」モデルは，LDA では潜在トピック数 b を事前に与えなければならないのに対して，この数をも自動推定する。HDP モデルについては岸田 (2013) [19] を参照。

[25]IBM モデルと同様に，語 t_j は文書中で複数出現するので，例えば，$\mathrm{w}_{41} = t_3$ かつ $\mathrm{w}_{48} = t_3$ のような場合もあり得る。LDA では，この例が示すようにトークンに基づいて文書の生成がモデル化される。

書 d_i が $\mathbf{w}_i = [\mathrm{w}_{i1}, \ldots, \mathrm{w}_{il_i}]^T = [t_{\omega(1|i)}, \ldots, t_{\omega(l_i|i)}]^T$ として生成されると考えるわけである。ここで，l_i は文書 d_i の長さ（すなわちトークンの総数）を表し，$\omega(h|i)$ は d_i における h 番目の位置に出現している語の番号を返す関数とする（$h = 1, \ldots, l_i$）。

上記の $\boldsymbol{\phi}_2$ の選択では，(8.49) 式において，$\mathbf{x} = \boldsymbol{\phi}_2$ が，パラメータを $\boldsymbol{\beta}$ とするディリクレ分布から無作為抽出されたことになる。その後，文書 d_4 の第1トークンに対しては，このトークンに τ_2 が割り当てられたため，この分布 $\boldsymbol{\phi}_2$ が使われ，その結果 t_3 が選ばれたという過程になっており，この点，ディリクレ分布は，t_3 を選ぶ際のパラメータ（ここでは $\boldsymbol{\phi}_2$ そのもの）を決めるための確率分布である。つまり，語の選択に使われる確率分布に含まれているパラメータがさらに別の確率分布に従っていると考えているわけで，後者の分布のパラメータを**ハイパーパラメータ**（hyperparameter）と呼ぶ。ここでは，ディリクレ分布における $\boldsymbol{\beta}$ がハイパーパラメータに相当する[26]。

w_{ih} に対する操作 $g_d(\cdot|\boldsymbol{\theta}_i) \mapsto \tau_k$ の結果を $\tilde{z}_{ih} = k$ と表記すれば，PLSI における (8.16) 式は，

$$P(\mathrm{w}_{ih}|\boldsymbol{\phi}, \boldsymbol{\theta}_i) = \sum_{k=1}^{b} P(\mathrm{w}_{ih}|\tilde{z}_{ih} = k, \boldsymbol{\phi}) P(\tilde{z}_{ih} = k|\boldsymbol{\theta}_i) \qquad (8.51)$$

となる。ここで，$\boldsymbol{\phi} = [\boldsymbol{\phi}_1^T, \ldots, \boldsymbol{\phi}_b^T]^T$ である。さらに，$\boldsymbol{\theta}_i$ と $\boldsymbol{\phi}_k$ とが従うディリクレ分布のパラメータ（ハイパーパラメータ）をそれぞれ $\boldsymbol{\alpha} = [\alpha_1, \ldots, \alpha_b]^T$ と $\boldsymbol{\beta} = [\beta_1, \ldots, \beta_M]^T$ とする。文書 d_i に対して表現 $\mathbf{w}_i$ が生成される確率は，

---

[26]観測データ $\mathbf{y}$ が多項分布 $P(\cdot)$ で記述され，そのパラメータ $\mathbf{p} = [p_1, \ldots, p_m]^T$ がディリクレ分布 $f_D(\cdot)$ に従うと仮定する。後述するベイズの定理 (8.54) 式により，

$$f_p(\boldsymbol{\Psi}|\mathbf{y}) \propto \frac{P(\mathbf{y}|\boldsymbol{\Psi}) f_D(\boldsymbol{\Psi})}{P(\mathbf{y})} \propto P(\mathbf{y}|\boldsymbol{\Psi}) f_D(\boldsymbol{\Psi})$$

であるが，簡単な計算により，左辺の $f_p(\cdot)$ は再びディリクレ分布になる。すなわち，多項分布はディリクレ分布の共役（conjugate）である。ベイズ推定の枠組みでは，$f_p(\boldsymbol{\Psi}|\mathbf{y})$ は，事前分布（prior）$f_D(\boldsymbol{\Psi})$ が与えられた状況で，$\mathbf{y}$ が観察されたときの事後分布（posteriori）に相当する。この事後分布が最大になるように求められたパラメータを「MAP（maximum a posteriori）推定量」と呼び，通常の最尤推定量に対応している。以上がベイズ推定の骨格である。

トークン間の独立性の仮定の下に，$\boldsymbol{\theta}_i$ と $\boldsymbol{\phi}_k$ を積分して消去すれば[27]，

$$P(\mathbf{w}_i|\boldsymbol{\alpha},\boldsymbol{\beta}) = \int\int f_p(\boldsymbol{\phi}|\boldsymbol{\beta})f_p(\boldsymbol{\theta}_i|\boldsymbol{\alpha}) \left(\prod_{h=1}^{l_i}\sum_{\tilde{z}_{ih}=1}^{b} P(\mathrm{w}_{ih}|\tilde{z}_{ih},\boldsymbol{\phi})P(\tilde{z}_{ih}|\boldsymbol{\theta}_i)\right) d\boldsymbol{\theta}_i d\boldsymbol{\phi} \quad (8.52)$$

と書ける（$f_p(\boldsymbol{\phi}|\boldsymbol{\beta})$ と $f_p(\boldsymbol{\theta}_i|\boldsymbol{\alpha})$ はディリクレ分布）。

なお，トピックモデルは，図8.5のようなグラフィカルモデル（graphical model）で表現されることが多い（N はこれまでどおり，文書総数を意味する）。図8.5には，LDA の他に，PLSI の表現も示してある。

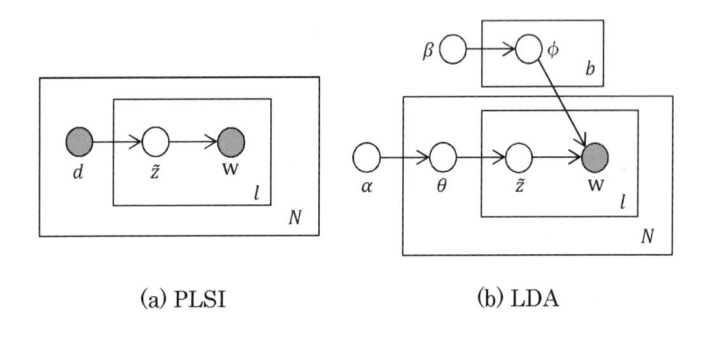

(a) PLSI　　(b) LDA

図 8.5　グラフィカルモデルでの LDA の表現

8.3.2　ギブスサンプリングによるモデルの推定

(8.52) 式のモデルはかなり複雑であるが，Griffiths & Steyvers(2004) [50] によって，ギブスサンプリングに基づく推定法が提示され，広く活用されるようになった[28]。**ギブスサンプリング**（Gibbs sampling）は，**マルコフ連鎖モンテカルロ法**（Markov chain Monte Carlo: MCMC）の一種で，確率変数 $x_1,\ldots,x_m$ に対する同時確率分布 $P(x_1,\ldots,x_m)$ を推定するための数値的な

---

[27]なお，変数ベクトル $\mathbf{x}=[x_1,\ldots,x_m]^T$ に対する積分は (1.26) 式のように定義される。
[28]Blei ほか (2003) [39] では，変分分布（variational distribution）を用いて各パラメータの推定がなされている。この方法については Kishida(2013) [58] の p.122〜127 を参照。

シミュレーションである[29]。具体的には，解析的に求められた m 個の条件付き確率 $P(x_k|x_1,\ldots,x_{k-1},x_{k+1},\ldots,x_m)$ $(k=1,\ldots,m)$ から，与えられたデータに基づいて，各 x_k の値を順に無作為抽出する過程を反復的に繰り返す。そして，その抽出結果を記録していき，最終的にその集積から $P(x_1,\ldots,x_m)$ を経験分布（3.3.4 項参照）として構成する。その結果を使って，データに対する各パラメータの推定値を得ることができる。

LDA の場合には，すべてのトークンについての $\tilde{z}_{ih}$ $(i=1,\ldots,N;\ h=1,\ldots,l_i)$ の同時確率分布を推定すれば良い。すなわち，これらを並べたベクトルを $\tilde{\mathbf{z}}$ とすれば，$P(\tilde{\mathbf{z}})$ がギブスサンプリングの対象である。このための条件付き確率は，ある 1 つの $\tilde{z}_{ih}$ のみを $\tilde{\mathbf{z}}$ から削除したベクトルを $\tilde{\mathbf{z}}^{\neg ih}$ で表記すれば，$\mathbf{w} = [\mathbf{w}_1^T,\ldots,\mathbf{w}_N^T]^T$ として，

$$P(\tilde{z}_{ih}=k|\tilde{\mathbf{z}}^{\neg ih},\mathbf{w}) = \frac{P(\tilde{z}_{ih}=k,\tilde{\mathbf{z}}^{\neg ih}|\mathbf{w})}{P(\tilde{\mathbf{z}}^{\neg ih}|\mathbf{w})}$$
$$= \frac{P(\mathbf{w}|\tilde{z}_{ih}=k,\tilde{\mathbf{z}}^{\neg ih})P(\tilde{z}_{ih}=k,\tilde{\mathbf{z}}^{\neg ih})}{P(\mathbf{w}|\tilde{\mathbf{z}}^{\neg ih})P(\tilde{\mathbf{z}}^{\neg ih})} \quad (8.53)$$

と表される $(k=1,\ldots,b)$。ここで，最右辺の導出には，**ベイズの定理**（Bayes' theorem）が使われている。一般に，変数 x と y に対して，条件付き確率の定義（8.1.4 項参照）により，

$$P(x|y) = \frac{P(x,y)}{P(y)} = \frac{P(y|x)P(x)}{P(y)} \quad (8.54)$$

が成り立つ。最左辺では y が条件であるのに対して、最右辺の中の $P(y|x)$ では，入れ替わって x が条件になっている。これをベイズの定理と呼ぶ。なお，文書間の独立性から，$P(\mathbf{w}) = \prod_i P(\mathbf{w}_i)$ である。

例えばもし，s 回目の反復において，トークン $\mathbf{w}_{32}$ $(i=3, h=2)$ に関して $P(\tilde{z}_{32}=1|\tilde{\mathbf{z}}^{\neg 32},\mathbf{w}) = 0.4$，$P(\tilde{z}_{32}=2|\tilde{\mathbf{z}}^{\neg 32},\mathbf{w}) = 0.1$，$P(\tilde{z}_{32}=3|\tilde{\mathbf{z}}^{\neg 32},\mathbf{w}) = 0.5$ のように計算されたと仮定する $(b=3)$。ここで 0.0〜1.0 の一様乱数を発生させ，その値が 0.451 ⋯ だったとすれば，この値は「0.4」と「0.4+0.1」との間であるから，s 回目の反復におけるトークン $\mathbf{w}_{32}$ のトピックは τ_2 $(k=2)$ となる（すなわち $\tilde{z}_{32}^{(s)} = 2$）[30]。この結果は次のトークン $\mathbf{w}_{33}$ の抽出のための (8.53) 式の値に直ちに反映され，同様な割り当てが繰り返される。

---
[29] より詳しくは，Gamerman & Lopes(2006) [48] などを参照。
[30] 先頭の文書から最後の文書まで，すべてのトークンへのトピックの一連の割り当てを s 回目の反復とし，次に再び先頭の文書に戻った時，この回数を増やして $s+1$ 回目の反復とする。

ディリクレ分布の場合，確率の合計が1.0になることを利用して，$\boldsymbol{\phi}_k$ や $\boldsymbol{\theta}_i$ を積分で消去することは容易である．ディリクレ分布は連続確率分布なので，例えば，$\mathbf{x}$ についての (8.49) 式を積分して1と置けば，

$$\int \prod_{j=1}^{m} x_j^{\beta_j-1} d\mathbf{x} = \frac{\prod_{j=1}^{m}\Gamma(\beta_j)}{\Gamma(\sum_{j=1}^{m}\beta_j)} \tag{8.55}$$

を得る．このため，対称ディリクレ分布（$\alpha_1 = \cdots = \alpha_b = \alpha$）を仮定すれば，$l_i$ 次元ベクトル $\tilde{\mathbf{z}}_i = [\tilde{z}_{i1}, \ldots, \tilde{z}_{il_i}]^T$ に対して，表記の都合上，$\theta_i(k) \equiv \theta_{ik} = P(\tau_k|d_i)$ と定義し，

$$\begin{aligned} P(\tilde{\mathbf{z}}_i) &= \int P(\tilde{\mathbf{z}}_i|\boldsymbol{\theta}_i) f_p(\boldsymbol{\theta}_i|\alpha) d\boldsymbol{\theta}_i = \int \prod_{h=1}^{l_i} \theta_i(\tilde{z}_{ih}) f_p(\boldsymbol{\theta}_i|\alpha) d\boldsymbol{\theta}_i \\ &\propto \frac{\prod_{k=1}^{b} \Gamma(\mathrm{f}_{k|i} + \alpha)}{\Gamma(\mathrm{f}_{\cdot|i} + b\alpha)}, \quad i = 1, \ldots, N \end{aligned} \tag{8.56}$$

が導かれる（あるトピックの並び $\tilde{\mathbf{z}}_i$ に対して，条件付き確率 $P(\tilde{\mathbf{z}}_i|\boldsymbol{\theta}_i)$ は，トークン間の独立性を仮定すれば，$\theta_i(\tilde{z}_{i1}) \times \cdots \times \theta_i(\tilde{z}_{il_i})$ となることに注意）．ここで，$\mathrm{f}_{k|i}$ は，文書 d_i における k 番目のトピックに属するトークンの数を意味し（$k = 1, \ldots, b$），また，$\mathrm{f}_{\cdot|i} = \sum_k \mathrm{f}_{k|i} = l_i$ である[31]．

同様に，$P(\boldsymbol{\phi}) = P(\boldsymbol{\phi}_1) \times \cdots \times P(\boldsymbol{\phi}_b)$ およびトークンの独立性，対称ディリクレ分布（$\beta_1 = \cdots = \beta_M = \beta$）を仮定すれば，$\phi(j|k) \equiv P(t_j|\tau_k)$ と定義して，

$$\begin{aligned} P(\mathbf{w}|\mathbf{z}) &= \int P(\mathbf{w}|\mathbf{z}, \boldsymbol{\phi}) f_p(\boldsymbol{\phi}|\beta) d\boldsymbol{\phi} = \int \prod_{i=1}^{N} \prod_{h=1}^{l_i} \phi(\omega(h|i)|\tilde{z}_{ih}) f_p(\boldsymbol{\phi}|\beta) d\boldsymbol{\phi} \\ &\propto \prod_{k=1}^{b} \frac{\prod_j \Gamma(\mathrm{F}_{j|k} + \beta)}{\Gamma(\mathrm{F}_{\cdot|k} + M\beta)} \end{aligned} \tag{8.57}$$

---

[31] 例えば，$b = 2$ として，文書 d_i の1番目のトークンが τ_1，2番目と3番目が τ_2 に割り当てられる確率は，$P(\tilde{\mathbf{z}}_i) = \int (\theta_{i1} \times \theta_{i2}^2) f_p(\boldsymbol{\theta}_i|\alpha) d\boldsymbol{\theta}_i$ である（ここで $l_i = 3$，$\boldsymbol{\theta}_i = [\theta_{i1}, \theta_{i2}]^T$）．ここにディリクレ分布を，定数項を削った上で代入すれば，

$$P(\tilde{\mathbf{z}}_i) \propto \int (\theta_{i1} \times \theta_{i2}^2) \prod_{k=1}^{2} \theta_{ik}^{\alpha-1} d\boldsymbol{\theta}_i = \int \theta_{i1}^{\alpha} \theta_{i2}^{\alpha+1} d\boldsymbol{\theta}_i$$

となる．(8.55) 式を使えば，この最右辺は，$(\Gamma(1+\alpha) \times \Gamma(2+\alpha))/\Gamma(3+2\alpha)$ なので，(8.56) 式の最右辺と一致する．

となる。ここで，$F_{j|k}$ は，すべての文書中で語 t_j が k 番目のトピックに割り当てられた総数（トークン数の合計）を意味し，また，$F_{\cdot|k} = \sum_j F_{j|k}$ である。

$P(\tilde{\mathbf{z}}) = \prod_{i=1}^{N} P(\tilde{\mathbf{z}}_i)$ に注意して，以上の計算結果を (8.53) 式に代入してみると，結局，当該トークン w_{ih} 以外の部分は約分されて消えることが分かる。約分の結果として残るのは，例えば，$F_{j|k}$ については，

$$\frac{\Gamma(F_{j|k}^{\neg ih} + 1 + \beta)}{\Gamma(F_{j|k}^{\neg ih} + \beta)} = F_{j|k}^{\neg ih} + \beta, \quad j = \omega(h|i) \tag{8.58}$$

のみである[32]。ここで，$F_{j|k}^{\neg ih}$ は，ある 1 つのトークン w_{ih} を除いて $F_{j|k}$ を集計した結果を示す。その他の量に対しても同様な計算を行えば，結局，

$$P(\tilde{z}_{ih} = k|\tilde{\mathbf{z}}^{\neg ih}, \mathbf{w}) \propto \frac{F_{\omega(h|i)|k}^{\neg ih} + \beta}{F_{\cdot|k}^{\neg ih} + M\beta} \frac{f_{k|i}^{\neg ih} + \alpha}{f_{\cdot|i}^{\neg ih} + b\alpha} \propto \frac{F_{\omega(h|i)|k}^{\neg ih} + \beta}{F_{\cdot|k}^{\neg ih} + M\beta}(f_{k|i}^{\neg ih} + \alpha) \tag{8.59}$$

のように計算されるので，この分布を使って上記のとおり抽出を逐次行えば良いことになる。ただし，右辺は確率ではなくなっているため，$k = 1, \ldots, b$ について合計し，各値をこの合計で割っておかなければならない。

s 回目の反復におけるこれらの量を使えば，$\hat{\theta}_{ik}^{(s)} = (f_{k|i} + \alpha)/(f_{\cdot|i} + b\alpha)$ として，$\boldsymbol{\theta}_i$ を推計できる（同様に，$\hat{\phi}^{(s)}(j|k) = (F_{j|k} + \beta)/(F_{\cdot|k} + M\beta)$）。もし $f_{k|i} = 0$ でも，α により $\theta_{ik}^{(s)} \neq 0$ となることから分かるように，これを一種の平滑化（(8.32) 式参照）として捉えることが可能である。(8.7) 式の $\mathbf{W}$ に対して，$b = 2$, $\alpha = 0.1$, $\beta = 0.01$ と設定し，パラメータを推定した結果を表 8.2 に示す。ただし，この表中の数値は，1100 回の反復を繰り返して，101 回目以降の各反復での推定値 $\hat{\theta}_{ik}^{(s)}$ および $\hat{\phi}^{(s)}(j|k)$ を平均したもの（合計して 1000 で割ったもの）である[33]。非負行列分解や PLSI の結果と同様に，推定された条件付き確率に従えば，2 つの潜在トピックに基づいて，3 つの語は $\{t_1, t_2\}$ と $\{t_3\}$ に分けられ，4 件の文書は $\{d_1, d_2\}$ と $\{d_3, d_4\}$ に分割される。

なお，EM アルゴリズムとは異なり，ギブスサンプリングの場合には，s が大きくなるにつれて，$\hat{\theta}_{ik}^{(s)}$ や $\hat{\phi}^{(s)}(j|k)$ が一定値に収束するわけではない。疑

---

[32] ガンマ関数では，$x > 0$ に対して，$\Gamma(x) = (x-1) \times \Gamma(x-1)$ が成り立つ点に注意。
[33] 1 回目から 100 回目での結果には初期値の影響が残っている可能性があるため除いた（ただし，この例は小規模なので，実際には 100 回は不要かもしれない）。この期間を「burn-in period」と呼ぶ。

表 8.2　LDA のパラメータ推定結果 ($b = 2$)

t_j	$k=1$	$k=2$	d_i	$k=1$	$k=2$
$j=1$	0.513	0.002	$i=1$	0.979	0.020
$j=2$	0.484	0.034	$i=2$	0.966	0.033
$j=3$	0.002	0.963	$i=3$	0.365	0.634
			$i=4$	0.045	0.953

注：左側が $\phi(j|k)$，右側が θ_{ik} の値

　似乱数による無作為抽出なので，ある s において，突然，値が変化することがある．反復が進めば，その影響は徐々に薄まり，再び元の結果に戻ることが予想されるが，LDA の場合には，「ラベルの入れ替わり（label switching）」が問題を引き起こす可能性がある点には注意しなければならない．例えば，表 8.2 において，t_1 が必ずしも τ_1 に関連付けられる必然性はなく，$k=1$ と $k=2$ とが入れ替わっても，LDA モデルはそのまま成立する．これは，モデル中に，語や文書を特定の潜在トピックに限定する制約条件が存在しないためである．この点，表 8.2 では，ラベルの入れ替わりを考慮せずに，そのまま平均を算出しているので，その値の解釈には注意を要する[34]．

　このため，LDA モデルに対してギブスサンプリングを使う場合には，ある程度 s が大きくなった時点で，例えば 10 件程度の反復結果を調べ（一定間隔で抜き取ることもある），それらが安定していれば，それらのうちのいずれか，あるいはそれらの平均を最終結果として採用することがある[35]．また，表 8.2 での反復は，疑似乱数により無作為に設定した初期値の 1 つの集合から出発したマルコフ連鎖である．場合によっては，この手順を繰り返し，複数の連鎖（chains）を使って結果の安定性を確認したほうが良いかもしれない．

---

[34] 非負行列分解や PLSI の場合にも，各潜在トピックに特定の文書や語を結び付ける条件はないので，初期値を変えて計算をやり直せば，ラベルは入れ替わる可能性がある（実際，(8.15) 式と表 8.1 とではラベルが入れ替わっている）．ただし，それらの結果の平均を算出する必要はないので，問題は生じない．

[35] 実際の新聞記事データに対して，ギブスサンプリングによる推定を行った結果は，Kishida(2013) [59] で報告されている（ただし，HDP モデル）．

参考文献

[1] 浅井晃. 調査の技術. 日科技連, 1987, 291p.
[2] 糸賀雅児, 榎本裕子, 郭ハナ. 公共図書館における館内閲覧量測定の有効性. Library and Information Science. 2013, no.69, p.1–17.
[3] 岩崎学. ノンパラメトリック法：統計的データ解析入門. 東京図書, 2006, 110p.
[4] 岩田暁一. 経済分析のための統計的方法. 第 2 版, 東洋経済新報社, 1983, 483p.
[5] 影浦峡. 計量情報学：図書館／言語研究への応用. 丸善, 2000, 182p.
[6] 岸田和明. 公共図書館の利用に影響を与える要因. Library and Information Science. 1986, no.24, p.45–55.
[7] 岸田和明. 利用統計を用いた蔵書評価の手法. 情報の科学と技術. 1994, vol.44, no.6, p.300–305.
[8] 岸田和明, 逸村裕, 高山正也. 大学図書館における館外貸出データの分析手法：オブソレッセンスと貸出頻度分布の分析を中心として. 図書館研究シリーズ. 1994, no.31, p.79–127.
[9] 岸田和明. 蔵書管理のための数量的アプローチ. Library and Information Science. 1995, no.33, p.39–69.
[10] 岸田和明, 高山正也, 逸村裕, 原田隆史, 小川治之. 大学図書館における館内利用と館外貸出との相関関係についての実証分析. 図書館学会年報. 1995, vol.41, no.2, p.49–65.
[11] 岸田和明. 計量書誌学的法則に関するモデルと理論. 文化情報学：駿河台大学文化情報学部紀要. 1996, vol.3, no.2, p.147–166.
[12] 岸田和明. 情報検索の理論と技術. 勁草書房, 1998, 314p.
[13] 岸田和明. 図書館経営とビブリオメトリックス. CICSJ Bulletin. 1998, vol.16, no.6, p.7–10.
[14] 岸田和明. 文書クラスタリングの技法：文献レビュー. Library and Information Science. 2003, no.49, p.33–75.
[15] 岸田和明. "図書館パフォーマンス測定のための統計的技術". 図書館の経営評価. 日本図書館情報学会研究委員会編. 勉誠出版, 2003, p.105–121.
[16] 岸田和明. 情報検索のための言語モデル：その理論と特徴. 紀要社会学科（中央大学文学部）. 2005, no.15, p.65–76.

[17] 岸田和明, 小池信彦, 阿部峰雄, 井上勝, 植田佳宏, 下川和彦, 早川光彦. 来館者調査についての方法論的検討：利用者満足度に関する実証分析を通じて. 現代の図書館. 2005, vol.43, no.1, p.34–50.

[18] 岸田和明. "計量書誌学的および地理的要因を考慮した公共図書館の活動に対する評価指標". 三田図書館・情報学会研究大会発表論文集：2013 年度. 2013, p.29–32.

[19] 岸田和明. 小規模事例に基づく文書クラスタリング技法の実証比較：確率的モデルと非負行列分解とを中心に. TP&D フォーラムシリーズ：整理技術・情報管理等研究論集. 2013, no.22, p.3–26.

[20] 岸田和明. "未貸出図書が図書館の蔵書に占める割合を推定するための方法". 三田図書館・情報学会研究大会発表論文集：2014 年度. 2014, p.29–32.

[21] 小杉考司, 清水裕士編著. M-plus と R による構造方程式モデリング入門. 北大路書房, 2014, 323p.

[22] 北岡正敏. 例題でわかる待ち行列理論入門. 日本理工出版会, 2010, 293p.

[23] Kelly, D. インタラクティブ情報検索システムの評価：ユーザの視点を取り入れる手法. 上保秀夫, 神門典子ほか訳. 丸善, 2013, 239p.

[24] 楠正, 辻谷将明, 松本哲夫, 和田武夫. 応用実験計画法. 日科技連, 1995, 343p.

[25] 齋藤堯幸. 多次元尺度構成法. 朝倉書店, 1980, 238p.

[26] 高山正也, 平野英俊編. 図書館情報資源概論. 樹村房, 2012, 192p.

[27] 竹内啓, 藤野和建. 2 項分布とポアソン分布. 東京大学出版会, 1981, 262p.

[28] 竹内啓編. 統計学辞典. 東洋経済新報社, 1989, 1185p.

[29] 丹後俊郎, 山岡和枝, 高木晴好. ロジスティック回帰分析：SAS を利用した統計解析の実際. 新版, 朝倉書店, 2013, 281p.

[30] ディオダート, ヴァージル. 計量書誌学辞典. 芳鐘冬樹, 岸田和明, 小野寺夏生訳. 日本図書館協会, 2008, 211p.

[31] 東京大学教養学部統計学教室編. 自然科学の統計学. 東京大学出版会, 1992, 366p.

[32] 東京大学教養学部統計学教室編. 人文・社会科学の統計学. 東京大学出版会, 1994, 404p.

[33] 豊田秀樹. 共分散構造分析：入門編. 朝倉書店, 1998, 325p.

[34] 豊田秀樹. 共分散構造分析：R 編. 東京図書, 2014, 289p.

[35] 永田治樹. "大学図書館の経営計画と「顧客評価」". 図書館の経営評価. 日本図書館情報学会研究委員会. 勉誠出版, 2003, p.29–47.

[36] 柳井晴夫, 繁桝算男, 前川眞一, 市川雅教. 因子分析：その理論と方法. 朝倉書店, 1990, 264p.

[37] ランカスター, F. W. 図書館サービスの評価. 中村倫子, 三輪眞木子訳. 丸善, 1991, 228p.

[38] Berry, M. W.; Young, P. G. Using latent semantic indexing for multilanguage information retrieval. Computers and the Humanities. 1995, vol.29, no.6, p.413–429.

[39] Blei, D. M.; Ng, A. Y.; Jordan, M. I. Latent Dirichlet allocation. Journal of Machine Learning Research. 2003, vol.3, p.993–1022.

[40] Brown, P. F.; Della Pietra, S. A.; Della Pietra, V. J.; Mercer, R. L. The mathematics of statistical machine translation: parameter estimation. Computational Linguistics. 1993, vol.19, no.2, p.263–311.

[41] Buckland, M. K. Book Availability and the Library User. Pergamon, 1975, 214p.

[42] Ceri, S.; Bozzon, A.; Brambilla, M.; Della Valle, E.; Fraternali, P.; Quarteroni, S. Web Information Retrieval. Springer, 2013, 284p.

[43] Cichocki, A.; Zdunek, R.; Phan, A. H.; Amari, S. Nonnegative Matrix and Tensor Factorizations: Applications to Exploratory Multi-way Data Analysis and Blind Source Separation. John Wiley and Sons, 2009, 477p.

[44] Chong, E. K. P.; Żak, S. H. An Introduction to Optimization. 3rd ed., John Wiley and Sons, 2008, 584p.

[45] Cochran, W. G. Sampling Techniques. 3rd ed., John Wiley and Sons, 1977, 428p.

[46] Deerwester, S.; Dumais, S. T.; Furnas, G. W.; Landauer, T. K.; Harshman, R. Indexing by latent semantic analysis. Journal of the American Society for Information Science. 1990, vol.41, no.6, p.391–407.

[47] Federico, M.; Bertoldi, N. "Statistical cross-language information retrieval using N-best query translations". Proceedings of the 25th Annual International ACM SIGIR Conference on Research and Development in Information Retrieval. 2002, p.167–174.

[48] Gamerman, D.; Lopes, H. F. Markov Chain Monte Carlo: Stochastic Simulation for Bayesian Inference. Chapman & Hall/CRC, 2006, 323p.

[49] Gelman, A.; Carlin, J. B.; Stern, H. S.; Dunson, D. B.; Vehtari, A.; Rubin, D. B. Bayesian Data Analysis. 3rd ed., CRC Press, 2014, 661p.

[50] Griffiths, T. L.; Steyvers, M. Finding scientific topics. Proceedings of the National Academy of Sciences of the United States of America. 2004, vol.101, p.5228–5235.

[51] Groves, R. M.; Fowler Jr., F. J.; Couper, M. P.; Lepkowski, J. M.; Singer, E.; Tourangeau, R. Survey Methodology. 2nd ed., John Wiley and Sons, 2009, 461p.

[52] Harville, D. A. Matrix Algebra from a Statistician's Perspective. Springer, 1997, 630p.

[53] Hofmann, T. "Probabilistic latent semantic indexing". Proceedings of the 22nd Annual International ACM SIGIR Conference on Research and Development in Information Retrieval. 1999, p.50–57.

[54] Kantor, P. B.; Shim, W. "Library circulation as interaction between readers and collections: the square root law". Proceedings of the 61st Annual Meeting of the American Society for Information Science (ASIS). 1998, p. 260–266.

[55] Kaplan, D. Structural Equation Modeling: Foundations and Extensions. 2nd ed., SAGE, 2009, 254p.

[56] Kishida, K. Technical issues of cross-language information retrieval: a review. Information Processing & Management. 2005, vol.41, no.3, p.433–455.

[57] Kishida, K.; Ishita, E. Translation disambiguation for cross-language information retrieval using context-based translation probability. Journal of Information Science. 2009, vol.35, no.4, p.481–495.

[58] Kishida, K. Large-scale Multilingual Document Clustering. Keio University, 2013, Ph.D. Thesis.

[59] Kishida, K. "Experiment of document clustering by triple-pass leader-follower algorithm without any information on threshold of similarity". IPSJ SIG Technical Report. 2013, vol.2013-IFAT-111, no.23, p.1–6.

[60] Kline, R. B. Principles and Practice of Structural Equation Modeling. 3rd ed., Guilford Press, 2011, 425p.

[61] Landauer, T. K.; McNamara, D. S.; Dennis, S.; Kintsch, W. Handbook of Latent Semantic Analysis. Lawrence Erlbaum Associates, 2007, 532p.

[62] Lee, D. D.; Seung, H. S. Learning the parts of objects by non-negative matrix factorization. Nature. 1999, vol.401, p.788–791.

[63] Little, R. J. A.; Rubin, D. B. Statistical Analysis with Missing Data. 2nd ed., John Wiley and Sons, 2002, 381p.

[64] Mardia, K. V.; Kent, J. T.; Bibby, J. M. Multivariate Analysis. Academic Press, 1979, 518p.

[65] McLachlan, G. J.; Krishnan, T. The EM Algorithm and Extensions. 2nd ed., John Wiley and Sons, 2008, 359p.

[66] Morse, P. M. Library Effectiveness: A Systems Approach. MIT Press, 1968, 207p.

[67] Mueller, R. O. Basic Principles of Structural Equation Modeling: An Introduction to LISREL and EQS. Springer, 1996, 229p.

[68] Palmer, E. S. The effect of distance on public library use: a literature survey. Library Research. 1981, vol.3, no.4, p.315–354.

[69] Raykov, T.; Marcoulides, G. A. Introduction to Psychometric Theory. Routledge, 2011, 335p.

[70] Salancik, G. R. An index of subgroup influence in dependency networks. Administrative Science Quarterly. 1986, vol.31, no.2, p.194–211.

[71] Salton, G.; McGill, M. J. Introduction to Modern Information Retrieval. McGraw-Hill, 1983, 448p.

索引

IBM モデル　231
アルファ係数　187
アンケート　177
アンダーソン－ダーリング検定　61

EM アルゴリズム　190, 224, 231
1 元配置　93
1 次独立　153
一部項目無回答　163, 188
一様乱数　20
一致係数　186
一般化最小 2 乗法　140
因果関係　65
因子得点　121, 127
因子負荷量　120
因子分析　101, 120
インタビュー　165
インパクトファクタ　196
引用行列　197
引用分析　165

ウィルコクソンの符号付き順位検定　62
ウェルチの検定　49

F 分布　93, 109

オッズ比　88
オブソレッセンス　193
重み付き最小 2 乗法　140

回帰係数　74, 83
回帰式　74
回帰分析　74
回帰モデル　79
階級　5
回収率　188

階数　153
外生変数　131
χ^2 分布　29, 53, 116, 144
確証的因子分析　136, 187
確率　7
確率的潜在意味索引法　222
確率比例抽出　175
確率分布　8
確率変数　8
確率密度関数　12
隠れマルコフモデル　235
過誤（検定の）　43
貸出頻度分布　202
貸出密度　209
片側検定　43
カテゴリカルデータ　2
カッパ係数　186
間隔尺度　1
観察　164
関数　7
間接効果　129, 145
観測度数　52

棄却　42
棄却域　42
棄却点　42
記述統計量　4
期待値　10, 13
期待度数　52
ギブスサンプリング　238
帰無仮説　42
逆行列　153
共通因子　120
共通性　125
共分散　69
共分散構造　133

共分散構造分析　137
共分散分析　96
共変動　70
業務統計　163
行列　150
行列式　153
距離　200
寄与率　118, 126

区間推定　26
グーグル行列　199
組み合わせ　9
クラスカル−ワリス検定　63
クラスタ（標本抽出の）　168
クラスタリング　222
クロス集計　51
群間平方和　94
群内平方和　94

経験分布　61, 85, 239
系統抽出　168
計量書誌学　165, 202, 210
計量書誌学的法則　193
欠測値　163, 189
決定係数　77, 104, 113
言語横断検索　228
言語モデル　229
検索実験　49, 61, 166, 183
検定　41
検定統計量　42
検定の多重性　90
検定力　45, 145
ケンドールのタウ　72

コアジャーナル　191
交互作用　97
合成変数　117, 148, 187
構造回帰モデル　137
構造方程式　132
構造方程式モデル　101, 137
誤差（調査の）　161
誤差項　91
コーディング　163, 186
固有値　118, 123, 154

固有ベクトル　118, 123, 154
コルモゴロフ−スミルノフ検定　61
コンストラクト　159

最小値　4
最小2乗法　74, 80, 125
最大値　4
採択　42
最適化　157
最尤推定量　54, 86
最尤法　86, 88, 115, 125
雑誌の地図　199
残差　74
散布図　67

識別（モデルの）　133
自計式　177
実験計画法　98
次元縮約　117
試行　8
事後調査　160
指数分布　206
実査　160
質問紙　177
ジップの法則　192, 210
社会調査　165
尺度　1, 161
斜交回転　127
斜交モデル　122
主因子法　122
重回帰分析　101, 102
集合　1
重相関係数　105
収束妥当性　137
従属変数　74
縦断的データ　135
自由度　30, 134
周辺確率分布　16
住民調査　176
集落抽出　173
主成分分析　101, 117, 220
順位相関係数　72
順序尺度　1, 147
条件付き確率　222

索引

情報検索　215
信頼区間　26, 38, 83, 84, 108
信頼性　187
信頼性（測定の）　179

推移確率　234
水準　91
推定値　18, 24
推定量　24
スカラー　149
スピアマンのロー　72

正規回帰モデル　82
正規確率プロット　84
正規分布　13, 70
正規母集団　29
正値定符号行列　155
正方行列　152
積率推定　203
積率相関係数　68
積率母関数　30
z 値　15
z 変換　15
切片　67
ゼロ頻度問題　229
線型　67
線型回帰モデル　79
全効果　146
潜在意味索引法　217
潜在ディリクレ配分　235
潜在トピック　222, 235
潜在変数　120
全数調査　17
尖度　6, 141
全平方和　95

相関　67
相関係数　67, 146
操作的定義　159
蔵書回転率　3, 209
相対度数分布　5, 7
層別抽出　170
測定　159
測定誤差　18, 136, 162, 181

測定モデル　136
ソベル検定　145

対角行列　152
対称行列　152
対数尤度関数　55
代入法　189
大標本法　35
対立仮説　42
多義語　233
他計式　177
多項係数　58
多項分布　58
多項ロジスティック回帰分析　116
多次元尺度構成法　200
多重比較　96
多重共線性　104
多段抽出　174
妥当性　161, 187
多変量回帰モデル　109
多変量解析　101
多変量正規分布　110, 141
ダミー変数　114, 147
探索的因子分析　126
単純回帰モデル　80
単純マルコフ連鎖　207, 234
単純無作為抽出　19
単相関係数　111

逐次モデル　131
中央値　6
抽出率　18
中心極限定理　25
調査　159
調査統計　163
調査票　177
直接効果　129
直交回転　126
直交行列　153
直交モデル　122

対標本　49, 61

t 値　83, 109

t 分布　29, 83, 109
ディリクレ分布　236
適合性　215
適合度検定　60
適合判定　184
テストコレクション　166
データ行列　103
データ変換　141
デビアンス　115
点推定　28
転置行列　152

統計資料　159
統計的機械翻訳　231
統計データ　1
同時確率分布　16
同時確率密度関数　16
特異行列　153
特異値分解　217
独自因子　120
督促　162
特定（モデルの）　134
独立　8
独立性の検定　51, 89
独立変数　74
トークン　231, 236
図書館パフォーマンス指標　6, 37, 164
度数分布　4
トピックモデル　235
トレース　154

内生変数　131
内積　149
内部相関　104

日記法　179
2 元配置　97
2 項係数　9
2 項分布　8, 37, 62, 88
2 項母集団　37
2 次形式　155
2 段抽出　173
2 値　8, 37
2 標本問題　49

2 変量正規分布　70
ニュートン–ラフソン法　157, 195

ネイマン配分　172

ノルム　149
ノンパラメトリック検定　62

バイアス　181
媒介効果　129
ハイパーパラメータ　237
パス解析　101, 129
パス係数　132
パス図　130
外れ値　6, 68
パネルモデル　135
バリマックス回転　126
範囲　4

被引用回数　166, 196
比尺度　1
P 値　84, 109
非特異行列　153
非標本誤差　19, 161
非負行列分解　220
非復元抽出　20
標準化　105
標準誤差　22, 80, 108, 145
標準正規分布　14
標準偏回帰係数　105
標準偏差　3
標本共分散　70
標本誤差　18, 161
標本サイズ　18, 166
標本相関係数　68
標本抽出　17
標本調査　17
標本分散　21
標本分散共分散行列　111
標本分散の平均　28
標本分布　29
標本平均　21
標本平均の分散　22
標本平均の平均　22, 24

非類似度　200
比例配分　171

フィッシャーの正確確率検定　53
不完全データ　188
復元抽出　20
複本購入　204
符号検定　61
ブートストラップ法　145
負の2項分布　202
部分相関係数　113
不偏推定量　28, 80
ブラッドフォードの法則　191
フリードマン検定　63
フレーム　19, 162
プロファイル　87, 115
プロマックス回転　127
分割表　51, 89
分散　3, 11
分散共分散行列　110, 117, 121, 132, 138
分散不均一性　85
分散分析　90
分散分析表　95
分類尺度　147

平滑化　229
平均　2, 10
平均値の検定　47
平均値の差の検定　47, 90
平均2乗誤差　182
ベイズの定理　239
平方和　3
並列コーパス　230
ベクトル　149
ベクトル空間モデル　215
ページランクアルゴリズム　198
ベルヌーイ試行　8
偏回帰係数　102
偏差　3
偏相関係数　111
変動係数　4
弁別妥当性　137

ポアソン分布　206

補完　189
母集団　4
母集団サイズ　4
ボックス－コックス変換　142
母分散　4
母平均　4
翻訳確率　230

待ち行列理論　204
マルコフ過程　207
マルコフ連鎖　207
マルコフ連鎖モンテカルロ法　238
マン－ホイットニー検定　62

未定乗数法　59

無回答　162
無限母集団　23
無作為　7, 19
無作為化　98
無相関　68

名義尺度　1, 147

ヤコビアン　33, 156

有意水準　42
有限母集団修正　23
尤度関数　54
尤度比　56
尤度比検定　56, 115, 128, 143

余弦係数　200
余弦尺度　216
予測　84
予備実験　160

来館者調査　166

リッカート尺度　2, 147
離散確率分布　13
離散変数　147
両側検定　43

類似度　200, 216

累積確率分布　15
累積寄与率　118, 126
累積分布関数　13

連続確率分布　12

ロジスティック回帰モデル　87, 114
ロジット　87
ロジット変換　87
ロトカの法則　60

歪度　6, 141
割合　5, 37
割合の検定　50
割合の差の検定　50

[著者紹介]

岸田和明（きしだ・かずあき）
 1964年8月 東京都三鷹市に生まれる
 1983年4月 慶應義塾大学文学部入学
 1991年3月 慶應義塾大学大学院文学研究科博士課程図書館・情報学
      専攻中退
      図書館情報大学図書館情報学部助手（文部教官），駿河
      台大学文化情報学部助教授，教授を経て
 2006年4月より慶應義塾大学文学部図書館・情報学専攻教授（現職）
  博士（図書館・情報学）（慶應義塾大学）
  主な著書：『情報検索の理論と技術』（勁草書房，1998）

図書館情報学における統計的方法

2015年7月30日 初版第1刷発行

         著 者 © 岸 田 和 明
 〈検印省略〉 発行者 大 塚 栄 一

     発行所 株式会社 樹村房
          JUSONBO
 〒112-0002 東京都文京区小石川5丁目11番7号
    電　話 (03) 3868-7321
    ＦＡＸ (03) 6801-5202
    振　替 00190-3-93169
    http://www.jusonbo.co.jp/

印刷・製本 亜細亜印刷株式会社
ISBN978-4-88367-249-3 乱丁・落丁本はお取り替えいたします。